Cessez d'être gentil
soyez vrai !

Édition du Club France Loisirs, Paris
Avec l'autorisation des Éditions de l'Homme

Éditions France Loisirs
123, boulevard de Grenelle, Paris
www.franceloisirs.com

ISBN: 2-7441-9328-3
N° éditeur: 46394

THOMAS D'ANSEMBOURG

Cessez d'être gentil soyez vrai !

Être avec les autres en restant soi-même

ÉDITIONS FRANCE LOISIRS

Je volette de perchoir en perchoir
dans une cage de plus en plus petite
dont la porte est ouverte, grande ouverte.

GYULA ILLYES
(Poète hongrois, 1902-1983)

Mon histoire commence le jour où j'ai décidé de ne plus vivre
ma vie comme on remonte un escalator qui descend.

PASCAL DE DUVE
(Poète belge, 1964-1993)

Remerciements

Ma reconnaissance va tout d'abord à Marshall Rosenberg avec qui je me suis formé à la communication non violente (CNV). La rencontre de Marshall et de ce qu'il enseigne m'a rendu vivant alors que j'étais en train de devenir *a nice dead person* ! Par sa clarté, sa cohérence et son intégrité, ce processus de compréhension de soi et de l'autre a contribué à changer fondamentalement ma vie professionnelle et ma vie affective.

Ma reconnaissance va ensuite à Anne Bourrit, formatrice en communication non violente avec qui j'ai eu la chance de décoder et de clarifier en moi des enjeux fondamentaux qui me rendaient la vie bien difficile. Valérie, ma femme, et moi la portons chèrement dans nos cœurs.

Ma reconnaissance va également et profondément à Guy Corneau pour sa préface et pour son constant encouragement à écrire ce livre. Au cours des nombreuses années de travail et d'amitié partagés, j'ai été touché et inspiré par sa grande bienveillance pour l'être humain et par sa foi dans la Vie. Il m'a communiqué son goût de traduire dans un langage simple des enjeux psychologiques qui peuvent paraître compliqués et de contribuer ainsi à ce que chacun puisse, par une meilleure compréhension et un plus grand amour de soi, devenir vraiment cocréateur de sa vie.

Ma reconnaissance va aussi à Pierre Bernard Velge, fondateur et animateur de l'ASBL Flics et Voyous, pour m'avoir, dans le travail avec les jeunes en difficulté que j'ai pratiqué avec lui durant plus de dix ans, éveillé à l'écoute du cœur :

écouter sans juger, écouter pour comprendre et aimer davantage.

Ma reconnaissance va certainement à toutes les personnes qui m'offrent leur confiance à l'occasion de séminaires, d'entretiens particuliers ou de conférences. C'est grâce à l'authenticité de nos rencontres et à la beauté des transformations vécues qu'est né le projet de ce livre.

Enfin, ma reconnaissance va aussi à toutes les formatrices et les formateurs en CNV de Suisse, de France et de Belgique avec qui j'ai l'occasion de travailler, pour leur amitié et leur soutien.

Je suis également infiniment reconnaissant à Liliane Magi pour son patient décryptage de mes notes manuscrites.

À Valérie
et à nos enfants Camille et Anna,
avec amour et respect.

PRÉFACE

Cesser d'être gentil pour être vrai

Exprimer sa vérité dans le respect d'autrui et dans le respect de ce que l'on est, voilà le projet auquel nous convie Thomas d'Ansembourg. C'est l'invitation qu'il nous lance dans ce livre en nous proposant une véritable plongée au cœur de notre façon de dialoguer avec nous-même et avec les autres. Nous y apprenons comment re-programmer notre façon de nous exprimer, notre façon de *nous dire*. Au terme de cette démarche, il y a la joie d'être plus près des autres et plus près de soi, il y a le bonheur d'être ouvert aux autres. Et au cœur de cette démarche, il y a la possibilité de renoncer aux confusions accommodantes dont nous nous contentons bien souvent au lieu d'accéder à un univers de choix et de liberté.

Quel beau projet et quel programme! pourrait-on ajouter. Avec des airs de ne pas y toucher ou de n'effleurer que la surface des choses, c'est-à-dire ce que l'on communique à l'extérieur de soi, la méthode proposée par Thomas d'Ansembourg remet en question l'édifice psychologique de chacun. Entreprise exigeante, car pour arriver à énoncer clairement ce qui se vit en nous, il faut débusquer bien des conditionnements inconscients. Entreprise révolutionnaire, car chemin faisant, nous découvrirons que notre projet de *nous dire* clairement expose notre vulnérabilité, éprouve notre orgueil. Projet bouleversant, car il met en évidence notre propension à laisser les choses telles qu'elles sont, de peur de déranger les autres, de peur aussi que les autres nous dérangent à leur tour si nous osons parler vraiment. Projet provocant et stimulant, car il invite chacun à travailler à son propre changement plutôt que d'attendre que l'autre change.

J'ai compris tout le potentiel de la communication non violente alors que je voyageais dans le désert du Sahara. Assisté de Jean-Marie Delacroix, j'y guidais un groupe de vingt-quatre hommes qui participaient à un atelier intitulé *La flamme intérieure.* Acquiesçant à la suggestion de Thomas d'Ansembourg, j'avais accepté d'engager des jeunes de l'association Flics et Voyous et quelques-uns de leurs animateurs adultes pour nous assurer l'assistance technique au cours de cette aventure. J'avais connu cette association qui s'occupe de jeunes de la rue quelques années auparavant. Pierre-Bernard Velge, son instigateur, et son bras droit, Thomas d'Ansembourg, m'avaient alors invité à les joindre à titre de conseiller psychologique pour une expédition dans le désert à laquelle participaient des jeunes en difficulté. Je les avais donc engagés pour nous accompagner dans notre atelier et m'étais pris au jeu de cette aventure qui visait leur réintégration sociale.

Je m'étais pris au jeu, mais je commençai à le regretter lorsqu'un jeune de l'équipe technique en vint à menacer un adulte avec un couteau. À des heures de route de toute civilisation, l'horreur venait de montrer le bout de son nez. Je ne voulais absolument pas mettre en danger les personnes de mon groupe et je n'envisageai qu'une solution : rapatrier les fauteurs de trouble le plus vite possible. En réalité, c'était une manière facile de me débarrasser du problème.

Je mis Thomas au fait de mes intentions. Sans rejeter ma proposition, il me demanda quelques heures de sursis. De longs palabres eurent lieu sur la dune, un peu à l'écart du campement. Et, à mon grand étonnement, au terme des discussions, l'unité avait été refaite au sein de l'équipe d'assistance. D'ailleurs, aucun problème ne vint plus ensuite entraver la bonne marche du voyage. Tout en admirant la patience de Thomas, je me disais que la technique de communication non violente qu'il utilisait valait la peine d'être étudiée.

Par la suite, Thomas d'Ansembourg est devenu un assistant et un collaborateur régulier à mes ateliers. Au sein de l'association Cœur. com, je fais souvent appel à lui pour régler des situations délicates. J'ai suivi son atelier d'introduction à la communication non violente et les principes de base de cette discipline sont devenus ceux de mes séminaires.

Pourquoi? Parce que je me suis rendu compte que la plupart d'entre nous, moi le premier, en sommes encore aux balbutiements lorsque nous tentons de communiquer. Nous sommes habitués à évaluer les autres, à les juger et à les étiqueter sans leur révéler quels sont nos propres sentiments, sans oser *nous dire*. En effet, qui, parmi nous, peut se vanter de faire l'effort d'inventorier les sentiments qui motivent ses jugements avant de les énoncer? Qui prend la peine d'identifier et de nommer les besoins qui ont été refoulés et camouflés derrière les mots que nous prononçons? Qui tente de faire des demandes réalistes et négociables dans ses rapports avec les autres?

Cette manière de communiquer, fondée sur des demandes réalistes et négociables, est d'autant plus intéressante à mon sens qu'elle vient compléter ce que d'autres méthodes, notamment celles de Salomé et de Gordon, ont déjà proposé. Toutes soulignent avec justesse la nécessité que nous avons d'apprendre à parler au «je» à partir de notre propre expérience de vie et à admettre que nos besoins sont légitimes en eux-mêmes. Pourtant, cette légitimité a ses limites. Elle doit trouver son expression dans la formulation de demandes négociables adressées à autrui, sous peine d'enfermement dans une bulle d'égocentrisme. Car si tous nos besoins sont justes en eux-mêmes, ils ne peuvent pas tous être satisfaits. Des compromis acceptables pour chacun doivent être trouvés. À mon sens, la communication non violente montre ici toute sa force.

Une telle technique ferait des miracles en politique. Elle devrait d'ailleurs être enseignée aux écoliers dès qu'ils commencent à fréquenter l'école primaire afin de leur permettre d'éviter de prendre de mauvais plis en s'éloignant d'eux-mêmes et du mode d'expression qui leur est propre. Sur le terrain du couple, où la friction entre les êtres s'intensifie parfois douloureusement et dangereusement, elle trouve un lieu par excellence où exercer son efficacité. La communication non violente me semble à la fois l'antichambre de la psychologie et ce qui peut permettre à la compréhension psychologique de nos enjeux humains de trouver une implication très pratique dans notre quotidien.

À dire vrai, si les principes de toute méthode de communication sont en général faciles à saisir, c'est précisément la pratique qui demeure difficile. En ce sens, cet ouvrage constitue vraiment un manuel de référence. Il révèle tout le talent et toute l'ouverture d'esprit de l'auteur qui donne une approche du monde des sentiments et des besoins où se reconnaissent deux atouts de sa longue pratique de juriste : la rigueur d'analyse et le souci bien concret de l'efficacité.

Parmi les gens qui ont l'audace de *se dire*, Thomas d'Ansembourg est pour moi celui qui y parvient avec la plus grande habileté. Ce poète de la communication, cet explorateur des déserts intérieurs et extérieurs a compris que pour en arriver à une réelle communication avec les êtres, il se devait de renoncer aux rapports de pouvoir et risquer sa propre vérité. Je l'ai vu se transformer et passer en quelques années du bon garçon gentil qui a peur de s'engager au mari amoureux et au père dévoué. Je l'ai vu quitter progressivement ses fonctions d'avocat et de consultant bancaire afin de demeurer fidèle à lui-même et d'aider d'autres personnes à le devenir. Avec bonheur, je le vois prendre sa pleine mesure dans ce livre écrit pour nous faire savoir qu'au bout du compte, il n'y a pas d'intimité avec autrui sans intimité avec soi et pas d'intimité avec soi sans intimité avec autrui. Avec la tendresse et l'élégance du Petit Prince de Saint-Exupéry, Thomas d'Ansembourg nous rappelle que l'on peut rencontrer l'autre sans cesser d'être soi.

Guy Corneau

INTRODUCTION

Je n'ai pas d'espoir de sortir par moi-même de ma solitude. La pierre n'a pas d'espoir d'être autre chose que pierre, mais en collaborant elle s'assemble et devient Temple.

ANTOINE DE SAINT-EXUPÉRY

J'étais un avocat gentiment et très poliment déprimé et démotivé. Aujourd'hui, j'anime avec enthousiasme conférences, séminaires et entretiens d'accompagnement. J'étais un célibataire terrifié par l'engagement affectif, comblant sa solitude par l'hyperactivité. Aujourd'hui, je suis marié, père et comblé. Je vivais dans une tristesse intérieure bien dissimulée mais constante, je me sens aujourd'hui empli de confiance et de joie.

Que s'est-il passé?

J'ai *pris conscience* qu'en ignorant mes propres besoins depuis longtemps je me faisais violence et que j'avais tendance à reporter cette violence sur la tête des autres. J'ai *accepté* que j'ai des besoins, que je peux les écouter, les différencier, établir entre eux des priorités et en prendre soin *moi-même* plutôt que de me plaindre du fait que personne ne s'en occupe. Toute l'énergie que je consacrais auparavant à me plaindre, à me révolter et à être nostalgique, je l'ai ainsi petit à petit rassemblée, *recentrée* pour la mettre au service de la transformation intérieure, de la création et de la relation. J'ai également pris conscience et accepté que l'autre a lui aussi des besoins, et que je ne suis pas forcément la seule personne compétente et disponible pour les satisfaire.

Le processus de communication non violente a été et continue d'être pour moi un guide éclairant et rassurant dans la transformation que j'ai entreprise et je souhaite qu'il puisse éclairer et rassurer le lecteur dans la compréhension de ses propres relations, à commencer par celle qu'il entretient avec lui-même.

Par ce livre, je veux donc illustrer le processus que Marshall Rosenberg[1] a mis au point dans l'esprit et la ligne de pensée des travaux de Carl Rogers. Les personnes qui connaissent les ouvrages de Thomas Gordon y retrouveront également des notions familières. Je veux ainsi témoigner de ma confiance que si chacun d'entre nous acceptait d'observer sa propre violence, celle qu'il exerce souvent inconsciemment et très subtilement sur lui-même et sur les autres – souvent d'ailleurs avec les meilleures intentions du monde – et prenait soin de comprendre comment elle s'enclenche, chacun de nous se donnerait l'occasion de la désenclencher, de la désamorcer. Chacun pourrait ainsi contribuer à créer des relations humaines plus satisfaisantes entre des êtres humains à la fois plus libres et plus responsables d'eux-mêmes.

Marshall Rosenberg appelle son processus la communication non violente (CNV). J'en parle moi-même comme de la communication consciente et non violente. La violence est en effet la conséquence de notre manque de conscience. Si nous étions intérieurement plus conscients de ce que nous vivons vraiment, nous trouverions avec plus d'aisance l'occasion d'exprimer notre force sans nous agresser mutuellement. Je crois qu'il y a violence dès que nous utilisons notre force non pour créer, stimuler ou protéger mais pour contraindre, que la contrainte s'exerce sur nous-même ou sur les autres. Cette force peut être affective, psychologique, morale, hiérarchique, institutionnelle. Ainsi, la violence subtile, la violence en gants de velours, particulièrement la violence affective, est infiniment plus répandue que la violence qui se manifeste par des coups, des crimes et des insultes, et elle est d'autant plus dangereuse qu'elle n'est pas nommée.

Si cette violence n'est pas nommée, c'est qu'elle s'insinue dans les mots mêmes que nous employons innocemment tous les jours. Elle est véhiculée dans notre vocabulaire quotidien. En effet, nous traduisons notre pensée et donc notre conscience principalement par le véhicule des mots. Nous avons dès lors le choix de faire circuler notre pensée et notre conscience par des mots qui divisent, opposent, séparent, comparent, catégorisent ou condamnent, ou par des mots qui rassemblent, proposent, réconcilient et stimulent. Ainsi, en travaillant notre conscience et notre langage, nous pouvons les déparasiter de ce qui brouille la communication et génère la violence quotidienne.

Les principes de la communication non violente ne sont donc pas neufs. Depuis des siècles, ils font partie de la sagesse du monde, cette sagesse si peu mise en pratique, sans doute parce qu'elle semble souvent peu pratique. Ce qui me paraît nouveau et dont j'ai l'occasion de vérifier chaque jour l'aspect très pratique, c'est l'articulation du processus proposé par Marshall Rosenberg.

D'une part il y a l'articulation dans le langage des deux notions connues de communication et de non violence. Ces deux notions et les valeurs qu'elles portent, pour attirantes qu'elles soient, nous laissent souvent un sentiment d'impuissance: est-il possible de toujours communiquer sans violence? Comment, dans nos échanges, rendre concrètes, palpables et efficaces ces valeurs auxquelles tout le monde adhère en pensée: le respect, la liberté, la bienveillance mutuelle, la responsabilité?

D'autre part il y a l'articulation dans notre conscience des éléments et des enjeux de la communication. Par ce processus en quatre points, nous sommes invités à prendre conscience que nous réagissons toujours à quelque chose, à une situation (c'est le point 1, l'Observation), que cette observation suscite toujours en nous un sentiment (c'est le point 2), que ce sentiment correspond à un besoin (point 3) qui nous invite à formuler une demande (point 4). Cette méthode est basée sur la constatation que nous nous sentons mieux lorsque nous voyons clairement ce à quoi nous réagissons, lorsque nous comprenons bien tant nos sentiments que nos besoins et lorsque nous parvenons à formuler des demandes négociables en nous sentant en sécurité de pouvoir accueillir la réaction de l'autre, quelle qu'elle soit. Cette méthode est également basée sur le constat que nous nous sentons mieux lorsque nous voyons clairement ce à quoi l'autre se réfère ou réagit, lorsque nous comprenons bien ses sentiments et besoins, et entendons une demande négociable qui nous laisse la liberté de ne pas être d'accord et de chercher ensemble une solution qui satisfasse les besoins des deux parties, pas l'une au détriment de l'autre, pas l'autre au détriment de l'une. Ainsi, au-delà d'une méthode de communication, la communication non violente permet un art de vivre la relation dans le respect de soi, de l'autre et du monde alentour.

À l'ère de l'informatique, de plus en plus de gens communiquent de plus en plus vite et de plus en plus mal ! De plus en plus de personnes souffrent de solitude, d'incompréhension, de la perte de repères et du manque de sens. Les préoccupations d'organisation et de fonctionnement sont encore largement prioritaires par rapport au souci de la qualité de nos relations. Il est urgent d'explorer d'autres façons d'être en relation.

Nous sommes nombreux à nous sentir fatigués de notre incapacité à vraiment nous exprimer et à être véritablement écoutés et compris. Même si, par nos moyens actuels, nous échangeons beaucoup d'informations, nous sommes comme handicapés de l'expression et de l'écoute *vraies.* De l'impuissance qui en résulte naissent beaucoup de peurs qui suscitent de vieux réflexes de repli : intégrismes, nationalismes, racismes. Dans la conquête passionnante de la technologie, particulièrement des moyens mondiaux de communication, et dans le contexte tout à fait neuf du tissage et du métissage des ethnies, des races, des religions, des modes, des modèles politiques et économiques que ces moyens permettent, ne risquons-nous pas de manquer secrètement de quelque chose d'intime et de vrai, si précieux que toute autre quête risque bien de se révéler désespérée : la rencontre, la rencontre réelle d'être humain à être humain, sans jeu, sans masque, qui ne soit pas parasitée par nos peurs, nos habitudes, nos clichés, qui ne porte pas le poids de nos conditionnements et de nos vieux réflexes, et qui nous sorte de l'isolement de nos combinés, de nos écrans et de nos images virtuelles ?

Il semble qu'il y ait là un nouveau continent à conquérir, bien mal exploré jusqu'à ce jour, et qui fait peur à beaucoup : *la relation vraie entre personnes libres et responsables.*

Si cette exploration fait peur, c'est que nous craignons souvent de nous perdre dans la relation. Nous avons en effet appris à nous couper de nous pour être avec l'autre.

Je propose d'explorer une piste pour des relations vraies entre des êtres libres et responsables, piste que j'évoquerai par cette double question qui m'apparaît régulièrement comme étant au cœur des difficultés d'être de beaucoup d'entre nous : *Comment être soi sans cesser d'être avec l'autre, comment être avec l'autre sans cesser d'être soi ?*

En écrivant ce livre, j'ai eu régulièrement une préoccupation à l'esprit. Je sais que les livres renseignent et peuvent contribuer à notre évolution. Toutefois, je sais aussi que la compréhension intellectuelle ne saurait accomplir à elle seule la transformation du cœur. La transformation du cœur naît de la compréhension émotionnelle, c'est-à-dire de l'expérience et de la pratique dans la durée. Ce livre en est d'ailleurs un exemple : il se fonde essentiellement sur l'expérience et la pratique.

Depuis mon premier contact avec la communication non violente, j'ai tenu à en intégrer la connaissance par la pratique, me méfiant précisément de cet aspect de la connaissance livresque qui nous amène souvent à croire que nous avons tout compris – ce qui peut être vrai mentalement – alors que nous n'avons rien intégré du tout, illusion qui nous permet d'éviter l'occasion de nous transformer vraiment et durablement.

Cela explique notamment que je n'ai pas d'ouvrages de références à proposer en bibliographie, si ce n'est le livre de Marshall Rosenberg, bien que je sache et me réjouisse que les notions que j'aborde et qui ne sont pas nouvelles en soi sont explorées également par d'autres auteurs.

Ainsi, en mettant sur papier, dans des mots et des notions forcément figés, ce qui s'apprend en fait en se vivant en ateliers ou en séminaires par l'expérience des jeux de rôles, les temps d'intégration, l'écoute des émotions, les retours, les silences et la résonance du groupe, je prends le risque que le processus paraisse gentiment utopique à certains. J'accueille ce risque parce qu'il s'agit d'un processus et non d'un truc, c'est-à-dire qu'il s'agit d'un état de conscience à pratiquer comme on pratique une langue étrangère. Et chacun sait que ce n'est pas en lisant une fois l'*Assimil anglais de A à Z* que l'on va disputer un concours d'éloquence à Oxford ni même se hasarder dans une conversation de salon ! On va d'abord aller faire ses gammes modestement. Et puis, n'y a-t-il pas dans le mot utopie le goût de tendre vers un autre lieu ?

Ce livre s'adresse précisément aux personnes qui sont en route vers un autre lieu, un lieu de rencontre *vraie* entre les êtres. Mon travail me permet de rencontrer tous les jours ces personnes dans les milieux les plus divers : l'entreprise, l'assistance et l'éducation, dans les couples et les familles de tous les milieux sociaux, dans le milieu hospitalier, parmi les jeunes en détresse ou les cadres supérieurs. Et je constate tous les jours que ce lieu existe, si nous le voulons.

CHAPITRE PREMIER

Pourquoi nous sommes coupés de nous-même, de nos sentiments ou de nos besoins

Notre monde intellectuel est fait de catégories, il est bordé de frontières arbitraires et artificielles.

Il faut construire des ponts, mais pour cela il faut une connaissance, une vision plus grande de l'homme et de sa destinée.

YEHUDI MENUHIN

Préambule

Je n'ai pas les mots pour dire ma solitude, ma tristesse ou ma colère.
Je n'ai pas les mots pour dire mon besoin d'échange, de compréhension, de reconnaissance.
Alors je critique, j'insulte ou je frappe.
Alors je me pique, je picole ou je déprime.

La violence, intériorisée ou extériorisée, résulte d'un manque de vocabulaire : elle est l'expression d'une frustration qui n'a pas trouvé les mots pour se dire.

Et pour cause : nous n'avons jamais acquis le vocabulaire de notre vie intérieure. Nous n'avons pas appris à décrire précisément ce que nous sentons ni quels sont nos besoins. Pourtant, depuis l'enfance, nous avons appris beaucoup de mots : nous pouvons parler d'histoire, de géographie, de mathématiques, de science ou de littérature, nous pouvons décrire une technique informatique ou sportive, discourir sur l'économie ou le droit, mais les mots de la vie intérieure, quand les avons-nous appris ? En grandissant, nous nous sommes coupés de nos sentiments et de nos besoins pour tenter d'être à l'écoute de ceux de papa et maman, des frères et sœurs, de l'instituteur, etc. : « Fais ce que maman te dit de faire..., Fais ce que veut ton petit cousin qui vient jouer cet après-midi..., Fais ce qu'on attend de toi. »

Et nous nous sommes ainsi mis à l'écoute des sentiments et des besoins de tous – patron, client, voisin, collègues de travail –, sauf des nôtres ! Pour survivre et nous intégrer, nous avons cru devoir nous couper de nous-même.

Un jour, cette coupure se paie ! Timidité, dépression, doutes, hésitations à prendre une décision, incapacité de faire des choix, difficulté à s'engager, perte du goût de vivre. Au secours ! Nous tournons en rond comme l'eau dans un lavabo qui se vide. L'engloutissement est proche. Nous attendons qu'on nous repêche, qu'on nous donne des instructions et à la fois, nous ne pouvons plus entendre aucune recommandation ! Nous sommes saturés de « Il faut que tu..., Il est grand temps que tu..., Tu devrais... »

Nous avons fondamentalement besoin de nous trouver, nous, de nous ancrer solidement en nous-même, de sentir de l'intérieur que c'est nous qui parlons, nous qui décidons et non plus nos habitudes, nos conditionnements, nos peurs du regard de l'autre. Mais comment ?

J'aime introduire le processus que je préconise en présentant un petit bonhomme qui est le fruit du travail et de l'imagination d'Hélène Domergue, formatrice en communication non violente à Genève.

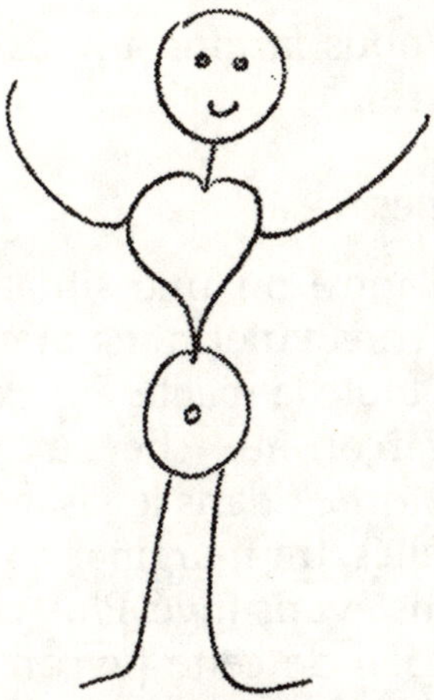

- ***Mental***
- ***Sentiments***
- ***Besoins***
  (ou Valeurs)
- ***Demande***
  (ou Action concrète et négociable)

1. L'espace mental

Mental

- *Jugements, étiquettes...*
- *Préjugés,* a priori...
- *Système binaire*
- *Langage déresponsabilisant*

La tête symbolise l'espace mental. C'est lui qui a bénéficié de l'essentiel de toute l'éducation que nous avons reçue. C'est lui que nous avons musclé, discipliné, affiné pour être efficace, productif, rapide. Notre cœur, lui, notre vie affective, notre vie intérieure, n'a pas reçu toute cette attention. Nous avons en effet appris à être sages et raisonnables, à prendre de bonnes décisions bien réfléchies, à analyser, catégoriser et étiqueter toute chose et à les ranger dans des tiroirs bien distincts. Nous sommes devenus maîtres en logique et en raisonnement, et depuis l'enfance, c'est notre compréhension intellectuelle des choses qui a été stimulée, exercée, affinée et nuancée. Notre compréhension émotionnelle, elle, n'a été que peu ou pas encouragée, quand elle n'a pas été ouvertement découragée.

À présent, dans mon travail, j'observe quatre caractéristiques de ce fonctionnement mental qui sont souvent la cause de la violence que nous nous faisons à nous-même ou que nous imposons aux autres.

Jugements, étiquettes et catégories

Nous jugeons ; nous jugeons l'autre ou une situation en fonction du peu que nous en avons vu et nous prenons le peu que nous en avons vu pour toute la réalité. Par exemple, nous voyons dans la rue un garçon aux cheveux orange taillés en crête et qui porte des *piercings* dans le visage. « Oh ! un punk, encore un de ces révoltés, un marginal qui parasite la société. » En un éclair, nous avons jugé. Plus vite que notre ombre. Nous ne savons rien de cette personne, qui est peut-être engagée avec passion dans un mouvement de jeunesse, une équipe de théâtre ou la recherche informatique et contribue ainsi de tout son talent et de tout son cœur au mouvement du monde. Mais comme quelque chose dans son aspect, dans sa différence, suscite en nous de la peur, de la méfiance et des besoins que nous ne savons pas décoder (besoin d'accueillir la différence, besoin d'intégration, besoin d'être assuré que la différence n'entraîne pas la rupture), nous le jugeons. Voyez comme notre jugement fait violence à la beauté, la générosité, la richesse qu'il y a certainement dans cette personne et que nous n'avons pas vue.

Autre exemple. Nous voyons passer une dame élégante en manteau de fourrure dans une grosse voiture. « Quelle bourgeoise ! Encore une qui ne songe à rien d'autre qu'à faire étalage de sa richesse ! »

Nous jugeons encore, prenant le peu que nous avons vu de l'autre pour toute sa réalité. Nous l'enfermons dans un petit tiroir, nous l'emballons sous cellophane. De nouveau, nous faisons violence à toute la beauté de cette personne que nous n'avons pas aperçue parce qu'elle est intérieure. Cette personne est peut-être très généreuse de son temps et de son argent, si elle en a, engagée dans l'entraide et le soutien, nous n'en savons rien. Encore une fois, un aspect de sa personne éveille en nous peur, méfiance, colère ou tristesse et des besoins que nous ne savons pas décoder (besoin d'échange, besoin de partage, besoin que les êtres humains contribuent activement au bien-être commun), alors nous jugeons, nous coinçons l'autre dans une catégorie, nous l'enfermons dans un tiroir.

Nous prenons la partie émergée de l'iceberg pour tout l'iceberg, alors que chacun sait que quatre-vingt-dix pour cent de l'iceberg se trouve sous le niveau de la mer, hors de la vue. Rappelons-nous : « On ne voit bien qu'avec le cœur, l'essentiel est invisible pour les yeux », écrivait Saint-Exupéry. Regardons-nous vraiment l'autre avec le cœur ?

Préjugés, *a priori,* croyances toutes faites et automatismes

Nous avons appris à fonctionner par *habitude,* à intégrer des *automatismes de pensée,* des *a priori,* des préjugés, à vivre dans un univers de concepts et d'idées, et à fabriquer ou à propager des *croyances qui ne sont pas vérifiées* – par exemple : « Les hommes sont des machos. Les femmes ne savent pas conduire. Les fonctionnaires sont tous des fainéants. Les politiciens sont tous corrompus. Il faut se battre dans la vie. Il y a des choses qu'il faut faire, qu'on le veuille ou non. On a toujours fait comme cela. Une bonne mère, un bon époux, un bon fils, se doit de... Ma femme ne pourrait jamais supporter que je lui parle comme cela. Dans cette famille, on ne peut certainement pas aborder ce sujet. Mon père est quelqu'un qui... » Ce sont des expressions qui sont essentiellement le reflet de nos peurs. Ce faisant, nous nous enfermons et enfermons les autres dans une croyance, une habitude, un concept.

De nouveau, nous faisons violence aux hommes qui sont tout sauf des machos, qui se sont ouverts à leur sensibilité, à leur délicatesse, à la féminité qui est en eux. Nous faisons violence aux femmes qui conduisent beaucoup mieux que la plupart des hommes, avec à la fois plus de respect pour les autres automobilistes et plus d'efficacité dans la circulation. Nous faisons violence aux fonctionnaires qui se donnent avec générosité et enthousiasme dans leur travail. Nous faisons violence aux politiciens qui exercent leurs fonctions avec loyauté et intégrité, et dans le sens du bien commun. Nous nous faisons violence pour toutes ces choses que nous n'osons pas dire ou faire alors qu'elles nous importent vraiment, ou pour toutes celles que nous «croyons devoir» faire sans prendre le temps de vérifier si elles sont effectivement prioritaires et si nous ne pourrions pas plutôt prendre soin des besoins réels des personnes concernées (ceux des autres ou les nôtres) autrement.

Le système binaire ou la dualité

Enfin, nous avons pris l'habitude sécurisante de tout formuler en noir et blanc, en positif et négatif. Une porte doit être ouverte ou fermée, c'est juste ou ce n'est pas juste, on a tort ou raison, ça se fait ou ça ne se fait pas, c'est à la mode ou c'est dépassé, il est super chouette ou il est complètement nul. Avec des variantes subtiles : on est intellectuel ou manuel, mathématicien ou artiste, père de famille responsable ou individu fantaisiste, voyageur ou casanier, poète ou ingénieur, homo ou hétéro, branché ou ringard. C'est le piège de *la dualité, le système binaire.*

Comme si nous ne pouvions pas être à la fois un intellectuel brillant et un manuel efficace, un mathématicien rigoureux et un artiste fantasque, un être responsable et plein de fantaisie, un poète délicat et un ingénieur sérieux. Comme si nous ne pouvions pas nous aimer au-delà de la dualité sexuelle, être très classique dans certains domaines et très innovateur dans d'autres.

Comme si la réalité n'était pas toujours infiniment plus riche et colorée que nos pauvres petites catégories, que ces pauvres petits tiroirs dans lesquels nous essayons de la coincer parce que sa mouvance, sa diversité et sa vitalité chatoyante nous déconcertent et nous font peur, et que nous préférons, pour nous rassurer, tout enfermer dans des potiquets d'apothicaire bien étiquetés sur l'étagère de notre intellect !

Nous pratiquons cette logique d'exclusion et de division basée sur «ou» ou sur «soit». Nous jouons à «Qui a tort, qui a raison ?», jeu tragique qui stigmatise tout ce qui nous divise plutôt que de valoriser tout ce qui nous rassemble. Nous verrons plus loin combien nous nous laissons piéger par ce système binaire et quelle violence il exerce sur nous-même et sur les autres. L'exemple le plus récurrent est celui-ci : soit nous prenons soin des autres, soit nous prenons soin de nous-même, avec la conséquence que soit nous nous coupons de nous-même, soit nous nous coupons des autres. Comme si nous ne pouvions pas *à la fois* prendre soin des autres *et* prendre soin de nous-même, être proches des autres sans cesser d'être proches de nous-même.

Le langage déresponsabilisant

Nous utilisons un langage qui nous déresponsabilise de ce que nous vivons ou de ce que nous faisons. D'abord, nous avons appris à reporter sur les autres ou sur un facteur extérieur à nous la responsabilité de nos sentiments. « Je suis en colère parce que tu... » (le « tu qui tue » évoqué par Jacques Salomé). « Je suis triste parce que mes parents..., Je suis déprimé parce que le monde, la pollution, la couche d'ozone... » Nous ne prenons aucunement la responsabilité de ce que nous ressentons. Au contraire, nous trouvons un bouc émissaire, nous coupons une tête, nous nous déchargeons de notre mal être sur l'autre qui sert de paratonnerre à nos frustrations ! Ensuite nous avons également appris à ne pas nous tenir responsables de nos actes. « C'est le règlement..., Ce sont les ordres..., La tradition veut que..., Je n'ai pas pu faire autrement..., Il faut que..., Tu dois..., J'ai pas le choix..., Il est temps..., C'est (pas) normal que... »

Nous verrons combien ce langage nous déconnecte de nous-même et des autres, et nous asservit d'autant plus subtilement qu'il paraît être un langage responsable.

2. Les sentiments

Dans ce fonctionnement traditionnel qui privilégie le processus mental, nous sommes coupés de nos sentiments et de nos émotions comme par une dalle de béton.

Peut-être vous reconnaîtrez-vous un peu dans ce qui suit. Personnellement, j'ai appris à être un petit garçon sage et raisonnable, et à être toujours à l'écoute des autres. Parler de soi ou de ses émotions vis-à-vis de soi-même n'était pas bien perçu quand j'étais enfant. On pouvait avec émotion décrire une peinture ou un jardin, parler d'une musique, d'un livre ou d'un paysage, mais parler de soi, *a fortiori* avec émotion, était suspecté d'égocentrisme, de narcissisme, de nombrilisme. « Ce n'est pas bien de s'occuper de soi, il faut s'occuper des autres », me disait-on.

Si un jour j'étais très en colère et que je l'exprimais, j'ai pu entendre quelque chose comme : « Ce n'est pas bien d'être en colère. Un petit garçon sage ne se met pas en colère. Va dans ta chambre et tu reviendras quand tu auras réfléchi. » Bon, retour à la raison.

J'allais réfléchir avec ma tête qui avait tôt fait de me juger coupable. Alors, je me coupais de mon cœur en mettant ma colère dans ma poche et je redescendais racheter l'intégration familiale en affichant un faux sourire. Si un autre jour j'étais triste et ne savais que faire de mes larmes, secoué tout à coup par une de ces lourdes peines qui peuvent s'abattre sur vous sans que vous compreniez pourquoi, et que j'avais juste besoin d'être rassuré et consolé, j'ai pu entendre : « Ce n'est pas bien d'être triste, avec tout ce qu'on fait pour vous ! Et puis il y en a qui sont bien plus malheureux. Va dans ta chambre, tu reviendras quand tu auras réfléchi. » Renvoyé à nouveau !

Je remontais dans ma chambre et le processus rationnel reprenait le dessus : « C'est vrai, j'ai pas le droit d'être triste, j'ai un papa, une maman, des frères et sœurs, des livres pour aller à l'école et des jouets, une maison et à manger, de quoi je me plains ? C'est quoi, cette tristesse ? Je suis un égoïste et un nul ! » De nouveau, je me condamnais, me culpabilisais, me recoupais de mon cœur. La tristesse allait joindre la colère dans ma poche et je redescendais racheter ma place au sein de la famille avec un faux sourire. Vous voyez qu'on apprend tôt à être gentil plutôt qu'à être vrai.

Enfin, un autre jour que j'étais tout joyeux, que j'explosais de bonheur et que je l'exprimais en courant partout et en mettant la musique à fond ou en racontant toute ma joie, j'ai pu entendre cette phrase: «Ne te réjouis pas trop parce que la vie n'est pas si drôle!» Alors là, c'est l'hallali! Même la joie n'est pas bienvenue dans le monde des adultes! Qu'est-ce que je fais alors, moi, gamin de dix ans? J'encode sur mon disque dur intérieur les deux messages suivants.

- Être adulte, c'est se couper le plus possible de ses émotions et ne s'en préoccuper que pour faire joli dans une conversation de salon, sans déranger personne, une fois de temps en temps.
- Pour être aimé et avoir ma place dans ce monde, je dois faire non pas ce que je sens ni ce que je voudrais, mais ce que les autres veulent. Être vraiment moi-même, c'est risquer de perdre l'amour des autres.

De cet encodage résultent quelques conditionnements que nous verrons au chapitre 5.

Oui mais, direz-vous, est-ce bien nécessaire d'accueillir toutes ces émotions? Ne risquons-nous pas d'être manipulés par nos émotions? Sans doute pensez-vous à certaines personnes qui sont en colère depuis cinquante ans et qui tournent et retournent dans leur colère sans faire un pas de plus. Ou à d'autres qui sont tristes ou nostalgiques et ressassent sans cesse leur morosité sans pouvoir s'en défaire. À d'autres encore que tout rebelle et qui promènent leur révolte partout sans trouver d'apaisement. Effectivement, tourner dans son sentiment comme un poisson rouge dans son bocal n'entraîne aucune évolution et ne fait que donner la nausée.

Nos émotions sont comme des vagues de sentiments multiples, agréables ou désagréables, qu'il est intéressant de pouvoir identifier et différencier. L'intérêt d'identifier notre sentiment, c'est qu'il nous renseigne sur nous-même en nous invitant à identifier nos besoins. Le sentiment fonctionne comme un signal clignotant sur un tableau de bord: il nous indique qu'une fonction est ou n'est pas remplie, qu'un besoin est ou n'est pas satisfait.

Étant bien souvent coupés de nos sentiments, nous ne possédons que quelques mots pour les décrire: d'un côté nous pouvons nous sentir bien, heureux, soulagés, détendus, et de l'autre, nous pouvons avoir peur, nous sentir moches, déçus, tristes, en colère. Nous avons bien peu de mots pour nous décrire et malgré tout, nous fonctionnons avec cela. Dans les formations à la communication non violente, une liste de plus de deux cent cinquante sentiments est distribuée aux participants pour leur permettre d'étoffer leur vocabulaire et donc d'élargir la conscience qu'ils ont de ce qu'ils éprouvent. Cette liste ne tire pas ses mots de l'encyclopédie mais d'un vocabulaire de mots courants comme nous pouvons en lire dans les journaux et en entendre à la télévision. Toutefois, une pudeur et une réserve transmises de génération en génération nous empêchent de les utiliser pour parler de nous-même.

Développer notre vocabulaire pour élargir notre conscience de ce que nous vivons.

Tout notre apprentissage, depuis l'enfance, consiste à développer notre conscience dans des matières ou des champs qui nous sont extérieurs : à l'école nous apprenons l'histoire, la géographie, les mathématiques et plus tard nous pouvons étudier la plomberie, l'électricité, l'informatique ou la médecine. Nous développons notre vocabulaire dans toutes sortes de matières et nous acquérons ainsi une certaine maîtrise, une certaine aisance pour traiter de ces matières.

L'acquisition du vocabulaire va de pair avec le développement de la conscience : c'est parce que nous avons appris à nommer des éléments et à les différencier que nous pouvons comprendre leur interaction et modifier celle-ci au besoin. Personnellement, je ne comprends pas grand-chose à la plomberie et lorsque mon chauffe-eau ne s'enclenche plus, je vais appeler le plombier en lui disant qu'il y a un problème. Mon niveau de conscience des éléments en jeu et ma capacité d'agir sur eux tendent vers zéro. Le plombier, lui, va identifier ce qui est en jeu et l'exprimer en termes concrets : « C'est votre brûleur qui est défectueux » ou «Le circuit est entartré, l'injecteur du gaz est vétuste». Le plombier détient ainsi un pouvoir d'action, en ce cas un pouvoir de réparation.

Autrefois, lorsque j'exerçais comme avocat et recevais en consultation des personnes parfois complètement embrouillées, confuses et impuissantes devant leurs difficultés juridiques, j'ai connu le plaisir de différencier les *enjeux*, de discerner leurs interactions, de définir des priorités et d'être ainsi en position de pouvoir proposer une action. Le pouvoir d'action est donc lié à la conscience et à la faculté de nommer et de différencier des éléments. Chacun de nous a ainsi appris à disposer d'un certain pouvoir d'action dans des domaines qui lui sont extérieurs.

Toutefois, à quel moment dans notre éducation avons-nous appris à nommer les *enjeux* de notre vie intérieure, à quel moment avons-nous appris à discerner ce qui se passe en nous, à différencier nos sentiments et à les distinguer de nos besoins fondamentaux, à nommer nos besoins et à formuler simplement et souplement des demandes concrètes et négociables qui tiennent compte des besoins des autres? Combien de fois nous sentons-nous impuissants et révoltés de l'impuissance que nous éprouvons par rapport à une colère, une tristesse, une nostalgie qui nous habite tout entiers, nous empoisonne comme un venin sans que nous puissions réagir? Au malaise et au sentiment de colère, de tristesse ou de nostalgie, s'ajoute alors l'inconfort de l'impuissance: «Non seulement je suis malheureux ou en colère, mais je ne sais pas quoi faire pour en sortir.»

Alors souvent, «pour en sortir», nous n'avons d'autre recours que nous retourner contre quelqu'un: papa, maman, l'école, les copains, les copines, puis les collègues, les clients, le métier, l'État, la pollution, la crise. N'ayant pas de compréhension ni donc de maîtrise de notre vie intérieure, nous trouvons un responsable à l'extérieur qui sert de bouc émissaire à notre peine. «Je suis en colère parce que *tu*..., Je suis triste parce que *vous*..., Je suis révolté parce que le *monde*...»

Nous exportons notre difficulté, nous nous en déchargeons sur l'autre, ne sachant la traiter par nous-même. Il s'agit donc de nommer pour pouvoir traiter et pour y parvenir, développer le vocabulaire des sentiments et des besoins de manière à être à l'aise avec cette matière, d'en acquérir petit à petit la maîtrise. La maîtrise n'est pas l'étouffement, c'est la conduite.

Le sentiment fonctionne donc comme un signal lumineux sur un tableau de bord, il nous renseigne sur le besoin : un sentiment agréable à vivre indique que le besoin est comblé, un sentiment désagréable à vivre indique qu'il ne l'est pas. *Il est donc précieux de connaître cette distinction clé afin d'identifier ce dont j'ai besoin. Car plutôt que de me plaindre de ce que je ne veux plus et d'en faire souvent part à une personne incompétente pour m'aider, je vais pouvoir clarifier ce que je veux (mon besoin plutôt que mon manque) et en faire part à la personne compétente pour m'aider, cette personne étant le plus souvent moi-même !*

Le sentiment fonctionne comme un signal lumineux sur un tableau de bord, il nous indique qu'une fonction intérieure est ou n'est pas remplie.

Voici un exemple que je propose en conférence. Si je roule en voiture sur une route de campagne, je peux me trouver dans les trois situations suivantes.

1. Je roule dans une vieille voiture sans tableau de bord, genre Ford modèle T des années 1900. Je roule confiant, consommant toute ma réserve, sans prendre aucun souci de mon besoin d'essence (puisqu'aucun signal ne le porte à ma conscience) et tôt ou tard je tombe en panne d'essence en rase campagne. Pas de signal, pas de prise de conscience du besoin, pas de pouvoir d'action.

2. Hypothèse la plus classique. Je roule dans une voiture actuelle qui dispose d'un tableau de bord complet. À un moment, ma jauge à essence m'indique que je suis sur la réserve. Aussitôt je rouspète : « Qui a oublié de mettre de l'essence dans cette voiture ? C'est incroyable, c'est toujours sur moi que cela retombe ! Il n'y en a pas un dans cette famille pour penser à faire le plein. » Je me plains et me plains, tant et si bien qu'absorbé par ma plainte, je ne vois

pas toutes les stations d'essence que je croise sur ma route, à distance régulière, et tôt ou tard je tombe en panne en rase campagne. Il y avait bien un signal, j'ai pris conscience du besoin, mais je n'ai entrepris aucune action pour me dépanner. J'ai mis toute mon énergie à me plaindre et à chercher un coupable ou quelqu'un sur qui reporter ma frustration.

3. Hypothèse à laquelle la communication non violente nous invite. Je roule encore dans une voiture actuelle qui dispose d'un tableau de bord complet. Ma jauge à essence m'indique que je suis sur la réserve. J'identifie mon besoin: «Tiens, je vais avoir besoin d'essence. Je ne vois pas de station dans l'immédiat. Que puis-je faire?»

J'entreprends alors une action concrète et positive. Je vais être *attentif* à la prochaine station que je croiserai, m'y rendre et prendre soin de mon besoin. Je me dépanne moi-même. Étant *conscient* du besoin que j'ai nommé, je m'éveille à la possibilité d'une solution. La solution n'est pas là tout de suite, mais comme j'ai pris conscience du besoin, j'ai infiniment plus de chances de trouver une solution que si, comme dans le premier cas, je n'en ai pas pris conscience.

Si je me suis dépanné moi-même en faisant le plein d'essence, je ne vais pas renoncer pour autant à mon besoin de considération ou de respect. De retour à la maison, je pourrai dire à mon conjoint ou à mes enfants: «Je suis fâché d'avoir dû faire le plein après que vous avez utilisé la voiture (Sentiment). J'ai besoin de considération pour mon temps et de respect pour vous avoir prêté l'automobile que vous utilisez (Besoin). Seriez-vous d'accord, à l'avenir, pour remettre vous-mêmes de l'essence dans la voiture (Demande)?»

Si nous sommes souvent coupés de nos sentiments par éducation ou par habitude, nous le sommes encore plus de nos besoins.

3. Les besoins

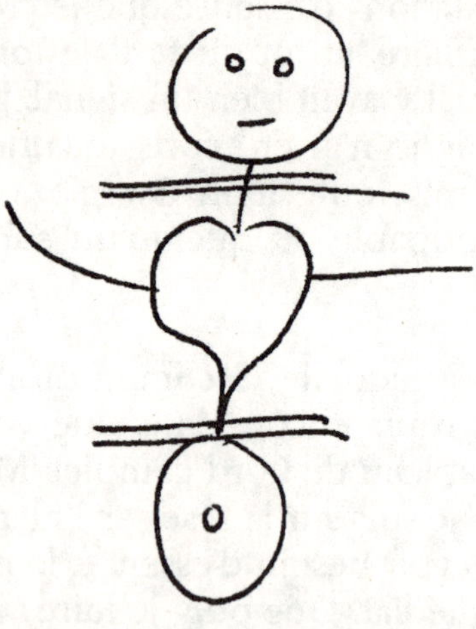

Si nous sommes déjà largement coupés de nos sentiments, nous le sommes presque tout à fait de nos besoins.

Nous avons parfois l'impression qu'une dalle de béton nous coupe de nos besoins. Nous avons plus appris à tenter de comprendre et de satisfaire les besoins des autres qu'à tenter de nous mettre à l'écoute des nôtres. S'écouter a été longtemps synonyme de péché mortel, en tout cas d'égocentrisme ou de nombrilisme : « Ce n'est pas bien de s'écouter comme cela. Oh ! c'est encore une personne qui s'écoute. » L'idée même que l'on puisse « avoir des besoins » est encore souvent perçue comme infamante.

Il est vrai que le mot besoin est souvent mal compris. Il ne s'agit pas ici d'une envie du moment, d'une pulsion passagère, d'un désir capricieux. Il s'agit de nos besoins de base, ceux qui sont essentiels à notre maintien en vie, ceux que nous devons satisfaire pour trouver un équilibre satisfaisant, ceux qui touchent à nos valeurs humaines les plus répandues : identité, respect, compréhension, responsabilité, liberté, entraide. En avançant dans ma pratique, je vois de plus en plus combien le fait de mieux comprendre nos besoins nous permet de mieux comprendre nos valeurs. J'approfondirai ce point plus loin.

Dans un atelier que je donnais, une mère expliquait avec dépit qu'elle n'arrivait pas à comprendre ses enfants. C'était toujours la guerre avec eux et elle se disait épuisée de « devoir leur imposer mille choses qu'ils semblaient ne pas comprendre ou qui leur donnaient l'envie de faire exactement le contraire ». Au moment où je lui demandai si elle pouvait identifier ses besoins par rapport à cette situation, elle explosa, et dit :

« Mais on n'est pas sur terre pour s'occuper de ses besoins ! Si tout le monde écoutait ses besoins, ce serait la guerre partout. Ce que vous proposez est d'un égoïsme épouvantable !

– Est-ce que vous êtes en colère (Sentiment) parce que vous souhaiteriez que les êtres humains puissent être attentifs et à l'écoute des uns et des autres (Besoin) afin de pouvoir trouver ensemble des solutions satisfaisantes à leurs besoins ?

– Oui.

– Est-ce que votre souhait (Besoin) est donc la compréhension et l'harmonie entre les êtres humains ?

– Mais oui.

– Et bien, vous voyez, j'ai peine à croire que vous puissiez être adéquatement à l'écoute des besoins de vos enfants si vous ne commencez pas par être adéquatement à l'écoute des vôtres. J'ai peine à croire que vous puissiez les comprendre dans leur diversité et leurs contradictions si vous ne prenez pas le temps de vous comprendre et de vous aimer dans votre multiplicité et vos contradictions. Comment vous sentez-vous quand je vous dis cela ? »

Elle reste interdite et silencieuse, au bord des larmes. Puis c'est comme si un lent déclic se faisait dans son cœur. Le groupe l'accompagne en silence, dans une profonde empathie. Elle constate alors, dans un grand rire : « C'est incroyable, je prends conscience que je n'ai jamais appris à m'écouter. Donc je ne les écoute pas, je leur impose mes règles ! Évidemment qu'ils se rebellent, je me rebellais aussi à leur âge ! »

Pouvons-nous être vraiment et adéquatement à l'écoute des autres sans être vraiment et adéquatement à l'écoute de nous-même ? Pouvons-nous être disponibles et bienveillants vis-à-vis des autres, sans l'être vis-à-vis de nous ? Pouvons-nous aimer l'autre dans ses différences et ses contradictions sans d'abord nous aimer profondément avec les nôtres ?

Si nous nous coupons de nos besoins, quelqu'un en payera le prix, nous-même ou l'autre.

La coupure par rapport à nos besoins se paye de différentes façons. En voici les conséquences les plus fréquentes.

- Nous avons de la peine à *faire des choix* qui nous engagent personnellement. Dans les affaires, au travail, ça va bien. Mais dans notre vie affective, intime, dans les choix plus personnels, quelle difficulté ! Nous dansons d'un pied sur l'autre, ne sachant que choisir, espérant finalement que les événements ou les gens décident pour nous. Ou alors nous nous imposons un choix (c'est plus raisonnable, c'est plus sage) impuissants que nous sommes à écouter et à comprendre notre élan profond.
- Nous sommes des accros du regard de l'autre. Incapables d'identifier nos vrais besoins, ceux qui nous appartiennent personnellement, nous allons souvent dépendre de l'avis des autres. « Qu'est-ce que tu en penses, que ferais-tu à ma place ? » Ou, pire, nous nous coulons dans le moule de leurs attentes telles que nous nous les imaginons, sans les vérifier et en nous adaptant et nous suradaptant à elles. « Qu'est-ce qu'ils vont penser de moi…, Il faut absolument que je fasse ceci ou cela…, Je dois adopter tel comportement sinon… » Nous nous épuisons à cet exercice de dépendance à la reconnaissance des autres et à l'extrême, nous devenons la girouette d'une mode, d'un courant (tout le monde fait comme cela, je fais comme tout le monde), nous sommes le jouet de dépendances diverses (argent, pouvoir, sexe, télé, jeux, alcool, médicaments, drogues et aujourd'hui Internet) ou d'instructions formelles (je me soumets à l'autorité d'une entreprise exigeante, d'un mouvement politique dirigiste ou à celle d'une secte).

J'ai personnellement rencontré beaucoup de personnes souffrant consciemment ou inconsciemment de dépendances reconnues comme telles. À mon sens, la plus répandue et la moins reconnue est celle qui nous tient accrochés au regard de l'autre. Nous ne connaissons pas nos besoins, et pour cause, puisque nous n'avons pas appris à les reconnaître. Nous attendons donc qu'«on» (la drogue, l'alcool, les gens) nous les dicte. Nous sommes dépossédés de nous-même.

- Puisque nous avons appris à satisfaire les besoins des autres, à être le bon fils (ou la bonne fille) poli, gentil et courtois ; le «bon gars», comme le nomme Guy Corneau[2], à l'écoute de tous sauf de soi-même, si un jour, malgré tout, nous constatons confusément que nos besoins ne sont pas satisfaits, c'est forcément qu'il y a un coupable, quelqu'un qui ne s'est pas occupé de nous. Nous entrons alors dans le processus de *violence par agression ou projection* évoqué précédemment, c'est-à-dire un processus qui fait une large place à la critique, au jugement, à l'insulte et au reproche. «Je suis malheureux parce que mes parents..., Je suis triste parce que mon conjoint..., Je suis découragé parce que mon patron..., Je suis déprimé parce que la crise, la pollution...»
- Le plus souvent, nous avons à ce point eu l'expérience de nous sentir soumis aux besoins des autres ou nous avons à ce point peur de ne pas être en mesure de faire valoir nos propres besoins que nous les imposons aux autres de façon autoritaire et sans appel. «Avec moi, c'est comme ça et pas autrement. Et maintenant va ranger ta chambre et tout de suite!» Nous entrons alors dans un processus de *violence par autorité.*
- Nous sommes épuisés d'essayer de faire valoir nos besoins sans aucun succès. Finalement, nous renonçons. «J'écrase! Je démissionne de moi-même. Je m'enferme ou je m'enfuis.» Dans ce cas, nous nous faisons violence à nous-même.

Oui, me direz-vous, mais à quoi bon connaître ses besoins si c'est pour vivre dans une constante frustration? Et sans doute pensez-vous à telle personne qui a bien identifié son besoin d'appartenance ou de reconnaissance et qui passe sa vie à quêter appartenance ou reconnaissance à gauche et à droite, de réunions en vernissages, de clubs de sport en activités humanitaires, insatiablement. Ou à telle autre qui crève du besoin d'avoir sa place, de trouver son identité et sa solidité intérieure et qui s'agite dans tous les sens, court les ateliers et les thérapies, sans trouver de repos.

Nous verrons au chapitre qui suit comment le seul fait d'identifier notre besoin sans même qu'il soit satisfait apporte déjà un soulagement et un bien-être surprenant. En effet, lorsque nous souffrons, la première des souffrances est de ne pas savoir de quoi nous souffrons. Si nous pouvons identifier la cause intérieure de notre mal être, nous sortons de la confusion. Ainsi, si vous ne vous sentez pas bien physiquement, si vous avez des douleurs suspectes au ventre, à la tête ou au dos, vous vous affolez : « Qu'est-ce qui se passe ? C'est peut-être un cancer, une tumeur… » Si vous voyez votre médecin et qu'il identifie la cause en vous signalant que vous faites une indigestion, que votre foie est engorgé ou que vous vous êtes luxé le dos, vous ne cessez pas d'avoir mal. Mais vous êtes rassuré de savoir ce qui se passe, vous sortez de la confusion. Il en va de même du besoin : l'identifier permet de sortir de la confusion qui ajoute au mal être.

Ensuite, et c'est surtout en cela que réside l'intérêt d'identifier le besoin, tant que nous ne connaissons pas notre besoin, nous ne savons pas comment le satisfaire. Nous attendons alors souvent que les autres (parents, conjoint, enfant) viennent satisfaire nos besoins spontanément, en devinant ce qui nous ferait plaisir, alors même que nous aurions bien de la peine à nommer nous-même notre besoin.

Voici deux exemples de couples qui viennent en consultation en raison de difficultés dans leur relation.

Remarque sur les exemples cités

1. Les exemples vécus cités dans ce livre sont volontairement raccourcis pour éviter une longue et minutieuse relation des échanges. Si j'ai tenté de conserver l'essentiel de l'interaction, bien entendu, la plupart de ces

échanges ont pris bien plus de temps qu'il n'apparaît ici. Le temps accordé aux silences et à l'intériorité n'est pas rendu dans le texte alors qu'il est une part fondamentale du travail.

2. Le ton ou le vocabulaire pourra paraître naïf. Je l'utilise souvent volontairement dans mes entretiens afin d'aller à l'essentiel en évitant autant que possible que des considérations mentales ou une compréhension intellectuelle des enjeux viennent parasiter l'écoute et l'éveil intérieur.

Dans un climat d'écoute et de profond respect mutuel, les mots et le ton les plus simples ont souvent la portée la plus juste. J'observe que le dépouillement facilite l'acuité de la conscience, car l'attention, étant peu ou pas du tout sollicitée par la compréhension intellectuelle, est toute disponible pour la connaissance émotionnelle.

3. Les noms des personnes sont changés et parfois les rôles ont été intervertis pour respecter la confidentialité des situations.

Dans le premier exemple, Madame se plaint de l'incompréhension de Monsieur.

« Il ne comprend pas mes besoins.

– Pourriez-vous, lui dis-je, m'indiquer un besoin à vous que vous souhaiteriez qu'il comprenne.

– Ah non ! C'est mon mari quand même, c'est à lui à comprendre mes besoins !

– Vous voulez dire que vous attendez de lui qu'il devine vos besoins alors même que vous avez de la peine à les définir.

– Exactement.

– Et vous jouez depuis longtemps à cette devinette ?

– Cela fait trente ans qu'on est mariés.

– Vous devez vous sentir épuisée.

– (Elle fond en larmes.) Oh oui ! je suis à bout.

– Vous êtes épuisée parce que vous auriez besoin de compréhension et de soutien de sa part et que c'est ce que vous attendez depuis longtemps.

– C'est exactement cela.

– Et bien, je crains que vous n'attendiez encore longtemps si vous ne prenez pas soin de clarifier vous-même vos besoins et de les lui exprimer.»

Puis, après un long silence plein de larmes, elle dit: «Vous avez raison, c'est moi qui suis dans la confusion. Vous comprenez, dans ma famille on n'avait pas le droit d'avoir des besoins. Je ne connais donc pas mes besoins et, évidemment, je lui reproche toujours d'être à côté de la plaque sans arriver à lui indiquer ce que je veux vraiment. Alors qu'au fond je suis convaincue qu'il fait de son mieux. Et il se fâche, évidemment, et moi je boude. C'est l'enfer!»

Avec ce couple, nous avons donc fait un long travail de compréhension et de clarification des besoins de chacun. Une personne qui a toujours attendu que les autres s'occupent d'elle sans se prendre en main, parvient difficilement à accepter de s'assumer et la démarche peut être douloureuse. Pourtant, ce n'est qu'au prix de ce travail sur la relation à soi-même que la relation à l'autre peut s'améliorer.

Dans le deuxième exemple, c'est Monsieur qui se plaint.

«Ma femme ne me donne aucune reconnaissance!

– Vous êtes fâché parce que vous avez besoin de reconnaissance de sa part.

– Exactement.

– Pourriez-vous m'indiquer ce que vous aimeriez qu'elle dise ou fasse pour vous donner la reconnaissance que vous attendez.

– Je ne sais pas.

– Eh bien, elle non plus! Voyez. Vous attendez désespérément, semble-t-il, qu'elle vous donne de la reconnaissance sans lui indiquer comment vous voyez concrètement cette marque de reconnaissance. Ce doit être épuisant pour elle de sentir qu'il y a de votre part une demande de reconnaissance qu'elle perçoit sans doute comme insatiable et devant laquelle elle se sent impuissante. Je suppose que plus vous lui demandez de la reconnaissance sans lui indiquer comment faire, plus elle s'enfuit.

– C'est exactement cela!

– Alors je suppose que vous êtes fatigué de cette quête éperdue.

– Épuisé.

– Épuisé parce que vous avez besoin de partage et de vous sentir proche d'elle.

– Oui.

– Alors je vous propose de lui indiquer comment et sur quoi vous aimeriez avoir de la reconnaissance, concrètement.»

Avec ce couple, nous avons travaillé, non plus le besoin, mais la demande concrète. Cet homme se sentait blessé parce qu'il ne recevait pas l'approbation et la reconnaissance qu'il voulait pour les efforts qu'il avait fournis pendant de nombreuses années afin d'assurer la sécurité financière du ménage, en dépit de circonstances matérielles et professionnelles éprouvantes. Il restait dans la plainte vis-à-vis de sa femme: «Tu ne mesures pas tous les efforts que j'ai faits, tu n'as aucune idée de la peine que cela m'a coûtée.» Elle, elle se refermait à chaque reproche, incapable de le joindre derrière tant d'amertume. Finalement, je lui ai proposé la demande suivante.

«Est-ce que vous aimeriez savoir si votre femme a mesuré les efforts que vous avez faits et si elle apprécie cet engagement profond de votre part?

– Oui, c'est exactement ce que j'aimerais lui demander.

– Eh bien, Madame, vous entendez que votre mari a besoin de reconnaissance pour ses efforts. Plus concrètement, il voudrait savoir si vous avez conscience de ces efforts et si vous les appréciez.

– Évidemment que j'en ai conscience et que je les apprécie. Je ne sais plus comment le lui dire, je crains qu'il n'entende pas et à la longue c'est vrai, je ne réponds plus ou je m'enfuis en passant à autre chose.

– Vous voulez dire que vous aimeriez à votre tour qu'il puisse entendre que vous êtes non seulement consciente mais touchée par ses efforts.

– Mais oui! Très touchée, émue même. Mais il semble tellement blessé qu'il ne perçoit plus mes marques d'attention.

– Monsieur, comment vous sentez-vous quand vous entendez que votre femme est touchée, émue même, par tous vos efforts?

– Très ému à mon tour, et soulagé. Je prends conscience de ce que j'ai été tellement obnubilé par le fait de me plaindre et de ne pas recevoir la reconnaissance que j'attendais, que je n'étais plus attentif aux marques qu'elle m'a au fond données régulièrement. Je me suis moi-même enfermé dans ma cage. »

Cette prise de conscience a allégé la relation de ce couple d'un poids qui avait fini par l'anesthésier.

Ce dernier exemple éclaire deux points.

- Tant que nous n'indiquons pas concrètement à l'autre comment nous souhaitons voir notre besoin satisfait, nous risquons de le voir s'écraser sous le poids d'un besoin insatiable. C'est comme si nous mettions sur sa tête toute la responsabilité de ce besoin. Devant cette menace, l'autre s'affole et se dit : « Je ne peux pas prendre en charge seul cet énorme besoin (d'amour, de reconnaissance, d'écoute, de soutien, etc.), donc je m'enfuis ou je m'enferme (dans le silence ou la bouderie). » C'est ce que Guy Corneau décrit très justement par cette phrase : « Suis-moi, je te fuis, fuis-moi, je te suis[3]. » Monsieur demande désespérément de la reconnaissance. Madame tente désespérément d'échapper à cette demande. Et plus elle s'échappe, plus il surenchérit.

  Cela fonctionne bien évidemment dans l'autre sens aussi. Par exemple, Madame demande désespérément de la tendresse et de l'intimité, Monsieur s'affole devant une telle attente et s'échappe au travail, dans le sport, dans ses papiers. Plus il s'échappe, plus elle demande. Plus elle demande, plus il s'échappe. C'est qu'il craint de devoir rassasier un besoin d'amour insatisfait depuis l'enfance. C'est trop pour un seul homme.

  La leçon de cette histoire : si le besoin n'est pas rendu concret par une demande précise identifiable dans l'espace-temps (par exemple, besoin de reconnaissance : « Serais-tu d'accord pour me dire si tu as conscience des efforts que j'ai faits pendant trente ans ? » – besoin d'intimité ou de tendresse : « Serais-tu d'accord pour me prendre dans tes bras dix minutes et pour me bercer doucement ? »), il apparaît souvent à l'autre comme une menace. L'autre se demande s'il va pouvoir survivre devant une telle attente, s'il va pouvoir rester lui-même, garder son identité sans être avalé par l'autre.

Rappelez-vous que nous sommes souvent piégés par la pensée binaire. Ne sachant pas comment être à l'écoute du besoin de l'autre sans cesser d'être à l'écoute du nôtre ni comment être à l'écoute de notre besoin sans cesser d'être à l'écoute de celui de l'autre, souvent, pour nous protéger, nous interrompons la relation, nous coupons l'écoute de l'autre.

Lorsque l'écoute du besoin de l'autre m'apparaît comme une menace, je m'en coupe et je m'enfuis ou je m'enferme dans le silence.

En indiquant à l'autre quelle est notre demande concrète (par exemple: «Est-ce que tu es d'accord pour me prendre et de me bercer dix minutes dans tes bras?»), nous rendons le besoin moins menaçant (j'ai besoin d'amour, de tendresse, d'intimité, au secours!) parce que nous l'«incarnons» dans la réalité, dans le quotidien. Ce n'est pas un besoin virtuel, apparemment insatiable et donc menaçant. C'est une demande concrète, bien définie en termes d'espace et de temps, et par rapport à laquelle *nous pouvons nous situer*, adopter une attitude.

- Autre point que l'exemple ci-dessus éclaire: tant que nous sommes obnubilés par l'idée que notre besoin n'est pas reconnu, nous ne sommes pas disponibles pour constater qu'il l'est. Madame s'était évertuée à donner de la reconnaissance à Monsieur. Or, il était tellement pris, possédé par l'impression de ne pas être compris, qu'il n'entendait rien. Ce phénomène est courant. À force de ressasser l'impression de ne pas être compris ou reconnu, de faire l'objet d'injustices ou de rejet, nous nous forgeons une nouvelle identité. «Je suis celui ou celle qui n'est pas compris, pas reconnu, celui ou celle qui est l'objet d'injustices ou de rejet.»

Nous nous installons dans cette croyance de telle sorte que le monde autour de nous peut bien nous envoyer des messages d'accueil, de compréhension, d'intégration, nous ne les entendons ni ne les voyons. Je reviendrai sur ce point au chapitre 3.

Il est dans ce cas nécessaire de faire un travail sur les besoins fondamentaux. Les questions que nous pouvons nous poser alors sont notamment les suivantes.

- Puis-je m'apporter à moi-même l'estime, la reconnaissance, l'accueil, la compréhension que j'attends désespérément des autres ?
- Puis-je commencer à nourrir ces besoins moi-même plutôt que de m'entretenir dans cette dépendance envers le regard et l'approbation de l'autre ?

Et surtout…

- Puis-je vivre mon identité autrement que dans la plainte ou la révolte ?
- Puis-je me sentir en sécurité autrement qu'en m'appuyant contre quelque chose ou quelqu'un, autrement qu'en me justifiant ou en m'opposant ?
- Puis-je sentir ma sécurité intérieure, ma force intérieure par moi-même, hors pouvoir, hors tension ?

Une fois notre besoin identifié, nous allons pouvoir formuler une demande concrète et négociable qui va dans le sens de sa satisfaction.

4. La demande

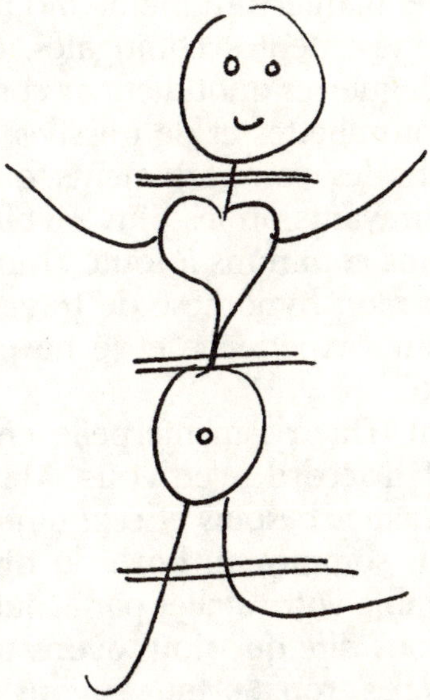

En formulant une demande, soit une proposition d'action concrète et négociable, nous nous dégageons de la troisième dalle de béton qui nous tient entravés et nous empêche d'entreprendre toute démarche dans le sens de notre besoin. En formulant une demande concrète, nous sortons de l'attente, souvent désespérée, que l'autre comprenne notre besoin et accepte de le satisfaire, attente qui peut durer une éternité et se révéler extrêmement frustrante. C'est nous qui prenons en charge la gestion de notre besoin et donc la responsabilité de sa satisfaction. Nous nous piégeons cependant souvent en prenant nos demandes pour des besoins fondamentaux.

L'exemple qui suit illustre bien la différence entre un besoin de base, qui fait partie de nous en toutes circonstances, et une demande concrète qui, elle, peut varier complètement en fonction des circonstances.

L'exemple de Thierry et Andrée

Au cours d'un atelier, j'évoque la question des besoins en précisant que, selon moi, les êtres humains ont fondamentalement les mêmes besoins. Sans doute ne les expriment-ils pas tous de la même façon ou ne les vivent-ils pas de la même manière au même moment, et c'est cela qui cause leurs mésententes conjugales, domestiques ou scolaires, leurs guéguerres quotidiennes comme leurs guerres à coups de mitraillettes et de missiles. Jusqu'à ce jour, en amont de tous les comportements que j'ai observés, même les plus effrayants ou les plus révoltants, j'ai pu retrouver des besoins communs à toute l'humanité.

Bien sûr, c'est mon hypothèse de travail, elle est basée principalement sur l'expérience et je ne prétends en rien émettre une vérité.

Un participant, Thierry, m'interpelle en disant : « Je ne suis pas du tout d'accord avec vous. Ma femme et moi n'avons pas les mêmes besoins et cela nous cause de telles tensions que nous sommes au bord du divorce. Nous venons suivre ensemble votre atelier par acquit de conscience. Nous pourrons nous dire que nous avons tout essayé, mais nous n'y croyons pas trop. Surtout si vous commencez par prétendre que les êtres humains ont fondamentalement les mêmes besoins. »

Je lui propose de m'indiquer une situation concrète dans laquelle il a eu l'impression de ne pas avoir les mêmes besoins que sa femme. Voici ce qu'il a répondu.

« Eh bien, c'était il y a quelques mois, ça a explosé entre nous. Il faut savoir que nous travaillons tous les deux et que nous avons trois enfants. Un week-end, les enfants avaient été invités dans la famille chez leurs cousins. Je rentre, moi, le vendredi après le boulot, fatigué et pfft (long soupir), j'avais vraiment besoin d'aller au resto avec ma femme. Eh bien, elle, pas du tout ! Elle avait besoin de rester à la maison et de regarder un film. Alors je lui ai dit qu'elle ne comprenait jamais rien à mes besoins et elle m'a répondu exactement la même chose. On s'est énervés tous les deux et finalement j'ai dormi dans la chambre des enfants. Depuis lors, nous avons continuellement l'impression que nous ne partageons pas les mêmes besoins.

– Quand vous êtes rentré, ce soir-là, quel sentiment vous habitait ?

– Pfft (nouveau soupir), j'étais fatigué.

– C'était apparemment un sentiment désagréable à vivre à ce moment-là et qui indique donc un besoin non comblé. Pouvez-vous nous dire quel besoin ?

– C'est facile, le besoin de repos, évidemment. D'où l'idée d'aller manger au resto ce soir-là. Pas de repas à préparer, pas de vaisselle à faire !

– Donc, votre sentiment de fatigue indique un besoin de repos, de détente à ce moment-là. En même temps, j'ai observé votre soupir, en parlant de votre fatigue ; deux fois vous avez poussé un long soupir. J'ai bien l'impression qu'il traduit un autre sentiment. Que traduit ce soupir ? Si vous descendez un peu dans votre puits, quel autre sentiment vous habitait alors ? »

Thierry s'arrête un moment pour réfléchir.

« Bien, je pense qu'à côté de la fatigue de la semaine, là on est vendredi, on court depuis lundi, il y a une fatigue plus ancienne, ça fait des mois, des années qu'on court, le boulot, les enfants, la maison, et on ne se voit plus.

– Un sentiment de lassitude, de saturation ?

– Oui, une lassitude, une profonde lassitude.

– Quel besoin non comblé ce sentiment désagréable indique-t-il ? »

Thierry s'écoute à nouveau intérieurement. « Je crois que je viens de le dire : on ne se voit plus ma femme et moi. J'ai besoin de temps avec elle et de connexion, besoin de nous retrouver et de partager de l'intimité. »

Au moment où Thierry exprime ses besoins, sa femme Andrée, qui est assise pas très loin de lui dans notre cercle, fond en larmes. « C'est dingue, dit-elle, j'avais exactement le même besoin ! J'étais allée acheter le petit plat et la bouteille de vin qu'on aime bien tous les deux, j'étais passée à la vidéothèque louer la cassette d'un film qu'on n'a jamais eu le temps d'aller voir au cinéma et, pour une fois que les enfants n'étaient pas à la maison, je nous préparais une bonne petite soirée en amoureux. Précisément pour nous retrouver un peu dans l'intimité ! »

Alors que s'est-il passé ? Qu'est-ce qui fait que ce couple qui avait la chance d'avoir le même besoin au même moment est parti en guerre ? Eh bien, ils ont pris leur demande pour un besoin fondamental et s'y sont accrochés mordicus. Monsieur a pris sa demande d'aller au restaurant pour un besoin de base que Madame n'a pas écouté. Madame a pris sa demande de rester à la maison pour un besoin de base que Monsieur n'a pas compris ! Chacun campe vigoureusement sur ses positions, chacun se piège inconsciemment dans sa petite cage ! Ce n'est pas tant Madame qui n'écoute pas Monsieur, que Monsieur qui ne s'est pas écouté avant de parler. Ce n'est pas tant Monsieur qui ne comprend pas Madame, que Madame qui n'a pas pris le temps de se comprendre avant de parler.

Je propose de rejouer la scène, Thierry et Andrée ayant maintenant pratiqué un peu et pris conscience qu'en amont de leur demande, de leurs envies du moment, il y a toujours un besoin de base. Si nous écoutons et comprenons ce besoin de base, nous nous donnons la liberté de formuler différentes demandes, d'explorer différentes envies et nous sortons du piège où nous plonge la confusion Besoin/Demande.

Pour la facilité de compréhension des exemples, j'indique entre parenthèses les éléments du processus : Observation (O), Sentiment (S), Besoin (B), Demande (D).

« Chérie, commence Thierry, ce soir je suis fatigué (S), j'ai juste besoin de ne rien faire, pas envie de cuisiner ni rien (B) et je voudrais savoir si tu es d'accord pour que nous allions au resto (D) ?

– Mon chéri, je suis aussi crevée. Je suis contente (S) que nous avons le même besoin de ne rien faire (B). En même temps je me sens triste (S) que nous ayons été si occupés tous les deux ces derniers temps. J'ai besoin de passer du temps tranquillement avec toi, d'être vraiment juste nous deux (B) et j'ai peur (S) qu'en allant au restaurant nous soyons dérangés par le serveur ou distraits par des amis. Alors je préférerais rester paisiblement à la maison. Tout est déjà prêt pour le repas, on dîne tous les deux, et puis après, si tu veux, j'ai loué la cassette de ce film qu'on n'a pas eu le temps d'aller voir (D).

– Tu me fais prendre conscience que j'ai exactement le même besoin : retrouver un peu d'intimité avec toi en passant la soirée tous les deux et c'est pour ça que je proposais un petit resto pour ce soir. En même temps, quand j'entends ta proposition de rester à la maison, je me sens un peu déçu

(S) parce que j'ai aussi besoin de changer d'air, de sortir un peu de la maison pour une fois que les enfants ne sont pas là (B). Alors maintenant que nous avons les paramètres de notre enjeu (qui autrefois se serait appelé un conflit) : besoin de détente, de nous retrouver et de changer d'air, quelle solution, quelle action concrète pouvons-nous trouver qui satisfasse ces différents besoins ? »

Dans l'atelier en question, après avoir ainsi rejoué et décodé leur échange, Andrée et Thierry ont trouvé que ce qui leur aurait fait le plus plaisir ce soir-là, c'était d'aller se promener jusqu'au bout du lac qui se trouve dans leur région, avec un panier pique-nique et un bon petit blanc. Ils y allaient régulièrement autrefois, quand ils étaient amoureux, bras dessus, bras dessous. Puis ils se sont laissés prendre par la vie active au point d'oublier même d'y penser. Or, cette promenade aurait adéquatement nourri leur besoin de se retrouver, de se détendre et de changer d'air !

Cet exemple éclaire principalement quatre points.

1. Nous nous piégeons nous-même et nous avons tendance à piéger l'autre lorsque nous ne prenons pas soin de différencier notre vrai besoin de notre demande. En remontant en amont de notre demande pour identifier notre besoin, *nous nous donnons de la liberté.* Nous constatons par exemple que nous pouvons nourrir de toutes sortes de façons différentes notre besoin d'intimité et de retrouvailles avec notre conjoint ou encore notre besoin de repos (restaurant, promenade, vidéo, cinéma). Nous sortons de la croyance qu'il n'y a qu'une seule et unique solution.
2. En nous concertant sur nos vrais besoins au lieu de nous bagarrer pour nos demandes, nous nous libérons mutuellement du piège et *nous nous donnons un espace de rencontre et de créativité* ! Andrée et Thierry, harassés par le rythme de leur vie, n'ont pas pris le temps de se rencontrer ni d'être créatifs pour que leur soirée soit vraiment pleinement satisfaisante. La solution qui a été finalement trouvée, après concertation sur leurs besoins, se révèle beaucoup plus nouvelle et satisfaisante que celles qu'ils avaient proposées auparavant à la va-vite.
3. Dans cet esprit, il est utile de constater que nous sautons souvent à la solution « vite fait, mal fait ». J'ai travaillé

longtemps comme consultant juridique pour une société américaine dans laquelle l'expression *quick and dirty* était l'expression courante pour désigner la solution rapide, trouvée lorsque l'urgence empêche de prendre le temps de chercher la solution la plus adéquate.

Ainsi, Thierry, en rentrant fatigué du bureau, décide «vite fait» d'emmener sa femme au restaurant, et Andrée, de même, rentrant de son travail à bout d'énergie, plonge sur le plat du traiteur du coin et sur la cassette vidéo. Ces deux initiatives ont naturellement leur valeur. Toutefois, il apparaît que ni l'un ni l'autre n'a véritablement pris le temps de se demander: «Au fond, comment je me sens ce soir, et qu'est-ce qui me ferait vraiment le plus de bien?»

C'est une des conséquences de notre éducation: chercher à résoudre mentalement et à résoudre vite! Exercer notre intelligence, notre capacité de performance, obtenir un résultat immédiat, passer le plus rapidement possible de la constatation du problème à sa solution sans *prendre le temps d'écouter les vrais enjeux.*

Il y a quelque temps, je vidais notre machine à laver la vaisselle et rangeais les couverts dans le tiroir de la cuisine. Au moment de fermer le tiroir, celui-ci se coince à mi-course. Paf! D'un grand coup de hanche, je tente de le fermer brutalement, mais il refuse de se fermer et je me retrouve avec une hanche endolorie, un coin du tiroir abîmé et une malheureuse fourchette tordue! *Quick and dirty!* J'étais stupéfait. Quelle vieille habitude de «forcer pour résoudre» m'habitait? Je pensais m'être pas mal libéré de ma propre violence, mais j'avais encore du chemin à faire dans l'accueil et l'écoute. Constater que le tiroir coince, le retirer, m'incliner, observer ce qui coince, proposer à la fourchette saillante de s'allonger parmi ses sœurs, refermer simplement le tiroir… Merci, fourchette, de m'apprendre à écouter et à accueillir avant de rechercher une solution!

Depuis ce moment, je crois vraiment de plus en plus que la violence est une habitude, un vieux réflexe dont nous pouvons nous défaire si nous le voulons vraiment. J'en parle plus précisément au dernier chapitre.

4. *Nos malentendus sont des «mal-écoutés»* qui résultent eux-mêmes de «mal-exprimés», de «mal-dits» et de non-dits.

Nous pouvons apprendre à parler à la fois avec sensibilité, force et vérité.

Commentaires

1. Nous pouvons aussi constater que nous n'avons pas les mêmes besoins aux mêmes moments.

Le couple de Thierry et Andrée avait la chance d'éprouver le même besoin au même moment, ce qui facilite évidemment la négociation des demandes et l'adoption d'une solution commune satisfaisante. Ayant eu l'occasion de clarifier ce malentendu d'une façon qui les a finalement amusés, ils ont approfondi leur formation et retrouvé le plaisir de la rencontre dans la vie commune.

Tous les différends ne se vivent pas toujours comme cela ! Je peux citer l'exemple de conjoints qui en étaient arrivés à se jeter des assiettes à la figure avant de suivre une formation ensemble. Après quelque temps de pratique, ils ont appris à s'écouter. Il était même convenu entre eux que dans leur salon il y aurait deux «fauteuils de non violence». Quand une dispute éclatait dans la maison, ils se criaient «Stop, fauteuils !», comme dans les jeux de poursuite des enfants, pour se retrouver en zone de communication non violente où la consigne était «ici on s'exprime et on s'écoute tour à tour».

Au bout de quelque temps, ils ont constaté qu'ils n'avaient pas du tout le même rythme, que leurs besoins respectifs étaient sans doute les mêmes mais qu'ils ne les éprouvaient jamais au même moment, ce qui rendait la vie commune insupportable. Ils ont décidé de se séparer, d'aller bras dessus, bras dessous chez le notaire et chez le juge, en bons amis qui s'aiment et se respectent. Ils m'ont dit un jour qu'ils se voyaient au moins une soirée par semaine et qu'ils nourrissaient enfin entre eux l'amitié, la confiance et la transparence dont ils avaient toujours rêvé, mais qu'il leur était impossible d'atteindre sous le même toit.

Il est souvent difficile de constater paisiblement, avec estime et bienveillance, que nous ne sommes pas d'accord. La différence et donc le désaccord sont fréquemment perçus comme une menace.

2. Observer le langage non verbal (à propos du soupir de Thierry dans l'exemple).

Nous sommes souvent fiers, et à juste titre, de notre langue française riche en nuances. Cependant, elle ne représente qu'un petit pourcentage de notre langage. Le langage non verbal, selon des spécialistes de la chose, constituerait près de quatre-vingt-dix pour cent de notre communication, seulement quelque dix pour cent étant attribués au langage verbal! Être conscient de cela nous permet d'être attentif à notre propre langage du corps (notre ton de voix, notre débit d'élocution, notre expression faciale, notre attitude corporelle) ainsi qu'au langage du corps de l'autre. Pour vous en rendre compte, constatez la portée, la puissance d'un seul regard de reproche ou d'approbation d'un proche (parent, conjoint, enfant, supérieur hiérarchique, enseignant)!

À l'école secondaire, nous avions un professeur de latin et de français que nous appréciions beaucoup, notamment pour son humour et sa faconde. Lorsqu'il nous annonçait, une fois par mois, qu'il arriverait avec dix minutes de retard au premier cours de l'après-midi parce qu'il avait une réunion, il nous précisait chaque fois avec une mine complice: «Et en arrivant, j'entends bien ne rien entendre!» Nous adorions son jeu de mots qui stimulait nos jeunes cellules grises au goût d'apprendre les finesses de la langue. En arrivant de sa réunion – nous avions pris soin de respecter la consigne, par affection et par respect pour lui – il entrait par le fond de la classe et remontait jusqu'au tableau sans un mot en nous dévisageant d'une mine approbatrice, une main en pavillon derrière l'oreille pour indiquer qu'il n'entendait aucun bruit, l'autre indiquant par le pouce et l'index joints qu'il appréciait la qualité du silence que nous avions respecté. Arrivé à son pupitre, il commençait d'emblée son cours. Nous n'avions pas besoin d'autre signe de reconnaissance pour notre effort de silence. Si j'étais chaque fois fort amusé par le petit rituel, j'étais surtout épaté par la force et la sobriété de sa seule présence, dépouillée de mots.

CHAPITRE 2

Prendre conscience de ce que nous vivons vraiment

1. S'épuiser pour bien faire

Je n'aime point ceux qui se font un mérite d'avoir péniblement œuvré. Car si c'était pénible, ils auraient mieux fait de faire autre chose. La joie que l'on y trouve est signe de l'appropriation du travail et la sincérité de mon plaisir, Nathanaël, m'est le plus important des guides.

André Gide

Un homme vient en atelier et se présente en disant : «Moi je n'ai pas de sentiments, encore moins des besoins. Ma femme, elle, a des sentiments et des besoins, mes enfants également, et mon patron, mais moi, rien. Des devoirs, oui, des obligations, ça, je connais bien.»

«Et qu'est-ce que ça vous fait de constater cela?

– Ça m'attriste…

– Vous voyez que vous pouvez quand même reconnaître un sentiment : la tristesse.

– Ah oui!

– Et cela vous attriste pourquoi?

– Parce que j'aimerais bien partager cette façon de vivre, ça paraît plus vivant.

– Vous voyez que vous pouvez également identifier des besoins fondamentaux: celui de partager et celui d'être plus vivant.

– Vous avez raison, dit-il, les larmes aux yeux, je me suis tellement entendu dire qu'un homme ça ne pleure pas, qu'on s'assied sur ses sentiments, et qu'on fait son devoir, que je ne pouvais même pas m'autoriser à penser que je puisse désirer quelque chose, avoir une envie personnelle.»

Même si souvent nous n'en sommes pas conscients, nous ne pouvons pas être dépourvus de sentiments. Même si nous croyons que nous sommes à l'écoute des besoins des autres exclusivement, nous ne pouvons pas être dépourvus de besoins. Bien plus, nous consacrons l'essentiel et peut-être la totalité de notre temps à tenter de satisfaire ces besoins que nous méconnaissons.

Si nous pensons que nous sommes uniquement à l'écoute des besoins des autres et non des nôtres, nous ignorons simplement que nous prenons alors soin de l'un des besoins les plus forts et les plus répandus chez l'être humain: prendre soin des autres, contribuer à leur bien-être.

La vieille et malheureuse habitude de la pensée binaire donne à croire que prendre soin de soi conduit à cesser de prendre soin des autres et que pour bien prendre soin des autres il faut «s'oublier»!

Pourquoi y aurait-il opposition entre le soin que nous prenons des autres et celui que nous prenons de nous-même?

Quand je pense aux êtres – nombreux – qui ont payé de leur personne ou qui font payer aux autres l'oubli de soi, je suis pris d'une immense tristesse. Cette tristesse m'indique à quel point je voudrais que les êtres humains comprennent que s'ils ne s'occupent pas des autres pour leur propre joie et bien-être d'abord, il vaudrait mieux qu'ils fassent autre chose.

Combien de personnes, en particulier dans la relation d'aide et dans le domaine de l'éducation (enseignants, assistants sociaux, éducateurs, médecins, infirmiers, thérapeutes), se sont usées et s'usent jusqu'à l'épuisement, jusqu'à la dépression nerveuse dans le soin de l'autre et l'oubli de soi ? Elles se font souvent à elles-mêmes une telle violence « pour bien faire » qu'elles ne sont plus capables de « ne rien faire ». Elles se sont tant coupées d'elles-mêmes que leur énergie, que leur vitalité s'est épuisée, que le ressort s'est cassé – et c'est par un choc (dépression, accident, deuil, perte d'emploi) que la vie, parfois, les ramène à elles. Les parties non écoutées de nous-même se rappellent vigoureusement à nous. Ainsi, la violence entretenue, souvent de façon parfaitement inconsciente, vis-à-vis de nous-même appelle la réaction violente de la vie. Si nous vivons dans la violence, vis-à-vis de nous-même, vis-à-vis de la vie (exigence, contrôle, surmenage, culpabilité), nous risquons bien de susciter une réaction violente de la vie (accident, maladie, dépression, deuil).

D'autres personnes font également inconsciemment payer à d'autres cet oubli de soi. Combien de personnes en relation d'aide sont à ce point surmenées qu'elles en viennent à perdre disponibilité, humour et humanité, et finissent par causer, malgré leur souci de « bien faire », plus de tort que de bien. Ainsi, dans le milieu médical, l'épuisement peut entraîner la négligence dans les soins ou l'attention ; dans le milieu scolaire, la saturation sous l'effet de trop de sollicitations peut par exemple entraîner le rejet ou l'indisponibilité vis-à-vis d'un élève nécessitant une attention particulière.

Ayant pratiqué le bénévolat engagé pendant près de dix ans dans une association qui s'occupe de jeunes ayant des problèmes de dépendances diverses, de délinquance, d'anorexie, de dépression, de prostitution, je puis témoigner de deux choses.

- Il est urgent, pour survivre, de différencier clairement le fait de prendre soin et celui de prendre en charge. J'y reviendrai plus loin.
- La seule façon de prendre soin durablement et adéquatement de qui que ce soit, c'est selon moi d'en retirer un profond plaisir, de ressentir un grand bien-être dans chaque chose accomplie pour cette personne. Si

ne serait-ce qu'une partie de nous agit par devoir, par sacrifice, parce qu'« il faut » et ressent une obligation, une contrainte, une culpabilité, cette partie « mange » l'énergie et la vitalité, et se venge tôt ou tard en se manifestant par la colère, la révolte ou la dépression.

À ce propos, je me souviens de l'intervention d'une personne au sujet d'une randonnée que nous organisions avec une trentaine de jeunes en difficulté dans le désert du Sahara.

« Au fond, vous vous amusez bien pendant ces voyages, vous n'avez donc aucun mérite !

– Vous sentez-vous préoccupée parce que vous auriez besoin d'être assurée que nous prenons bien soin des jeunes qui partent avec nous ?

– Oui, car si vous y allez, c'est que vous vous amusez.

– Est-ce que c'est difficile pour vous d'imaginer qu'on puisse à la fois se faire plaisir et faire plaisir aux autres, prendre soin de son bien-être et de celui des autres *en même temps* ?

– En effet, j'ai toujours vu une opposition, soit je m'occupe de moi, soit je m'occupe des autres et je m'oublie.

– Et comment vous sentez-vous quand je vous dis que ce qui me réjouit en organisant ce voyage, c'est que je nourris *à la fois* mon besoin de découverte, d'espace et d'exploration *et* mon besoin de partager ce que j'aime en contribuant au bien-être des autres et en les emmenant à l'aventure ?

– Je n'avais pas vu les choses comme cela. C'est nouveau pour moi et, au fond, soulageant de se dégager de cette opposition.

– Non seulement c'est soulageant mais cela mobilise toutes mes énergies en même temps. C'est tout mon être qui s'investit dans cette aventure, toute ma vitalité s'y engage. Il n'y a pas une partie de moi qui se dit "bof, je resterais bien à la maison à bouquiner au coin du feu, ou j'irais bien plutôt aux sports d'hiver avec des copains". Non. Conscient que mes besoins ne sont pas en opposition, je suis tout entier dans ce que je fais et les jeunes sentent la disponibilité et la joie que cette unité intérieure procure. Cela éveille leur propre besoin d'unité, de vitalité, d'engagement, de goût de vivre. »

Mais revenons aux besoins. Nous pouvons donc souvent nous couper totalement de nos sentiments et de nos besoins, c'est-à-dire nous interdire de les ressentir, de les écouter, et bien les «bétonner». Toutefois, nous ne pouvons pas être dépourvus de sentiments et de besoins, même si souvent nous n'en sommes pas du tout conscients. Cette conscience est précieuse parce que je crois de plus en plus que le fait de ressentir et de partager est ce qui nourrit le plus profondément notre nature humaine. Ainsi, notre bien-être le plus intime et le plus essentiel naît de la qualité de la relation que nous entretenons avec nous-même, avec les autres et avec les choses qui nous entourent.

N'est-ce pas quand nous communiquons clairement avec nous-même et avec nos proches, quand nous sommes bien reliés à nous et à ceux que nous aimons, quand les rapports se vivent dans l'estime et la confiance, dans ce que j'appelle le «bien-être-ensemble», que nous ressentons les plus grandes joies? À l'inverse, n'est-ce pas quand nous ne voyons plus clair en nous-même, quand nous nous sentons coupés de nous et quand nous ne voyons plus clair dans une relation, que nous nous sentons coupés d'une personne que nous aimons que nous éprouvons les plus grandes peines? Ainsi, notre bonheur, notre bien-être ne vient pas de *ce que* nous possédons, ni de *ce que* nous faisons mais de *comment nous vivons* notre relation avec les êtres, les activités et les choses.

Depuis que je cherche à comprendre et à trouver un sens à la difficulté d'être, je constate que les personnes qui dégagent un bien-être profond, une joie d'être au monde, sont celles qui privilégient non pas la multiplication des activités, des possessions, des rencontres, mais la qualité de la relation qu'elles entretiennent avec les êtres, les objets et les choses à faire, en commençant par la qualité de la relation qu'elles entretiennent avec elles-mêmes. Ces personnes ne cherchent pas à remplir leur vie de choses à faire ou de gens à voir mais à remplir de vie les relations qu'elles nourrissent et les choses qu'elles font.

Il me semble donc vraiment que notre vraie richesse, notre vrai patrimoine, la source de nos joies profondes et durables est là, dans notre faculté de nouer des relations profondes, durables et nourrissantes avec nous-même, avec les autres et avec l'univers qui nous entoure. Et cela est sans doute la chose à la fois la plus évidente et la plus difficile ! Et pour cause !

1. *Nous sommes en effet rarement en rapport avec la réalité telle qu'elle est* mais la plupart du temps nous sommes en rapport avec la réalité telle que nous croyons qu'elle est ou, plus précisément, telle que nous craignons qu'elle soit. Nous allons donc voir comment nous mettre en rapport le plus objectivement possible avec la réalité telle qu'elle est et non telle que nous la voyons (voir Observer sans juger ni interpréter, p. 62).

2. *Nous basons souvent nos réactions sur nos impressions, nos croyances et nos préjugés* plutôt que sur ce que nous ressentons vraiment et personnellement, de sorte que nous ne sommes pas adéquatement à l'écoute de nous-même. Nous verrons donc comment nous mettre à l'écoute de nos sentiments propres, ceux qui nous conduisent à nous-même, en les « différenciant » de ceux qui comportent un blâme, un reproche ou une critique vis-à-vis de l'autre (voir Sentir sans juger ni interpréter, p. 77).

3. *Nous agissons en fonction de critères extérieurs* : l'habitude, la tradition, le devoir imposé ou supposé (« Je crois devoir… »), la crainte du regard de l'autre (pression sociale), l'autre étant les parents, le conjoint, les enfants, les milieux social et professionnel ou, plus simplement, cette partie de nous-même que nous ne connaissons pas bien, qui ne nous est pas familière et dont nous avons peur qu'elle nous juge et nous culpabilise. Nous allons voir comment nous mettre à l'écoute de nos besoins fondamentaux, comment les identifier, les différencier, y discerner des priorités (voir Identifier nos besoins sans les projeter sur l'autre, p. 95).

4. Enfin, faute de pouvoir comprendre et traiter nos propres besoins avec aisance et souplesse, et faute de pouvoir par conséquent comprendre et traiter les besoins des autres avec aisance et souplesse, *nous renonçons souvent à nos besoins pour faire plaisir aux autres*, pour « être gentil », et, excédés d'avoir été si longtemps gentils ou inquiets de ne pas voir nos besoins reconnus, *nous imposons nos besoins aux autres* ou encore nous attendons que les autres devinent nos besoins

que nous n'avons même pas formulés, et parfois même pas identifiés ; et s'ils ne le font pas, nous leur faisons des reproches et les jugeons.

Nous verrons comment formuler des demandes claires et précises qui permettent à nos besoins de se concrétiser dans le quotidien tout en tenant compte des besoins de l'autre (voir Formuler une demande concrète, réaliste, positive et négociable, p. 113).

Dans ce chapitre, nous voulons développer le plus possible la conscience de ce que nous vivons à chacun des stades suivants :

1. OBSERVATION. Nous réagissons à quelque chose que nous observons, que nous entendons ou que nous nous disons.
2. SENTIMENT. Cette observation suscite en nous un ou plusieurs sentiments.
3. BESOIN. Ces sentiments nous renseignent sur nos besoins.
4. DEMANDE. Ayant pris conscience de nos besoins, nous pouvons enclencher une demande ou encore une action concrète.

Vous voyez que l'idée n'est pas de perdre la tête mais bien de la remettre à sa place ! L'idée est de dire à notre tête, à notre processus mental : « Merci pour vos bons services, j'ai besoin de vous souvent (pour relire l'addition au restaurant, faire ma déclaration d'impôt, rédiger un contrat, analyser une situation, gérer mon budget), mais pas tout le temps. Je ne veux pas que vous commandiez toute ma vie, que vous dirigiez tous mes choix comme une tour de contrôle. J'ai aussi besoin de faire confiance à mon intuition, d'écouter mes sentiments, de traiter mes besoins avec aisance et respect. Au fond, *j'ai besoin de me sentir intégré et réconcilié, je ne veux plus être divisé, déchiré entre ma tête et mon cœur.* Je ne veux pas être un cerveau sur pattes ! »

2. Observer sans juger ni interpréter

Pour le philosophe indien Krishnamurti, distinguer l'observation d'un fait de son interprétation est l'un des stades les plus élevés de l'intelligence humaine. C'est certainement l'une des choses les plus difficiles et les plus inhabituelles : différencier le fait tel qu'il est de l'émotion qu'il suscite en nous. Souvent, nous teintons complètement notre lecture des faits. Notre décodage des faits prend la couleur des peurs, des espoirs, des projections qui nous habitent. Nous ne sommes donc pas en relation avec la réalité, c'est-à-dire avec la vérité du fait, mais avec nos préoccupations, notre interprétation, avec le cinéma plus ou moins fictif que nous nous faisons à propos de cette réalité – et nous pouvons bâtir toute notre vie là-dessus, toutes nos attitudes, toutes nos réflexions, sur une lecture subjective de la réalité ; et cela sans comprendre dans quelle misère de quiproquos et de malentendus cette attitude peut nous entraîner.

Je veux au contraire inviter à sortir de ce piège de l'interprétation-projection par la vérification des faits.

Du ping-pong à la spirale

Je crois faire l'observation suivante : « Mon ami me fait la tête depuis des jours. » Je risque fort de réagir en lui en voulant de cette attitude, en râlant contre lui ou peut-être en lui faisant la tête à mon tour, en tout cas, en me faisant un sang d'encre sans doute sans aucune raison. J'enclenche alors un processus de violence au départ d'une interprétation.

Au fond, qu'est-ce que j'en sais s'il me fait la tête ? Peut-être qu'il est triste ou préoccupé pour de tout autres raisons : peut-être qu'il a des crises de migraine. Mais moi, parce que cette attitude m'attriste ou m'inquiète, je décide qu'il me fait la tête sans prendre la peine de le vérifier auprès de lui, et je me fais tout un cinéma déconnecté de la réalité. Ce cinéma comporte deux risques : 1) je me mets dans tous mes états inutilement, ce qui brûle toute mon énergie ; 2) je risque d'agresser l'autre et de générer moi-même de la violence ; je peux en effet l'aborder en lui disant quelque chose comme : « J'en ai marre que tu me fasses la gueule ». Ce à quoi il risque bien de répondre : « Mais non, je ne fais pas la gueule. » « Mais si. » « Mais non. » Ou, ce qui est assez courant aussi : « Bien sûr que je te fais la gueule et c'est à cause de toi, évidemment », et nous risquons d'engager la partie de ping-pong de l'argumentation : « Tu as tort, j'ai raison » « Mais si » « Mais non » qui mène souvent à la spirale de la violence.

La pierre angulaire de la méthode est donc l'observation la plus neutre possible : relever les faits (paroles, attitudes du corps, expressions du visage, ton de la voix) comme une caméra le ferait. Nous devons donc être très attentifs à la façon d'« entrer » en communication avec l'autre.

Commentaires

Voici une formulation simplifiée des choses qui a pour but de faciliter la compréhension du processus.

1. *J'observe* que mon ami n'a pas pris la parole pendant le repas et qu'il a quitté la pièce sans parler (O).
2. Cette observation génère chez moi un *sentiment* : je me sens préoccupé, impuissant (S).
3. Ce sentiment indique mon *besoin* : j'ai besoin de savoir s'il y a quelque chose qui ne va pas, besoin de comprendre et peut-être besoin d'aider (B).
4. Concrètement, *ma demande, mon action,* sera d'aller vérifier comment il se sent, s'il a des préoccupations et si je peux faire quelque chose pour soulager ses préoccupations (D).

Je l'aborde alors en disant : « Quand je vois que tu quittes la pièce pendant le repas sans parler (O), je suis inquiet (S) et je voudrais savoir si quelque chose te préoccupe et si je peux t'aider (B + D). »

Cette formulation peut paraître naïve et peu praticable dans la vie quotidienne ! On pourra la rendre plus plausible et moins académique en langage courant, en disant par exemple : « Tu ne dis rien, est-ce que quelque chose ne va pas ? » J'observe en tout cas que cette façon d'« ouvrir » l'entretien, d'aborder le sujet sans juger, sans interpréter, non seulement nous met dans une meilleure disposition de cœur pour écouter l'autre, mais également invite l'autre à une meilleure disposition de cœur pour nous parler vraiment de ce qu'il ressent sans se sentir critiqué.

Tu laisses toujours tout traîner

Autre exemple que je « teste » souvent avec des enfants dans des écoles. Disons que vous êtes un enfant de douze ans, vous rentrez de l'école vers 16 h, il pleut, le bus avait du retard et votre mère vous accueille comme ceci : « Attention, tu laisses toujours traîner tes chaussures dans l'escalier, tu as de nouveau jeté ton anorak sur le canapé et largué ton cartable en plein milieu du salon ! Comme si tu étais le seul dans cette maison ! Va ranger tout cela et vite ! Et d'ailleurs, ta chambre est un vrai champ de bataille, range-la également tout de suite ! » Demandez-vous maintenant comment vous vous sentez et quel est votre état d'esprit.

Avec les enfants, je reçois souvent les deux réactions suivantes.

- « Ben, si elle gueule comme ça, je vais sûrement pas le faire, je vais m'énerver et ça va pas être marrant et c'est parti pour râler tous les deux toute la soirée. »
- « Ben, j'aurai pas le choix, je vais ranger mes trucs, mais t'inquiète que je vais claquer toutes les portes, faire résonner toutes les marches jusqu'à ma chambre et mettre la musique à fond (celle qu'elle déteste) dans ma chambre pour me venger. »

Alors, je leur propose à la place la formulation suivante. Les circonstances sont les mêmes, il est 16 h, il pleut, le bus avait du retard, votre mère vous accueille comme ceci : « Quand je vois tes chaussures sur l'escalier, ton anorak sur le canapé et ton cartable sur le tapis du salon (Observation), je me sens triste et découragée (Sentiment) parce que j'ai pris soin de mettre de l'ordre dans la maison et que j'ai besoin de respect pour le travail que je fais et de collaboration pour la propreté de la maison (Besoin). Je voudrais savoir si tu serais d'accord pour ranger tes affaires maintenant (Demande concrète et négociable) ? »

J'obtiens d'habitude ces deux réactions.

- « Ben, si ma mère me demandait toujours les choses comme ça, je les ferais tout de suite.

– Pourquoi ?

– Ben parce que j'ai horreur qu'on m'impose des trucs sans raison, mais si on me dit pourquoi et qu'on me laisse le choix, souvent je le fais avec plaisir. J'aime que la maison soit propre et en ordre quand je rentre. »

- « Ben, c'est plus agréable à entendre que la première fois. C'est chouette que la maison soit propre et je veux bien aider. Mais moi, quand je rentre de l'école, j'ai surtout envie qu'on me foute la paix un moment pour manger mon goûter à l'aise. »

Alors nous faisons un jeu de rôle, et je joue la mère.

« Tu veux dire que tu veux bien ranger mais que t'as eu une journée fatigante (S) et tu voudrais bien souffler un peu d'abord (B) ?

– C'est ça, je veux prendre mon goûter et je rangerai après.

– Au fond, j'ai surtout besoin d'être rassurée (S) que tu y penseras après et donc que je ne suis pas la seule qui veille à l'ordre dans cette maison (B). Tu peux comprendre cela ?

– Oui, oui.

– Quand tu dis "oui, oui" en partant déjà vers la cuisine, je ne suis pas sûre (S) que tu as compris mes besoins (B). Je voudrais donc savoir si tu serais d'accord pour les répéter (D).

– O.K., tu veux être sûre que j'oublie pas de ranger tout et que tu n'es pas la seule à tout faire dans la maison, c'est ça?

– C'est ça, merci.»

Commentaires

1. Les enfants sont souvent particulièrement sensibles à la façon dont s'ouvre l'entretien. Ils ne se sont pas encore blindés contre la brusquerie de nos rapports habituels. Ainsi, dans la première version, lorsque la mère utilise des mots comme «Tu laisses toujours traîner tes chaussures…, Tu as de nouveau jeté ton anorak sur le canapé…», ils ont envie de répondre «C'est pas vrai, il y a deux jours j'avais rangé mes chaussures et l'anorak, je l'ai jamais posé là avant!» De nouveau, nous sommes repris par le «Mais si», «Mais non» et nous risquons de partir dans le ping-pong de l'argumentation («C'est toujours la même chose avec toi», «Tu n'en as que contre moi», «Ma sœur, elle peut tout faire», «Tu ne vois jamais que ce qui ne va pas!»)

L'observation neutre de la seconde version («Quand je vois tes chaussures dans l'escalier et ton anorak sur le canapé…») sans jugement, sans interprétation, sans reproche ni critique dans le ton de la voix ou l'expression du visage (attention! c'est difficile, le non-verbal est puissant) permet d'*ouvrir* le dialogue d'une manière qui:

- nous permet d'exprimer clairement nos sentiments et nos besoins *de façon audible pour l'autre*;
- permet à l'autre d'être disponible pour nous écouter et nous comprendre, de sorte que nous pouvons cheminer ensemble vers une solution satisfaisante *pour chacune des parties,* et pas seulement pour la mère, comme cela aurait été le cas si elle avait imposé son besoin d'ordre sans être à l'écoute du besoin de répit de l'enfant, ni seulement pour l'enfant, comme cela aurait été le cas si la mère avait fait taire son besoin d'ordre et de collaboration pour être «gentille» avec l'enfant.

Exprimer notre observation de façon neutre ne veut donc pas dire que nous refoulons nos sentiments. Cela veut dire que nous ouvrons l'entretien d'une façon qui respecte la réalité et la vision que l'autre en a (qui peut être bien différente de la nôtre), et qui nous permet de communiquer à l'autre notre sentiment avec toute sa force, sans juger ni agresser.

2. Quand je fais l'exercice avec des enfants, la réponse sur la contrainte est quasi constante. Au fond, adulte ou enfant, nous détestons tous faire les choses par obligation. Nous avons besoin 1) d'en comprendre le sens et 2) d'être libre de nos actes. *Le sens* est ici donné par la mention des besoins : « J'ai pris soin de mettre de l'ordre dans la maison et j'ai besoin de respect pour le travail que je fais. »

La *liberté*, elle, est assurée par la formulation de la demande qui est toujours exprimée de façon négociable (sinon ce n'est plus une demande mais une exigence et nous sortons alors de la qualité de relation que nous souhaitons atteindre) : « Je voudrais savoir *si tu serais d'accord* pour ranger tes affaires maintenant ? » *Ça, c'est le plus difficile* : accepter que l'autre ne soit pas d'accord ! Rappelez-vous que, souvent, pour peu que nos besoins ne soient pas reconnus, nous les imposons : « Va ranger ta chambre tout de suite ! » Ce n'est pas une demande ouverte mais une exigence qui ne laisse pas de liberté à l'autre ; l'autre va donc soit se soumettre, soit se rebeller, mais certainement pas agir dans le goût et la joie de contribuer à notre bien-être ! Vous direz peut-être « Mais il faut parfois imposer les choses, mettre des limites, on ne peut pas tout laisser faire », et j'entends bien votre besoin de structure, de donner des repères solides. Nous évoquerons davantage cet aspect plus loin.

À ce stade, je peux dire que je n'ai pas encore rencontré de personne, adulte ou enfant, qui n'ait pas fondamentalement le goût de contribuer au bien-être des autres, même si ce goût est parfois bien caché, bien enfoui dans un recoin du cœur ou bien rebellé par l'amertume. Ainsi, j'ai vu des jeunes spécialisés dans l'agression des personnes, particulièrement des personnes âgées, parler la larme à l'œil de leurs parents ou grands-parents malades ou en difficulté. J'ai donc confiance que nous avons largement la capacité de nous rejoindre dans ce besoin-là : contribuer au bien-être de l'autre. L'expérience m'enseigne aussi que ce besoin peut être empêché ou étouffé si d'autres besoins, peut-être plus vitaux pour la personne en question, ne sont pas satisfaits: être reconnu, être accueilli et bienvenu, avoir sa place, être aimé pour ce que l'on est, pas pour ce que l'on fait, être respecté, considéré comme un être humain à part entière... De nombreuses attitudes de refus seront l'expression du fait que l'un de ces besoins est insatisfait. Par exemple, l'enfant ne veut pas ranger ses affaires parce que c'est la seule façon qu'il a trouvée de s'exprimer, d'exprimer sa différence ou son identité, d'attirer l'attention, de recevoir davantage de considération que sa petite sœur ou son grand frère. Comme l'évoque Guy Corneau[4] dans sa conférence intitulée *Le drame des bons garçons et des bonnes filles*: «Si je n'ai pas appris à faire des bons coups ou si je ne suis pas reconnu pour cela, je fais des mauvais coups.»

3. Quand je fais l'exercice avec des mères, je constate qu'elles sont pratiquement toujours disposées à écouter et à respecter le besoin de l'enfant de souffler un peu et de prendre une collation avant de ranger *en autant* que leurs propres besoins de respect de l'ordre et de soutien dans l'organisation de la maison soient reconnus, partagés *et* pris concrètement en considération. Au fond, ce n'est pas qu'elles veuillent vraiment que le rangement soit fait tout de suite, c'est plutôt qu'elles sont fatiguées d'être les seules à ramasser les chaussures, les cahiers, les jouets de tout le monde et les seules à se sentir concernées par l'ordre. Et la plupart du temps, elles n'ont pas trouvé d'autre façon d'obtenir ce qu'elles souhaitent que de l'imposer.

J'observe ainsi des changements radicaux dans le fonctionnement de systèmes familiaux ou conjugaux dès que les individus prennent soin de clarifier leurs besoins respectifs avec bienveillance vis-à-vis de l'autre et confiance en soi, en s'assurant que l'autre les a compris.

4. Dans l'expression «Tu laisses toujours tout traîner» que beaucoup croient être une observation objective, il n'y a pas un mot objectif, sauf peut-être le «tu». Et encore, il est prononcé comme une accusation.

- Le mot «laisses» juge l'attitude au lieu d'observer le comportement: moi je suis fatigué de voir les objets de l'autre là où je voudrais voir autre chose, donc je considère qu'il les abandonne, alors que l'autre est peut-être très heureux et satisfait de cette disposition.

- Le mot «toujours» va laisser paraître la même fatigue. Évidemment que ce n'est pas toujours, et l'autre, bien sûr, ne va pas louper l'occasion de répondre «Mais non, hier j'ai tout rangé», et il sera furieux que je l'aie injustement jugé et que je n'aie pas reconnu ses efforts de la veille.
- Le mot «tout» est ici incorrectement utilisé. Ce n'est évidemment pas tout et l'autre, bien sûr, ne manquera pas de me faire remarquer «Mais non, hier j'ai rangé toutes mes BD», et il sera furieux que je n'aie pas apprécié ce geste, même si les jouets, les chaussures, les accessoires de sport agrémentent par ailleurs divers endroits de la maison.
- Le mot «traîner» est trop fort, pensera-t-il vigoureusement. «Je vis, je joue, j'invente, je suis vivant quoi, et toi tu trouves que "ça traîne". Z'êtes pas un peu sclérosés, vous les adultes?! »

Vous voyez que chaque mot de cette expression a suscité chez l'autre une résistance, une révolte, un rejet. En ouvrant le dialogue de cette façon, nous nous assurons de la *non collaboration* de l'autre parce que se sentant d'emblée jugé et critiqué, il va mettre toute son énergie à se justifier, à tenter de nous faire face plutôt qu'à être à l'écoute de notre besoin. Effectivement, dans notre quête souvent désespérée de l'approbation de l'autre, nous avons tendance, en cas de divergence, à tenter de rétablir d'urgence l'unanimité soit par l'argumentation, soit par le contrôle ou encore par la soumission.

Au contraire, si nous ouvrons le dialogue par une référence neutre à l'objet de notre préoccupation (observation neutre: «Je vois tes BD sur le tapis du salon, tes chaussures sur le tapis du hall et tes jouets dans l'escalier»), nous nous donnons l'occasion de renseigner l'autre sur notre besoin. Et, afin qu'il ne l'entende pas comme un reproche ou une contrainte vis-à-vis de laquelle il n'aurait pas de liberté d'action, nous prenons soin de formuler une demande qui est ouverte et négociable, par exemple: «Je me sens triste et découragée parce que j'ai besoin d'ordre et d'aide dans l'entretien de la maison (S – B). Et je voudrais savoir si tu serais d'accord pour remettre tes affaires dans ta chambre (D). »

Dans cette démarche, notre tête pensante nous est bien précieuse, avec son intelligence, pour faire une lecture des faits qui soit neutre et nous permettre ainsi, soit d'attirer l'attention de l'autre sur ce qui nous préoccupe sans l'irriter d'emblée, soit de nous donner l'occasion pour nous-même de remettre les choses à leur juste place sans partir dans un délire d'interprétation souvent plus ou moins « parano », si vous me permettez ce petit jugement en passant !

Le simple fait de relever les faits tels qu'ils sont, le plus objectivement possible, nous permet souvent de recadrer les choses et de dégonfler les baudruches que sont les préjugés, les croyances, les *a priori* qui ont vite tendance à prendre toute la place, à occuper tout notre espace mental et toutes nos conversations. Combien de discussions, de réunions, de repas passés à commenter des faits non vérifiés, à partir dans des conjonctures et des projections, souvent négatives d'ailleurs, sur la base de simples hypothèses. Nous ferions l'économie de bien des soucis et de bien de l'énergie si nous acceptions de parler davantage de ce que nous connaissons pour l'avoir vérifié que de ce que nous craignons et que nous n'avons pas vérifié.

Exercice

Je vous invite à faire l'exercice suivant : observez sans juger, *puis* écoutez ce qui se passe en vous en termes de sentiments et de besoins.

Ne dites pas :	Dites plutôt :
« Tu es en retard. C'est toujours la même chose avec toi ! On ne peut vraiment jamais compter sur toi. »	« Nous avions rendez-vous à 8 h, il est 10 h 30 (O). • Je me sens fâché et inquiet (S). • J'ai besoin de comprendre ce qui se passe, d'être rassuré sur le fait que je

	pourrai compter sur toi à l'avenir (B). • Est-ce que tu es d'accord pour m'en parler maintenant (D) ?»
«Je suis dans la m… la plus totale. Rien ne va plus. C'est le b… dans ma vie, je suis juste bonne à aller me jeter sous un train.»	«Je viens de perdre mon emploi et mon conjoint m'annonce qu'il veut se séparer de moi (O). • Je me sens paniquée, impuissante, révoltée comme je n'avais jamais imaginé pouvoir l'être (S). • J'ai vraiment besoin de temps pour y voir plus clair, et j'ai l'immense besoin de me faire confiance et de penser que je suis à même de traverser cette épreuve (B). • Je vais me donner le temps d'intégrer tout cela avant de décider quoi que ce soit (D).»
«Je suis nul. Je suis vraiment bon à rien. Je vais d'échec en échec. Je n'y arriverai jamais !»	«Je n'ai pas obtenu les points nécessaires pour passer mes examens (O). • Je suis à la fois découragé et en rage (S). • J'ai vraiment besoin, d'une part que mes efforts soient reconnus et, d'autre part, d'avoir confiance que j'ai ma valeur même si je ne la connais pas bien encore (B). • Je vais me donner le temps de me demander intérieurement si je fais vraiment les études qui me

	conviennent et qui me permettent de développer mes talents (D).»
«Tu es nul ! Tu n'y arriveras jamais. Tu es un fichu bon à rien !»	«Quand je lis ton rapport scolaire et que je vois les notes 5/10 en mathématiques et 6/10 en chimie (O)… • je me sens vraiment très inquiet (S). • J'ai besoin d'être rassuré, de savoir que tu perçois le sens qu'il y a à étudier ces matières, que tu trouves du plaisir à apprendre et que tu te sens bien intégré dans ta classe (B)… • et je voudrais savoir si tu serais d'accord pour que nous prenions le temps de parler de ce que tu ressens et de ce que tu veux à ce propos (D).»
«Je suis très émotive.»	«Quand je vis une émotion forte (O)… • je me sens bouleversée et mal à l'aise (S)… • parce que j'ai besoin de mieux comprendre mes sentiments afin d'être à même d'en faire un usage plus satisfaisant et d'avoir plus de maîtrise de moi (B). • La prochaine fois que je ressentirai une émotion forte, je prendrai le temps de l'accueillir intérieurement et d'écouter ce qu'elle me dit sur moi-même et sur les besoins qu'elle me signale (D).»

En conclusion à cette partie sur l'importance d'observer sans juger, je partage trois réflexions.

1. Distinguer la narration des faits de leur interprétation est pratique courante dans les enquêtes policières et dans les procédures judiciaires. Avant de confronter les faits aux valeurs de la société exprimées par les lois, il y a lieu, pour toutes les parties concernées (autorités de police, cours et tribunaux, agresseurs et victimes, partie demanderesse et partie défenderesse, partie tiers impliquée, etc.) de s'entendre sur les faits *d'abord*. Même exercice à l'armée. Quand j'ai fait mon service militaire, j'ai suivi un cours de message-radio qui s'appelait *Observe and Report* : observer et rapporter. Pour être sûr de décrire les faits tels qu'ils sont, on ne s'encombre pas de sentiments !

Imaginez qu'en temps de guerre un observateur rapporte : « Nous sommes envahis de tous côtés, l'ennemi déferle sur nous avec les plus gros moyens, c'est l'invasion. » Ce ne sera pas facile de trouver la réaction appropriée. En revanche, si l'observateur indique ce qu'il observe vraiment (« Une colonne de 15 chars se dirige du sud vers le nord à 10 kilomètres du front, une troupe d'une centaine d'hommes remonte la rive gauche du fleuve, trois avions de type XY survolent la côte vers l'est »), sans doute y aura-t-il un peu plus de chances que l'attitude adoptée soit appropriée ! Je ne fais certainement pas ici l'apologie de l'armée. Je relève simplement un principe de sécurité et de clarté fondamental pour l'efficacité de l'action : établir les faits et s'entendre sur leur déroulement pour savoir de quoi nous parlons exactement *avant* d'interpréter ou de réagir.

Par respect des mêmes valeurs de sécurité et d'efficacité, il nous sera bien utile de travailler notre façon d'observer. Non pour nous couper de nos sentiments et besoins mais pour donner à ceux-ci leur pleine portée.

2. Le jugement encage l'autre, la réalité nous encage nous-même. Il nous coupe de l'autre, de la réalité et de nous, emballant son objet sous cellophane comme l'est une denrée sous vide, en en faisant un petit paquet clos, isolé, prêt pour le congélateur des idées toutes faites, des croyances et des préjugés. Lorsque je juge, je ne m'interroge ni sur moi-même ni sur l'autre. Au contraire, je me sépare de mon être

profond et de l'être profond de l'autre en restant dans mon espace mental. Le jugement fige, congèle la réalité. Il l'enferme dans un de ses aspects et l'arrête dans son cours.

Or, la vie est mouvement. Depuis le mouvement infiniment grand des planètes et du cosmos jusqu'au mouvement infiniment petit des atomes et des électrons, tout est toujours en mouvement. La seule chose fixe sur cette planète, c'est l'homme qui l'a inventée : c'est l'homme qui a inventé l'idée fixe ! Dans la nature, il n'existe rien de fixe. C'est l'homme qui a inventé les jugements définitifs ! Dans la nature, il n'y a rien de définitif. Tout y est saison, passage et transformation. Même les montagnes sont en chemin.

Au fond, *la seule chose qui soit constante, c'est le changement,* tout le reste est provisoire, précaire, saisonnier. Tout est processus, tout est mouvement : nouvelle lune/lune montante/pleine lune/lune descendante - marée haute/marée basse - printemps/été/automne/hiver - naissance/vie/mort - ouverture/mouvement/fin (en musique) - avant-propos/thème/conclusion - enfance/adolescence/âge adulte/grand âge - débutant/amateur/spécialiste/expert/prix Nobel - graine/germe/pousse/plant/plante/éclosion/maturité/fruit/graine/germe/pousse/plant/plante/éclosion/maturité/fruit/graine, à l'infini.

Répétez quelquefois à voix haute : « Graine/germe/pousse/plant/plante ! » Outre le divertissant exercice d'élocution que cela permet, vous sentirez peut-être de façon palpable le mouvement apparaître, la rotation, l'enchaînement et, à travers cela, le tissage et le métissage de la vie même, l'amitié, l'élan de la graine pour le germe, de la pousse pour le plant. Constatez comme la dynamique s'enclenche, comme le processus vivant est en route : entre les deux lectures proposées dans l'exemple précédent (« Je suis dans la m... la plus totale... juste bonne à me jeter sous le train » et « Je vais me donner le temps d'intégrer ce qui se passe avant de décider quoi que ce soit »), n'y a-t-il pas la même différence qu'entre être éteint et allumé, anesthésié et éveillé, mort et en vie, la même différence qu'entre la destruction et la création, le rejet et l'accueil, la mort et le mouvement ?

3. Au fond, en tant qu'êtres conscients, nous avons profondément besoin de nous *situer par rapport aux choses et aux êtres* et d'exercer *notre discernement.* Par « nous situer par rapport aux choses », j'entends : savoir où nous en sommes, si nous apprécions ou n'apprécions pas, si ce que nous vivons ou voyons correspond à nos valeurs, à notre vision du monde, si nous voulons continuer ou changer, ce que nous pouvons faire pour changer. Nous avons profondément besoin de *partager des valeurs,* et principalement celle du sens. Nous avons besoin que la vie ait du sens.

Or, pour satisfaire ces deux besoins, nous avons pris la vieille et fâcheuse habitude de juger mentalement plutôt que d'accueillir les choses avec notre cœur.

Mon souhait, dans ce livre, est d'indiquer comment nous pouvons nous situer sans juger, discerner les enjeux, les valeurs et les priorités sans critiquer, sans agresser, sans imposer ; trouver et partager du sens sans contraindre ni rejeter. La première étape de ce processus consistera donc souvent à *vérifier ce qui se passe* : quelle est la réalité, quels sont les faits ?

Un conte chinois

Pour illustrer combien nous avons toutes les chances de nous tromper complètement tant que nous jugeons, je propose la lecture d'un conte chinois. Ce conte éclaire le premier stade du processus, soit l'*observation,* soit l'accueil de la réalité telle qu'elle est (toujours en devenir) et non telle que je crains qu'elle soit ou que je crois qu'elle est. Ce conte ne rend toutefois pas compte des aspects sentiment, besoin et demande qui constituent la façon de *se situer* par rapport aux choses et aux événements sans les juger. Le vieux Chinois peut en effet paraître froid et sans émotion. J'aime malgré cela citer ce conte parce que le vieux Chinois n'accepte pas de se laisser enfermer dans une vision sclérosée et sclérosante de la réalité. Il demeure toujours dans le mouvement, dans l'accueil de ce qui vient et son attitude, par rapport à celle des villageois tout agités et bruyants, est d'une grande paix silencieuse et confiante. Voici une histoire que Lao Tseu aimait raconter[5].

Un pauvre Chinois suscitait la jalousie des plus riches du pays parce qu'il possédait un cheval blanc extraordinaire. Chaque fois qu'on lui proposait une fortune pour l'animal, le vieillard répondait : « Ce cheval est beaucoup plus qu'un animal pour moi, c'est un ami, je ne peux pas le vendre. »

Un jour, le cheval disparut. Les voisins rassemblés devant l'étable vide donnèrent leur opinion : « Pauvre idiot, il était prévisible qu'on te volerait cette bête. Pourquoi ne l'as-tu pas vendue ? Quel malheur ! » Le paysan se montra plus circonspect : « N'exagérons rien, dit-il. Disons que le cheval ne se trouve plus dans l'étable. C'est un fait. Tout le reste n'est qu'une appréciation de votre part. Comment savoir si c'est un bonheur ou un malheur ? Nous ne connaissons qu'un fragment de l'histoire. Qui sait ce qu'il adviendra ? »

Les gens se moquèrent du vieil homme. Ils le considéraient depuis longtemps comme un simple d'esprit. Quinze jours plus tard, le cheval blanc revint. Il n'avait pas été volé, il s'était tout simplement mis au vert et ramenait une douzaine de chevaux sauvages de son escapade. Les villageois s'attroupèrent de nouveau :

« Tu avais raison, ce n'était pas un malheur, mais une bénédiction.

– Je n'irais pas jusque-là, fit le paysan. Contentons-nous de dire que le cheval blanc est revenu. Comment savoir si c'est une chance ou une malchance ? Ce n'est qu'un épisode. Peut-on connaître le contenu d'un livre en ne lisant qu'une phrase ? »

Les villageois se dispersèrent, convaincus que le vieil homme déraisonnait. Recevoir douze beaux chevaux était indubitablement un cadeau du ciel. Qui pouvait le nier ? Le fils du paysan entreprit le dressage des chevaux sauvages. L'un d'eux le jeta à terre et le piétina. Les villageois vinrent une fois de plus donner leur avis :

« Pauvre ami ! Tu avais raison, ces chevaux sauvages ne t'ont pas porté chance. Voici que ton fils unique est estropié. Qui donc t'aidera dans tes vieux jours ? Tu es vraiment à plaindre.

– Voyons, rétorqua le paysan, n'allez pas si vite. Mon fils a perdu l'usage de ses jambes, c'est tout. Qui dira ce que cela nous aura apporté ? La vie se présente par petits bouts, nul ne peut prédire l'avenir. »

Quelque temps plus tard, la guerre éclata et tous les jeunes gens du village furent enrôlés dans l'armée, sauf l'invalide.

« Vieil homme, se lamentèrent les villageois, tu avais raison, ton fils ne peut plus marcher, mais il reste auprès de toi tandis que nos fils vont se faire tuer.

– Je vous en prie, répondit le paysan, ne jugez pas hâtivement. Vos jeunes sont enrôlés dans l'armée, le mien reste à la maison, c'est tout ce que nous puissions dire. Dieu seul sait si c'est un bien ou un mal. »

3. Sentir sans juger ni interpréter

Je sens que / Je me sens

La plupart du temps, si vous demandez à une personne «Comment vous sentez-vous?» par rapport à une situation préoccupante, elle vous répondra «Je sens qu'il faut absolument faire ceci ou cela…, Je sens qu'il est temps que les responsables fassent ceci ou cela…, Je sens que c'est fichu…»

Elle vous répondra donc par une pensée, un concept, un commentaire, *pas par un sentiment,* alors même que la question l'invitait à se situer par rapport à ses sentiments. Cette personne sera sans doute convaincue de vous avoir bien fait part de son sentiment puisqu'elle a commencé son commentaire par «Je sens que».

De nouveau, c'est notre vieille habitude de penser plutôt que de ressentir qui prime. C'est un vieux réflexe. Il n'est pas irrécusable.

Si nous voulons donc davantage nous renseigner sur nous-même, pour savoir ce que nous vivons vraiment par rapport à une situation, nous avons intérêt à écouter notre sentiment en le formulant comme ceci: «Je *me* sens inquiet, triste, déçu, etc.» C'est le sentiment qui va nous aider à identifier notre besoin et, ce faisant, nous permettre de nous situer par rapport à une situation ou une personne sans la juger, sans la critiquer et sans nous décharger sur elle de la responsabilité de ce que nous vivons. Tant que nous attribuons à l'autre la responsabilité de ce que nous vivons, nous nous déresponsabilisons, tant que nous lui donnons les clés de notre bien-être (et de notre mal-être) nous nous piégeons. Il est donc bien utile de différencier, dans le vocabulaire des sentiments, ceux qui comportent une interprétation ou un jugement sur ce que l'autre dit, fait ou est.

En effet, très souvent, croyant parler au «Je» en prenant la responsabilité de notre sentiment, nous employons des mots considérés couramment comme des sentiments tels que «je me sens trahi, abandonné, manipulé, rejeté». Or, il est sûr que ces mots-là expriment des sentiments, mais ils véhiculent en même temps une image sur l'autre, une interprétation, un jugement. En filigrane, il est sous-entendu

« tu es un traître, un manipulateur, tu m'abandonnes, tu me rejettes ».

Vous trouverez à la fin de ce livre une liste qui reprend les mots qui sont habituellement utilisés comme des sentiments mais qui comportent aussi une appréciation sur l'autre. Quelle est l'utilité de cette distinction ? Elle me paraît constituer une différenciation clé que permet de faire la méthode, et ce, pour deux raisons.

Il y a deux avantages à différencier les sentiments vrais des sentiments comprenant une interprétation.

1. Le premier avantage a trait à notre souhait de cheminer vers nous-même le plus sûrement possible en renonçant aux scénarios de victime et de plainte. Plus notre langage – et donc notre conscience qui s'y exprime – sera délivré de cette dépendance à ce que l'autre fait ou ne fait pas, plus nous aurons l'occasion de prendre conscience de nos besoins et de nos valeurs, et de nous prendre en main pour les valoriser.

Voici un exemple. Pierre, trente-six ans, vient en consultation et se plaint régulièrement de sa relation avec sa compagne.

« Je me sens toujours manipulé par ma compagne.

– Voudriez-vous m'indiquer ce que vous observez qui vous donne cette impression de manipulation.

– Elle me dit : "Tu ne me comprends jamais, on n'est pas faits pour s'entendre."

– Si vous vous mettez à l'écoute du sentiment qui vous habite derrière cette impression de manipulation, que ressentez-vous ?

– De la colère et de la fatigue. J'ai l'impression que c'est toujours moi qui dois la comprendre et que je dois la comprendre toujours, sinon je ne vaux plus rien. Au fond, je ne vaux quelque chose à ses yeux que si je la comprends toujours.

– Et si vous écoutez les besoins que cette colère et cette fatigue indiquent, qu'est-ce qui vous vient ?

– Le besoin de respect, de respect pour moi-même, le besoin d'être pris pour qui je suis et non pas pour qui elle voudrait que je sois.

– Est-ce une impression que vous connaissez, que vous avez déjà vécue, que de ne pas être accueilli pour qui vous êtes vraiment ?

– Bien sûr, je me retrouve comme j'étais face à ma mère, j'étais alors devant un juge et accusé injustement, à la fois indigné que mon identité propre ne soit pas reconnue et impuissant à la faire valoir.

– Quand vous évoquez cela, comment vous sentez-vous ?

– Fatigué et déçu.

– Est-ce que ces sentiments de fatigue et de déception indiquent le besoin de vous accueillir davantage vous-même, de vous faire à vous-même davantage de place, de vous autoriser à vivre davantage votre identité ?

– (Ému.) Oui, tout à fait.

– Si ces besoins sonnent effectivement juste pour vous, je vous propose de les répéter à haute voix pour vous donner l'occasion de les intégrer, de les vivre déjà intérieurement.

– (Après un temps de silence.) O.K., j'ai besoin de m'accueillir davantage moi-même, de me faire à moi-même davantage de place et de m'autoriser à vivre davantage mon identité. »

Remarque

Je propose très souvent aux personnes en travail d'accompagnement de formuler à haute voix leurs besoins. L'expérience enseigne en effet que la personne qui s'entend proposer un besoin qui correspond bien à ce qu'elle vit va 1) soit dire « C'est bien ça, mon besoin, il faudra que j'y repense après l'entretien, j'en prendrai note », et le besoin restera virtuel, comme une méthode thérapeutique lue dans un livre ou un article mais que l'on n'intègre jamais par l'expérience ; 2) soit immédiatement enchaîner en disant « Mais de toute façon, ça a toujours été comme cela, je ne vois pas comment les choses pourraient changer. Il n'y a pas de solution, alors à quoi bon identifier mes besoins ? » Ce faisant, la personne enterre elle-même, sous ses pensées négatives, le besoin qui tentait d'émerger à sa conscience. Elle ne lui laisse même pas le temps d'exister et d'être identifié, qu'il est déjà refoulé.

Je suis donc attentif à ces deux risques et j'invite souvent la personne à prendre le temps, tout doucement, de reformuler son besoin à haute voix après avoir vérifié qu'il sonne juste pour elle.

Pour certaines personnes, c'est un exercice facile et joyeux auquel elles se prêtent volontiers en éprouvant enfin la joie d'identifier et d'exprimer clairement leurs besoins. Le sentiment partagé par elles est le plus souvent le soulagement, le bien-être, et le besoin comblé est la clarté, la compréhension, l'ouverture sur une piste à explorer. Pour d'autres, cette étape se révèle très difficile. L'interdit qui pèse sur le fait d'éprouver des besoins et *a fortiori* de les exprimer devant quelqu'un est tel, qu'elles ne parviennent pas à répéter la phrase même la plus simple comme « J'ai besoin de respect pour mon identité ». C'est presque impossible, les mots ne sortent pas. Il faut alors faire un travail d'apprivoisement qui peut prendre quelques séances jusqu'à ce que la personne se sente à l'aise d'exprimer son besoin, d'en parler, de le commenter, de le nuancer, c'est-à-dire de le comprendre. « Com-prendre », c'est faire sien.

Je vis toujours ces moments, qu'ils soient faciles ou difficiles, comme des moments sacrés. La personne se réapproprie sa vie, se recentre et se rassemble, se cueille et se recueille. Et n'est-ce pas sacré pour elle de redevenir en vie et en envie, de constater que la vie l'habite et l'anime, qu'elle peut se mettre à son écoute et se laisser guider par elle ?

Nous verrons plus loin comment, après l'identification du besoin, s'enclenche l'action concrète, la demande. Mais revenons à Pierre, et à la différenciation clé entre sentiment vrai et sentiment teinté d'interprétation. Tant que la conscience de Pierre se formule par « Je me sens manipulé », il reste dépendant ou tributaire de l'attitude qu'il prête à l'autre. C'est l'autre qui est responsable de son mal-être. Le mot « manipulé » comporte en effet l'interprétation que l'autre manipule. Et peut-être le comportement de l'autre lui donne-t-il effectivement toutes les raisons d'avoir l'impression d'être manipulé, là n'est pas la question.

Ce qui est intéressant, c'est de constater que Pierre commence à sortir de sa plainte (« Elle me manipule, je suis sa victime ») quand il atteint son vrai sentiment (« Je suis triste et en colère ») et son besoin à lui (« J'ai besoin de respect pour mon identité »). *C'est quand il commence à parler vraiment – en vérité – de lui-même que le travail commence.* Tant qu'il commente plus ou moins indirectement ce que sa compagne fait ou ne fait pas, il n'avance pas. Dès qu'il parle vraiment de lui, il avance. C'est Lacan qui disait à une patiente : « Quand vous m'aurez dit une parole qui parle vraiment de vous, vous serez guérie. »

Dans le travail d'accompagnement thérapeutique, que l'on peut voir peut-être comme une tentative de résolution du conflit qui intervient entre le conscient et l'inconscient, c'est cette parole que l'on cherche ensemble, pas pour la parole en soi bien sûr, mais pour la conscience qu'elle libère. Ainsi Pierre a-t-il pu davantage prendre conscience de ce qu'il vit, ce qui lui permet d'entamer vraiment le travail nécessaire pour se dégager de son complexe maternel négatif et s'ouvrir enfin à l'accueil et au respect de lui-même. Je l'ai vu, en deux années d'accompagnement, passer de la victimisation et de sa dépendance à l'alcool, à son succès auprès des femmes et dans sa carrière professionnelle, à l'autonomie et à la responsabilité.

Dans les tentatives quotidiennes de résolution des conflits de tous les jours, la recherche de la parole vraie aura le même avantage : éclairer notre conscience quant aux vrais enjeux qui sous-tendent les enjeux apparents et stimuler notre responsabilisation.

2. Le second avantage qu'il y a à différencier les sentiments vrais des sentiments teintés d'interprétation, est que cela nous permet de nous faire bien comprendre par l'autre grâce à des mots qui suscitent le moins possible l'inconfort, la peur, la résistance, l'opposition, la contradiction, l'argumentation et la fuite. Rappelons-nous que notre intention est la qualité de la rencontre avec l'autre. Nous ne souhaitons pas seulement que l'autre entende nos mots,

nous souhaitons qu'il écoute ce qui se passe en nous. Tout comme lorsque nous l'écouterons à notre tour, nous ne souhaiterons pas seulement entendre les mots qu'il dit, mais écouter ce qui se passe en lui.

Épurer notre langage et notre conscience de ce qui génère opposition, division et séparation.

Nous serons donc attentifs à travailler notre langage et notre conscience pour les épurer de tout ce qui génère opposition, division, séparation, pour les nettoyer de tout ce qui est – *ou peut être entendu comme* – jugement, interprétation, reproche, critique, préjugé, cliché, rapport de force ou de comparaison, *parce que* nous savons d'expérience que si l'autre entend quoi que ce soit que nous formulons comme un jugement, une critique, un reproche, une idée toute faite sur lui, *il ne nous écoute plus,* il se bouche les oreilles – parfois très poliment – et prépare sa réplique, sa repartie. Il ne se met pas en lien avec nous, avec ce qui se passe en nous, il prépare sa contre-attaque ou son auto-défense.

L'exemple de Pierre

Dans une conversation classique, si Pierre dit à sa compagne « Quand tu me dis cela, je me sens manipulé… », sa compagne risque bien de répondre : « Mais non, je ne te manipule pas. Tu crois toujours être manipulé, c'est fatigant à la fin. » Qu'est-ce qu'elle fait ? Elle se justifie, elle argumente, elle contredit. Elle n'écoute donc pas Pierre et ne s'écoute pas elle-même non plus. Elle reste dans son espace mental.

Elle peut également réagir comme ceci : « Mais c'est toi qui manipules, t'as pas vu comment tu réagis… » Qu'est-ce qu'elle fait ? Puisqu'elle a pris l'attitude de Pierre comme une attaque, elle contre-attaque, elle riposte. Par conséquent, elle n'écoute pas davantage Pierre, ni elle-même.

En appliquant la méthode, Pierre pourrait dire à sa compagne : « Quand tu me dis que tu ne me comprends jamais et qu'on n'est pas faits pour s'entendre (Observation), je me sens fatigué et en colère (Sentiment) parce que j'ai besoin d'être pris pour ce que je suis et pas pour ce que tu voudrais que je sois ; j'ai aussi besoin de reconnaissance pour la compréhension que je t'apporte régulièrement ; et enfin, j'ai besoin de sécurité dans notre relation, d'être assuré que ce n'est pas parce que je ne te comprends pas toujours, ni aussi bien et aussi vite que tu le souhaiterais, que je ne tiens pas à toi et que tu ne comptes pas pour moi (Besoin). Je voudrais savoir comment tu te sens quand je te dis cela (Demande concrète et négociable). »

Pour la compagne, entendre que Pierre se sent fatigué et en colère parce qu'il a trois besoins insatisfaits qu'il nomme clairement et par rapport auxquels il lui demande à elle de prendre position sans jugement ni contrainte, se révélera moins menaçant que de se voir attribuer indirectement l'étiquette de manipulatrice, comme c'était le cas dans la première situation. Ce qui, par ailleurs, n'apportait aucune clarté sur les véritables enjeux de la relation. L'attitude de Pierre engage davantage que dans le premier cas à une conversation de fond sur les éléments essentiels de la relation : le respect de l'identité de chacun, la reconnaissance et l'estime mutuelle pour le rythme et la manière dont chacun manifeste son attention et la sécurité affective intérieure profonde rendue ainsi moins dépendante des signes extérieurs d'approbation.

Exercice

Essayez vous-même de décoder vos sentiments vrais derrière les sentiments-étiquettes. Voici quelques propositions.

- « Je me sens abandonné (autrement dit : tu m'abandonnes). »

  N'est-il pas plus précis et plus vrai de dire : « Je me sens seul et triste, j'ai besoin d'être rassuré sur le fait que je compte pour toi, que j'ai ma place dans ton cœur, même si tu choisis pour le moment de faire autre chose plutôt qu'être avec moi. »
- « Je me sens trahie (autrement dit : tu me trahis). »

N'est-il pas plus précis et plus vrai de dire : « J'ai peur, j'ai vraiment peur, j'ai tellement besoin de pouvoir compter sur la confiance mutuelle et la franchise entre nous, besoin de savoir que les choses convenues et les engagements pris sont respectés et que s'ils ne peuvent l'être, nous en parlions ouvertement. »

- « Je me sens rejetée (autrement dit : tu me rejettes). »

N'est-il pas plus éclairant, plus informatif pour soi comme pour l'autre d'entendre ceci : « Je me sens malheureuse, déçue et fatiguée (Sentiment), j'ai besoin d'arriver à prendre ma place (dans mon couple, ma famille, en groupe, en société, au travail) et de m'autoriser à prendre ma place ; j'ai aussi besoin que les autres comprennent que c'est une chose difficile pour moi et que leur aide ou leur encouragement me seraient précieux (Besoin). Que puis-je dire ou faire concrètement qui nourrisse ces besoins (recherche de la demande)? Que puis-je moi-même mettre en place pour obtenir le changement que je veux ? »

Comme nous le verrons plus loin, au chapitre sur la demande, ce type de prise de conscience permet de sortir du scénario de « victime toujours rejetée », car il clarifie ce que nous pouvons faire concrètement pour obtenir le soutien des autres, quelle est la démarche (demande, action) concrète que nous pouvons mener pour changer.

- « Je me sens exclu (autrement dit : tu m'exclus). »

N'est-il pas plus responsabilisant et plus stimulant de prendre conscience des sentiments et besoins suivants : « Je me sens seul, impuissant et triste. J'ai profondément besoin d'intégration, d'échange et d'appartenance. Que puis-je mettre concrètement en place qui aille dans le sens de la satisfaction de ces besoins ? Que puis-je changer par moi-même qui me permette de commencer à nourrir ces besoins ? »

Voyez qu'en utilisant un sentiment vrai, qui renseigne vraiment sur ce qui se passe en nous, nous nous donnons davantage l'occasion de nous recentrer et de nous prendre en main, et nous donnons à l'autre davantage l'occasion de rester centré sur ce que nous lui disons de nous, de prendre en considération ce que nous vivons. Notre faculté de «parler vrai» stimule la faculté de l'autre d'«écouter vrai».

Parler vrai, écouter vrai

Observez les conversations habituelles, à table, en société, au travail, dans les réceptions. Il est rare que nous nous écoutions vraiment : nous attendons plutôt poliment notre tour de prendre la parole en préparant notre intervention. Ce sont des monologues qui s'enchaînent. Il n'y a pas de rencontre et c'est ce qui explique qu'il y ait si peu de conversations nourrissantes, stimulantes, énergisantes : nous ne parlons pas vrai ni n'écoutons vrai. Nous nous croisons. Nous nous manquons.

Je crois de plus en plus que c'est là est le manque fondamental dont nous souffrons tant. Nous manquons de la présence nourrissante qui naît de la rencontre vraie. Nous manquons à la fois de la rencontre avec nous-même et de la rencontre avec les autres.

Tant que nous ne savons pas que c'est cela que nous cherchons, nous tenterons de combler ce manque par toutes sortes d'artifices : nous nous griserons de travail, de conquêtes amoureuses, d'hyperactivisme, nous nous étourdirons dans la consommation, la possession, la séduction, nous nous abrutirons d'alcool, de drogue, de médicaments, de sexe ou de jeu, nous nous dissimulerons derrière les responsabilités, les devoirs, les concepts et les idées. Nous attendrons parfois désespérément un déclic miraculeux d'un atelier thérapeutique, d'un voyage au bout du monde, d'une expérience spirituelle, avant de découvrir, comme l'alchimiste de Paolo Coelho[6], que nous sommes assis sur notre trésor, que notre trésor est au cœur de la rencontre avec nous-même, en nous-même et en l'autre, qu'il n'existe pas d'autre bien à posséder, d'autre pouvoir à détenir, d'autre griserie à goûter, d'autre merveille à contempler que la rencontre ; que c'est celle-ci qui nous relie à nous-même, aux autres, au monde, que nous ne sommes ni exclu ni séparé de rien si ce n'est par nos pensées divisantes.

Tout dans l'univers circule et se rencontre. C'est le mouvement créateur.

Tant que nous vivrons dans la conscience binaire divisante (Je te quitte pour être avec moi, je me quitte pour être avec toi) nous ferons l'expérience de la séparation, de la division et donc l'expérience du manque. C'est en travaillant la conscience complémentaire, la conscience unifiée, que nous pourrons de plus en plus goûter l'unité à travers la diversité, joindre l'universalité à partir de l'individualité.

Revenons au sentiment. Dans l'usage du sentiment, je vous invite à être très attentif à l'intention. Quelle est mon intention? Amener habilement l'autre à faire ce que je veux ou faire en sorte que nous cheminions avec bienveillance l'un vers l'autre? Gare à la manipulation affective!

En effet, une autre vieille et malheureuse habitude nous a fait utiliser souvent les sentiments à des fins de contrôle ou de pouvoir sur l'autre: «Je suis triste quand tu as de mauvaises notes à l'école», «Je suis en colère quand tu ne ranges pas ta chambre», «Je suis déçu quand je vois votre rapport», ou, plus fort encore: «Tu me déçois beaucoup», «Tu me décourages complètement», «Tu m'épuises».

Cette façon de procéder ne renseigne pas sur nos besoins et fait peser tout le poids de notre sentiment sur l'autre: c'est l'autre qui est responsable et entièrement responsable de notre état et nous le lui faisons bien payer. Nous faisons dépendre notre bien-être de lui et nous entendons bien qu'il ait conscience d'être responsable de notre bien-être et qu'il se sente coupable de notre mal-être.

Ce faisant, nous nous déresponsabilisons de ce que nous vivons et conférons à l'autre le pouvoir démesuré de déterminer notre bonheur ou notre malheur. Nous lui tendons la télécommande de notre bien-être. C'est lui qui zappe et nous, nous sautons d'humeur en humeur selon son gré.

Un échange mère-enfant

1. Version classique. «Je suis triste quand tu ne ranges pas tes affaires.» Ce qui, pour la mère, signifie:
   - si l'autre range, je suis contente,
   - si l'autre ne range pas, je reste triste.

Je donne donc à l'autre le *pouvoir* de me maintenir dans la tristesse ou de me rendre content : mais pas la *liberté* de faire autre chose ou autrement. En d'autres mots, j'entretiens un jeu de pouvoir affectif, un rapport de force dépourvu de liberté.

Quant à l'enfant, à moins qu'il comprenne et partage à ce moment-là le même besoin d'ordre que sa mère, il ne peut que se dire : « Mon Dieu, Maman est triste, ça va barder si ça continue. Je veux qu'elle soit contente, donc je fais ce qu'elle dit même si je n'en comprends pas la raison, même si je n'en apprécie pas la raison, même si c'est franchement à contrecœur. » Au bout de la chaîne de ce conditionnement, il apprend l'adaptation et la suradaptation au désir de l'autre au mépris de lui-même.

Il peut aussi se dire : « J'en ai rien à faire, c'est mes affaires. Je fais ce que je veux et je ne rangerai jamais si on me l'impose. » Et au bout de la chaîne de ce conditionnement, il apprend la rébellion systématique, la contestation automatique de toute consigne.

2. Version non violente. « Quand je vois tes cahiers sur la table et tes vêtements sur le sol (Observation neutre pour indiquer à l'autre, sans jugement, ce dont on parle) je me sens contrariée (Sentiment) parce que j'ai besoin d'aide pour mettre la table pour le repas (Besoin) et je voudrais savoir si tu serais d'accord pour les ranger (Demande concrète et négociable). »

La mère est contrariée *parce qu'elle a un besoin qui n'est pas satisfait, pas à cause de l'enfant.* Elle indique ce besoin à l'enfant et lui donne ainsi le sens de sa contrariété sans l'en accabler, puis formule une demande négociable qui laisse la liberté à l'autre.

L'enfant, lui, a l'occasion ou la liberté de se situer par rapport au besoin formulé, et peut dire :

- oui, je suis d'accord pour ranger,
- non, je ne suis pas d'accord parce que je veux le faire tout à l'heure, ou ne pas le faire et demander plutôt à mon frère.

Vous doutez peut-être de l'efficacité de cet échange et vous vous dites par exemple: «Oh!, avec le mien, c'est impossible, si je n'impose rien je n'obtiens rien…» Si c'est le cas, vérifiez intérieurement 1) votre sentiment: n'êtes-vous pas fatigué(e) de cette situation? et 2) votre besoin: n'apprécieriez-vous pas de partager vos valeurs (l'ordre, par exemple) et vos besoins sans systématiquement générer des résistances et devoir contraindre l'autre?

Si vous vous reconnaissez dans cette fatigue et ce besoin, réjouissez-vous, vous êtes en train de lire le bon livre! Partager, transmettre, échanger nos valeurs sans soumettre ni se soumettre est bien un des avantages de la pratique de la méthode que je vous présente.

Obéir ou se responsabiliser, ce n'est pas la même chose.

En nommant le besoin, d'une part nous nous éclairons sur nous-même et prenons pleinement la responsabilité de ce que nous vivons, d'autre part nous informons l'autre de ce qui se passe en nous en respectant sa liberté et sa responsabilité. *Nous l'invitons à se responsabiliser et non à obéir.* Nous l'invitons à être en relation avec lui-même tout en étant en relation avec nous.

En voyant avec quel soin j'insistais sur l'expression du sentiment vrai et sur le fait d'identifier notre besoin propre et de l'indiquer à l'autre sous la forme d'une demande non contraignante, une participante à un stage me dit un jour ce qui suit.

«En fait, je croyais m'être formée au langage non directif et "à parler au je" par mes lectures et mes discussions, et je croyais ainsi avoir appris à parler de moi simplement parce que je disais "je" plutôt que "tu", mais le "je" me permettait de balancer à la figure de l'autre toute ma poubelle de frustrations avec bonne conscience. Je lâchais par exemple à mon conjoint: "Je suis épuisée parce que tu ne t'occupes pas des enfants…, Je suis à bout parce que tu ne m'apportes aucune aide…, J'en ai marre que tu sois toujours absent."

«Il me répondait, ayant fait les mêmes lectures: "Mais mon chéri parle-moi au *je*, parle-moi de toi, de ce que tu ressens, de ce que tu souhaites."

«Alors, moi: "Eh bien c'est ce que je fais, je te dis que je trouve que tu pars trop souvent, que tu devrais m'aider davantage, qu'il est temps que ça change..."

Et lui: "Mais je t'aide quand même et puis j'ai pas le choix avec mon travail. Tu te plains toujours."

Dans cet échange (on ne peut guère parler de dialogue, moi je vidais ma plainte, lui argumentait et me contredisait), nous ne tentions pas de cheminer l'un vers l'autre. Nous tentions désespérément de ramener l'autre à nous-même. Je mesure maintenant combien exprimer ensemble le sentiment et le besoin clarifie et responsabilise.»

Un échange parent-enfant

1. Version classique. «Je suis vraiment découragée et très déçue de toi quand je vois tes résultats scolaires de ce mois-ci. Si tu continues comme cela, elle va pas être fameuse ton année. Et puis tu n'es pas prêt de trouver un boulot plus tard. Regarde ta sœur, elle est beaucoup plus consciencieuse.»

J'utilise le sentiment pour amener l'autre à réagir par la peur, la culpabilité ou la honte. Relisez cette version comme si vous étiez l'enfant et vérifiez vous-même dans quel état d'esprit vous vous sentez, quel goût a la vie en vous après que vous ayez entendu vos parents s'exprimer comme cela.

2. Version non violente. Observation: «Quand je vois tes résultats scolaires de ce mois-ci et plus particulièrement le 6/10 en mathématiques et le 5/10 en statistique (observation à la fois neutre et détaillée, pour indiquer à l'autre ce à quoi je réagis)... Sentiment: je me sens inquiète et préoccupée... Besoin: et j'ai besoin d'être rassurée sur deux choses: 1) que tu comprends le sens de ces matières et que tu sais en quoi elles peuvent t'être utiles à l'avenir et 2) que tu te sens bien dans ta classe avec ton professeur, que tu te sens accueilli, de sorte que si tu as des difficultés, tu sois à l'aise pour les dire. Demande: Serais-tu d'accord pour me dire comment tu te sens, toi, par rapport à cela?»

À nouveau, demandez-vous comment, si vous étiez un enfant, vous vous sentiriez si vos parents s'exprimaient plutôt comme cela. Quelle énergie vous habiterait, quel goût aurait la vie en vous ?

Quand je fais l'exercice avec des enfants, la réaction est claire. Dans la première version, ils ont l'impression d'être jugés, incompris, rejetés et pour se dégager de l'inconfort que provoquent ces sentiments, soit ils râlent et argumentent («C'est la prof et l'école qui sont nulles» ou «C'est un copain qui a pris mes notes») soit ils feignent l'indifférence («Bof, ça n'a aucune importance, juste un petit contrôle sans intérêt») ou bien ils manifestent franchement leur désarroi quant au sens des choses («De toute façon, l'école ça sert à rien si c'est quand même pour se retrouver au chômage»).

Dans la seconde version, les enfants se sentent considérés, accueillis dans leur difficulté et leur cheminement. Le souhait des parents de comprendre sans juger les touche. La proposition d'en parler librement (sans crainte d'une contrainte, d'une attente à laquelle devoir faire face, d'un résultat à atteindre) donne la liberté de s'exprimer librement. Dans les deux parties qui suivent, «Communiquer, c'est aussi donner du sens» et «Écouter sans juger», je vous propose d'observer et d'analyser les réactions de deux jeunes, Jean et Isabelle, face à cette seconde version de l'échange parent-enfant.

Communiquer, c'est aussi donner du sens

Voici la réaction de Jean, élève de quatorze ans.

«Ben, j'aimerais bien dire à mes parents que les maths j'en ai rien à faire. Je voudrais qu'ils me disent pourquoi je dois étudier cela mais ils me répondent toujours "Parce que c'est au programme" ou "Parce que c'est comme ça", ou encore "On ne fait pas toujours ce qu'on veut dans la vie". Moi j'ai besoin d'en parler et de savoir pourquoi.

– Est-ce que tu veux dire que tu as besoin de comprendre le sens de ce que tu fais et que si tu n'en comprends pas le sens, tu ne veux pas le faire ou tu le fais mal?

– Ben oui, c'est exactement ça. Si je ne vois pas le sens, j'ai besoin qu'on me l'explique.

Commentaires

Ceci est pour moi l'aspect fondamental de la communication : *donner le sens* de ce que je fais ou de ce que je veux. Des gens des générations précédentes, et de la mienne encore certainement, ont pu entendre des « C'est comme cela parce que c'est comme cela », « Pose pas toujours des questions », « Tu comprendras plus tard », « Il y a des choses qu'il faut faire, qu'on le veuille ou non ». Sans compter, bien sûr, le tragique « C'est pour ton bien » qui a fait tant de ravages et auquel la psychanalyste Alice Miller[7] a consacré un livre bien connu. Ce livre, *C'est pour ton bien,* m'a bien éclairé sur la mécanique subtile qui engendre la violence dès l'enfance, et ce, d'une façon d'autant plus inconsciente qu'elle se pare de bonnes intentions. Cette attitude, fort heureusement, a de moins en moins cours. Les jeunes générations réclament du sens et refusent les choses dont le sens ne leur apparaît pas. C'est une situation nouvelle : des millions de jeunes interpellent la génération précédente sur le sens et refusent d'obéir et de suivre aveuglément des consignes, des habitudes, des automatismes. J'y vois une fantastique occasion pour l'être humain de devenir plus responsable de ce qu'il fait parce que plus conscient de ce pourquoi il agit. Bien sûr, cette transformation ne se passe pas sans heurts et sans douleur… Si vous êtes parent ou simplement adulte, connaissez-vous toujours clairement le sens de ce que vous faites ? Pouvez-vous toujours nommer et expliquer la valeur ou le besoin qui vous guide dans l'ensemble de vos comportements ? Chacun de nous est tôt ou tard amené à revoir la définition de sa vie, de ses priorités et à en travailler le sens. La cause actuelle de l'inconfort de beaucoup de parents, d'enseignants et d'éducateurs tient beaucoup à ce qu'ils sont invités par les jeunes, de façon directe ou indirecte, à requalifier leurs priorités et à (re)définir le sens de leurs actes et de leur vie. L'anecdote suivante le démontre.

Un père, homme d'affaires, me raconte que son fils de douze ans lui demande pourquoi il travaille dix heures par jour et pourquoi il n'est jamais à la maison.

« Pour gagner ma vie, répond le père.

– Oui mais pourquoi ? reprend l'enfant.

– Pour notre sécurité et notre confort, dit le père.

– Si c'est pour ma sécurité et mon confort, je préférerais que tu viennes me chercher tous les jours à l'école à 16 h et qu'on aille faire du sport ensemble.

– … »

Ce père a revu ses priorités et, après concertation avec son fils, ils ont convenu qu'une fois dans la semaine, ils iraient faire du sport après l'école.

Voyez comme la vie nous invite au changement et au renouvellement.

Écouter sans juger

Voici la réaction d'Isabelle, élève de quinze ans.

« Ben, y a quelque chose dont j'aimerais bien parler avec mes parents, et s'ils me faisaient cette proposition je me sentirais plus à l'aise d'en parler.

– Est-ce que tu veux me dire de quoi il s'agit ?

– Oui, je me sens pas bien du tout dans cette classe. En raison des programmes et de la répartition des cours, je suis seule de ma classe à suivre ce cours de maths avec un autre groupe d'élèves dont la plupart se connaissent déjà bien entre eux. J'ai effectivement de la difficulté à m'y intégrer et à me sentir à l'aise pour poser les questions qui me préoccupent. Dès que je dis que je ne comprends pas, tout le monde rigole et se moque de moi. Alors, je dis plus rien et ne pose surtout plus de questions.

– Est-ce que tu te sens seule (Sentiment) dans cette situation et tu aurais besoin d'accueil et de compréhension de la part des autres élèves (Besoin) ?

– Oui, c'est ça.

– Est-ce que tu aimerais aussi en parler avec tes parents pour avoir de la compréhension et peut-être du soutien de leur part (Besoin) ?

– Oui, mais ils ne me croient pas. Ils pensent que je n'étudie pas, que c'est un prétexte et que je dois faire plus d'efforts…

– Alors tu te sens déçue et peut-être fâchée (Sentiment) parce que tu aurais vraiment besoin qu'ils comprennent que c'est pas tant une question d'étude qu'une question de climat dans la classe (Besoin).

– Tout à fait.

– Tu te sens peut-être aussi fatiguée de tous les efforts que tu as faits (Sentiment) et tu as peut-être simplement besoin de leur considération pour ta peine.

– Oui (les larmes aux yeux). Au fond, je leur demande juste de m'entendre, de pouvoir exprimer ce que je vis. Je veux pas vraiment qu'ils m'aident ou qu'ils fassent quelque chose. Je veux qu'ils m'écoutent sans me juger.»

Très souvent j'entends ce simple besoin: être écouté sans être jugé. Qu'est-ce qui fait qu'il est si difficile pour ces parents d'écouter leur adolescent? La plupart du temps, je constate que c'est parce qu'ils croient qu'ils doivent *faire quelque chose,* agir, performer, obtenir un résultat, une solution et si possible tout de suite. Or, il se peut qu'ils ne voient pas de solution et se sentent impuissants, ou qu'ils soient fatigués de tenter d'en trouver; *par conséquent,* pour se dégager de la tension que provoquent l'impuissance, la peur ou la fatigue, ils vont soit fuir en niant le problème («Mais c'est pas si grave..., Tu en fais toute une histoire..., Force-toi un peu..., La vie n'est pas toujours facile...») soit agresser («C'est ta faute, tu n'étudies pas assez..., Si tu repassais plus tes leçons...») plutôt que simplement prendre le temps d'aller à la rencontre de leur jeune et de l'écouter vraiment.

Notez que l'enfant peut adopter les mêmes attitudes: l'agression «Mes parents ne pigent rien..., Ils sont nuls..., J'en ai ras le bol...» ou la fuite «Je leur dis plus rien..., Je me taille en douce..., Je me casse tranquille...» par dépit de ne pas parvenir à la rencontre vraie. Heureusement, écouter peut s'apprendre.

S'agresser, se fuir ou se rencontrer

Dans une pièce de théâtre vue à Montréal en 1999 (dont j'ai oublié et le titre et l'auteur, qu'il me pardonne!) j'ai entendu ceci: «Lorsque vous apprenez que la tribu voisine est en train de lever les armes contre la vôtre, vous avez trois possibilités et ces trois-là seulement: fuir au plus vite, lever les armes à votre tour pour l'agresser aussitôt, ou bien marcher vers elle sans armes et espérer vous prendre dans les bras les uns des autres.»

Dans nos guéguerres conjugales, familiales ou scolaires, comme dans nos guerres ethniques, religieuses, politiques ou économiques, nous avons le même choix : agresser, fuir ou aller à la rencontre de l'autre.

Dans les deux réactions types rapportées précédemment, celles de Jean et celle d'Isabelle, on voit combien les résultats scolaires dans les matières en question ne sont qu'un épiphénomène, un symptôme. Les vrais besoins sont derrière ou plutôt en amont. S'attaquer au symptôme sans remonter à la cause, c'est au mieux ne rien obtenir ou obtenir un changement d'attitude extérieure (Je vais dire que tout va bien ou je vais travailler maintenant comme un malade pour compenser) qui ne résout pas les questions de fond (Comment trouver du sens à ce que je fais ? Comment m'intégrer dans un groupe quand c'est difficile ?), au pire obtenir un renforcement du symptôme dans le style : « Ah ! je ne suis pas compris, qu'est-ce qu'il faut que je fasse pour être vraiment compris, manquer les cours d'abord, puis décrocher tout à fait, puis peut-être une bonne déprime... » Ainsi s'enclenche la mécanique de la violence autour de la non communication :

« Je ne te dis pas ce que je vis vraiment. Tu ne te mets pas à l'écoute de ce que je ressens vraiment. Je râle. Tu prends peur. Je me rebelle. Tu contrôles. Je me rebelle encore plus. Tu renforces le contrôle. J'explose. Tu réprimes... Dis, t'es pas fatigué de ce jeu parfaitement réglé depuis des siècles ? Et si on s'écoutait ? »

Bien sûr, s'écouter et se rencontrer n'est pas facile. C'est une pratique qui demande de l'exercice, comme l'apprentissage d'une nouvelle langue ou d'un nouvel art.

À propos de nos sentiments

Vous trouverez à la fin de ce livre une liste de sentiments. Cette liste ne se prétend en rien exhaustive, elle résulte de l'observation des sentiments identifiés couramment dans les ateliers. La distinction classique entre sentiments positifs et sentiments négatifs n'existe pas en communication consciente et non violente parce qu'elle n'est pas pertinente. La tristesse comme la joie nous renseignent sur nous-même. La colère est un signal très précieux puisqu'il indique beaucoup de vitalité en nous ou en l'autre. Ce sont les conséquences des sentiments qui peuvent être perçues comme positives ou négatives, pas les sentiments eux-mêmes. Nous proposons donc de faire une distinction qui nous paraît plus pertinente entre les sentiments :

- les sentiments agréables à vivre et qui nous disent que les besoins sont satisfaits,
- les sentiments désagréables à vivre et qui nous disent que les besoins ne sont pas satisfaits.

Vous trouverez également la liste des sentiments teintés d'évaluation qu'il est précieux d'accueillir plutôt comme des impressions, des images, des sensations que comme des sentiments, afin de nous permettre d'être à l'écoute du sentiment vrai qui nous habite derrière cette impression, sentiment qui n'est pas parasité par l'attitude que l'on prête à l'autre.

Il n'y a pas toujours de distinction absolument claire entre les mots désignant des sentiments vrais et ceux désignant des sentiments teintés d'interprétation. De nouveau, nous sommes invités à clarifier notre intention : c'est elle qui nous indique si nous sommes en train de commenter ce que l'autre fait ou ne fait pas, ou en train de tenter de nous comprendre nous.

4. Identifier nos besoins sans les projeter sur l'autre

La peur, la culpabilité et la honte comme outils pour obtenir ce que nous voulons ?

Rappelez-vous qu'en tant que bon garçon ou bonne fille, nous avons surtout appris à être à l'écoute des besoins de papa, de maman, de grand-maman, du petit frère, de la voisine, de l'instituteur, etc., à l'écoute des besoins de tous, sauf des nôtres. Nous avons ainsi pris l'habitude de croire que nous sommes *plus ou moins toujours* et *plus ou moins totalement* responsables du bien-être de l'autre. Ce faisant, nous avons davantage intégré l'impression confuse et quasi constante de notre culpabilité par rapport à l'autre que le sens éclairé de la responsabilité de chacun.

En même temps, nous avons pris l'habitude de croire que c'est l'autre qui est *plus ou moins toujours* et *plus ou moins totalement* responsable de notre bien-être. Ce faisant, nous avons davantage intégré l'impression confuse et quasi constante de la culpabilité ou de la dette de l'autre par rapport à nous plutôt qu'également le sens éclairé de la responsabilité de chacun.

Nous avons davantage intégré l'impression confuse et quasi constante de la culpabilité de chacun par rapport à l'autre que le sens éclairé de la responsabilité de chacun.

Nous attendons donc souvent de l'autre qu'il prenne soin de nos besoins alors que nous-même n'avons pas pris soin de les identifier, ou nous lui formulons nos demandes comme des exigences sans lui dire quel est notre besoin, ou encore nous avons des besoins «sur l'autre». Par exemple, «J'ai besoin :

- *que tu* fasses ceci ou cela,
- *que tu* changes,
- *que tu* sois comme ceci ou comme cela.»

Et si l'autre ne réagit pas dans le sens que nous souhaitons, nous nous exprimons par des critiques, des reproches, des jugements : «Tu pourrais quand même faire un effort…, Avec tout ce que je fais pour toi…, Tu es vraiment un vieil égoïste…, Si tu continues, je m'en vais ou je te punis.»

Cette formulation ne nous dit rien sur nous-même, pas plus qu'elle n'informe l'autre. Elle nous maintient dans la dépendance de ce que l'autre fait ou ne fait pas : s'il fait ce que nous disons nous sommes satisfaits, s'il ne le fait pas nous ne sommes pas satisfaits. Et voilà !

Il est vrai que souvent, faute de connaître nos besoins et de les exprimer de façon négociable, nous utilisons la peur, la culpabilité ou la honte pour obtenir ce que nous voulons.

Le fait de prendre conscience de notre besoin nous aide à comprendre que celui-ci existe, quelles que soit la situation et la personne avec qui nous sommes. Ces dernières ne font qu'activer la conscience de ce besoin et nous donner une occasion (parmi beaucoup d'autres) de le satisfaire. En effet, nos besoins préexistent à toute situation. Ainsi nous avons toujours besoin de reconnaissance ou de compréhension, même si nous nous promenons seuls en montagne ou en mer. Sans doute ce besoin n'est-il pas forcément activé à ce moment-là, encore que ce moment de solitude peut être l'occasion consciente ou inconsciente de nous procurer à nous-même la reconnaissance ou la compréhension dont nous avons besoin. Toutefois, le besoin fait partie de nous et redeviendra plus palpable lorsque nous réintégrerons le groupe, la famille, la société.

Quand j'étais enfant, mon besoin d'affection était sans doute principalement satisfait par l'attention de ma mère et de mon père. En grandissant, j'ai pu nourrir ce besoin d'affection également par la relation avec mes frères et sœurs, puis avec les copains et les copines de classe et, plus tard, avec la première amie, les relations amoureuses et les amis. Durant plusieurs années de solitude affective, j'ai pu expérimenter le fait que le besoin existe même s'il n'est pas satisfait. Aujourd'hui, j'ai conscience que ce même besoin est sans aucun doute particulièrement et en premier lieu satisfait par ma relation avec ma femme et mes enfants ; mais en même temps, j'ai bien conscience que ce besoin est également satisfait par d'autres relations : la famille, les amis, les compagnons de travail, les personnes en accompagnement. J'ai également conscience que je peux nourrir ce besoin en me berçant d'une musique que j'aime, en me plongeant dans une forêt bruissante de feuillages, en contemplant la fin du jour ou l'arrivée du printemps avec émerveillement.

Je n'attends donc pas de ma femme et de mes enfants qu'ils comblent *tout* mon besoin d'affection.

Cette attitude comporte deux bienfaits. D'une part, je m'ouvre à l'extraordinaire potentiel d'amour du monde, ce que Rilke[8] décrit sans doute par ce vers : « Une bonté prête à l'envol sur chaque chose veille. » Je crois profondément que si nous étions prêts à goûter tout l'amour qui nous est proposé sans cesse sous les mille facettes du monde, nous serions tellement plus en paix. Malheureusement, comme l'évoque Michèle Delaunay[9], «(notre) pessimisme nous mène à ne voir que ce que l'on voit et notre distraction à ne pas voir grand-chose».

D'autre part, je laisse l'autre, en ce cas ma femme, libre de me donner ce qu'elle veut librement me donner. Elle n'est pas l'exutoire de mon besoin d'affection, elle n'est pas la moitié qui viendrait me consoler de n'être qu'à moitié moi-même, elle n'est pas la projection d'un amour maternel inconditionnel dont j'aurais manqué. Elle est elle-même, à part entière, à la fois femme, épouse et mère. Ensemble, nous ne voulons pas d'un jeu de rôles, même parfaitement réglé, nous voulons une relation vraie entre personnes à la fois libres et responsables.

J'observe donc qu'exprimer notre besoin en le différenciant des attentes plus ou moins claires que nous avons vis-à-vis de l'autre, d'une part nous ouvre à tout un potentiel de solutions parmi lesquelles il peut y avoir l'intervention de l'autre, mais pas uniquement, et d'autre part garantit à l'autre son espace de liberté, c'est-à-dire la possibilité de nous dire: «J'entends ton besoin et en même temps j'ai un autre besoin, qu'allons-nous faire pour prendre soin des deux et que le tien ne se fasse pas au détriment du mien ni le mien au détriment du tien?»

C'est cette liberté qui permet la rencontre.

C'est la liberté que nous nous donnons qui nous relie l'un à l'autre

Afin d'illustrer le fait que l'autre n'est pas là pour satisfaire nos besoins, même s'il peut y contribuer, j'ai parlé de ma relation de couple pour deux raisons. La première, c'est que j'ai été longtemps un célibataire paniqué par l'engagement affectif, et ce, notamment par crainte de devoir combler tous les besoins de l'autre en m'oubliant tout à fait. Dans mes relations amoureuses, dès que le couple «menaçait» de se constituer, je m'arrangeais pour le saboter, laissant d'ailleurs courageusement à l'autre le soin de décider de partir. Systématiquement, je ne prenais ni la décision de continuer en m'engageant ni la décision d'arrêter en me désengageant. Je sais maintenant que ma peur indiquait les besoins suivants.

- Le besoin d'être rassuré de pouvoir rester moi-même tout en étant avec l'autre, pas l'un ou l'autre, mais l'un et l'autre.
- Le besoin de pouvoir continuer d'aller vers moi-même tout en allant vers l'autre, pas seulement l'un ou l'autre, mais l'un et l'autre.
- Le besoin de pouvoir échanger de l'affection, de la compréhension, du soutien sans devoir prendre l'autre en charge ni risquer d'être pris en charge (entendez «materné») par l'autre.
- Au fond, le besoin d'être en relation avec une personne ayant suffisamment de force intérieure et d'estime de soi pour être autonome et responsable, qui m'aimerait pour ce que je suis et non pas pour ce qu'elle voudrait que je sois et que j'aimerais pour ce qu'elle est et non pas ce que je rêverais qu'elle soit.

Je ne voulais pas passer ma vie à combler le besoin d'affection, de sécurité ou de reconnaissance de l'autre, ni que l'autre soit là pour combler mes manques. J'avais donc profondément besoin que chacun de nous ait bien identifié et expérimenté ces besoins-là (affection, sécurité, reconnaissance) afin d'être sûr que si l'autre peut bien entendu contribuer à les satisfaire – et ce, sans doute avant toute autre personne – il n'est pas le seul à pouvoir le faire. Cet espace de liberté, de respiration et de confiance m'était indispensable pour m'engager et je goûte profondément aujourd'hui la chance de partager cette compréhension mutuelle avec ma femme. Je sais maintenant que c'est la liberté que nous nous donnons qui nous attache l'un à l'autre.

La deuxième raison pour laquelle j'ai parlé de ma relation de couple, c'est que j'ai eu l'occasion d'observer au cours d'entretiens d'accompagnement tant de personnes seules ou de couples qui connaissent des difficultés précisément autour de ces questions-là : «Je me suis empêché(e) d'exister pour qu'il/elle puisse exister, qu'il/elle n'ait pas peur, ne se sente pas abandonné(e)», «Je me suis interdit d'être moi-même (d'ailleurs je ne savais même pas que l'on pouvait être soi-même) pour ne pas le/la déranger, l'insécuriser», «Je me suis contraint(e) de tenir ma maison, mon ménage, mon emploi et ma situation tellement j'avais peur de sa réaction, de son insécurité, de son besoin de reconnaissance ou d'intégration sociale, familiale», «J'ai tout fait pour lui/elle, j'étouffais pour lui/elle[10]», « Je n'ose pas rester moi-même quand je suis en relation, je deviens ce que l'autre attend de moi (ou ce que je crois que l'autre attend de moi) ou je reste à l'écart et solitaire».

Ces difficultés dans nos relations pourraient se résumer en une question, qui me paraît de plus en plus représenter un des enjeux fondamentaux de notre réalité humaine : comment rester moi-même tout en restant avec l'autre, comment être avec l'autre sans cesser d'être moi-même ?

Comment rester soi-même tout en étant avec les autres ? Comment être avec les autres sans cesser d'être soi-même ?

Cette question est souvent réglée par la violence, soit la violence extériorisée – je force l'autre à faire ou à être ce que je veux –, soit la violence intériorisée – je me force à faire ou à être ce que l'autre veut, et cela, parce que je me laisse piéger par la *pensée binaire*. Rappelez-vous les quatre mécanismes que je citais au chapitre premier et dont j'observe qu'ils génèrent la violence : les jugements, étiquettes, catégories ; les croyances, *a priori*, préjugés ; le système ou la pensée binaire : soit/soit, ou/ou ; le langage déresponsabilisant.

Voici l'illustration à mon sens la plus répandue de la violence de la pensée binaire : la croyance tragique que pour prendre soin des autres il faut se couper de soi. Les deux conséquences de cette croyance sont les suivantes.

1. Si nous nous occupons de nous, cela veut dire que nous nous coupons des autres. En résulte l'impressionnante contamination des cœurs par la culpabilité parce que «Nous n'en faisons jamais assez pour les autres» même si nous sommes à bout ; et dès que nous prenons un instant de répit (quelques minutes de grasse matinée ou de sieste, quelques heures pour nous dans la semaine, quelques jours de vacances à ne rien faire), nous sommes rongés par la mauvaise conscience.

2. Si nous voulons, malgré la culpabilité, arriver à nous occuper de nous, nous croyons qu'il faut nous couper des autres. En résultent beaucoup de ruptures, de séparations, de divorces, de fuites et d'enfermements parce que «je ne parviens pas à rester moi-même tout en étant avec l'autre, donc je m'en sépare».

Comme si nous pouvions adéquatement prendre soin des autres si nous ne sommes pas capables de prendre adéquatement soin de nous, comme si nous pouvions adéquatement être à l'écoute des besoins des autres, si nous ne prenons jamais un instant pour écouter et comprendre les nôtres, comme si nous pouvions apporter notre respect et notre bienveillance à l'autre dans sa diversité et jusque dans ses contradictions, si nous ne nous apportons pas à nous-même le respect et la bienveillance, et que nous ne supportons pas nos propres contradictions. De nouveau, dans le chemin vers l'autre nous ne pouvons faire l'économie du chemin vers soi.

Quitter la pensée binaire

Nous sommes donc invités à quitter la pensée binaire représentée par l'emploi des ou/ou et soit/soit pour entrer dans la pensée complémentaire exprimée par l'emploi du et/et: *Et* j'ai besoin d'être en relation avec l'autre, *et* j'ai besoin d'être en relation avec moi. Pas une relation avec l'un ou l'autre, mais une relation avec l'un *et* l'autre.

> **Dans le chemin vers l'autre, je ne peux pas faire l'économie du chemin vers moi.**

Ainsi, pour éviter la violence de la pensée binaire qui nous entretient dans la coupure, la séparation et la division, nous avons tout intérêt à bien connaître nos besoins, à les identifier les uns par rapport aux autres, à dégager des priorités de façon à devenir de plus en plus à même de comprendre les besoins de l'autre, d'accueillir ses priorités *et* d'acquérir petit à petit plus d'aisance pour traiter souplement cette matière avec lui. Tant que nous n'avons pas conscience de nos besoins, nous avons peu d'aisance pour en parler, et encore moins pour les négocier avec l'autre, nous en arrivons donc vite à imposer nos solutions, à nous soumettre à celles des autres, ou encore à adopter toutes sortes de compromis entre ces deux extrêmes de la domination-soumission.

Nous pouvons par exemple nous entretenir dans les rapports suivants :

- rapport de séduction : mi-pouvoir sur l'autre, mi-dépendance vis-à-vis de son appréciation ;
- rapport d'argumentation : qui a tort, qui a raison, je suis accro du dernier mot ;
- rapport de comparaison : qui est ou fait mieux, qui est ou fait moins bien, je délègue à d'autres le pouvoir de déterminer ce qui est bien ou pas bien, ou j'en décide et je soumets l'autre à ma façon d'être ou de faire, ou je me soumets à la façon d'être ou de faire de l'autre ;
- rapport dc calcul : il ou elle a plus ou moins que moi, j'obtiens, je gagne plus ou moins, je ou tu fais plus ou moins que toi ou moi, etc.

Dans tous ces types de rapports nous ne sommes pas encore un être libre et responsable, nous sommes encore dépendants. Nous n'agissons pas complètement par *goût* de donner, de contribuer, de partager, mais par peur de manquer, de perdre, d'être perdu.

Il m'apparaît ainsi de plus en plus que la liberté et la responsabilité dans nos rapports humains, à commencer par le rapport avec nous-même, supposent la bonne compréhension de nos besoins mutuels.

Le besoin n'est ni le désir ni l'envie

Ici intervient une nouvelle différenciation clé. Le besoin n'est pas le désir, ni l'envie, ni la pulsion du moment. Nous nous piégeons nous-même souvent en prenant une envie ou un désir pour un besoin de base. Il s'agit là d'une différenciation importante pour deux raisons que l'exemple du couple d'Andrée et de Thierry (voir le chapitre premier) illustre bien.

Première raison : sortir du piège. Tant que Monsieur prend son envie d'aller au restaurant pour un de ses besoins de base, c'est lui qui se piège lui-même. Ce n'est pas Madame. De même, tant que Madame prend son envie de rester à la maison et de regarder un film pour un de ses besoins de base, c'est elle qui se piège elle-même et non Monsieur. Tant que Monsieur dit à Madame « Tu ne comprends rien à mes besoins », c'est au fond à lui-même qu'il peut adresser ce reproche. Tant que Madame dit à Monsieur « Mais c'est toi qui ne comprends rien à mes besoins », c'est à elle-même qu'elle peut adresser ce reproche.

Ce n'est que si chacun d'eux décide de faire en lui-même ne fût-ce que la moitié du chemin qu'il attend que l'autre fasse vers lui, que la soirée en question et tout le fonctionnement de ce couple peut s'améliorer. Ce qui aboutirait à l'échange suivant.

- Monsieur signale son besoin à Madame sans le lui imposer (la demande est négociable).
- Madame écoute le besoin de Monsieur sans se sentir obligée d'y souscrire.
- Madame exprime son besoin à Monsieur sans le lui imposer (la demande est négociable).
- Monsieur écoute le besoin de Madame sans se sentir obligé d'y souscrire.

J'ai besoin de ≠ j'ai besoin que tu…

C'est cette liberté dans l'expression du message *et* dans la réception qui permet de cheminer sans contrainte ni résistance vers la solution qui satisfera les deux.

Deuxième raison : être plus créatifs. Tant que Madame et Monsieur s'accrochent désespérément à leur envie sans vérifier le besoin qui est en amont de cette envie, la solution trouvée (le resto ou la soirée vidéo) n'est pas aussi créative ni aussi pleinement satisfaisante que celle à laquelle les époux parviennent après avoir refait le dialogue en communication non violente : la solution concertée du pique-nique au bout du lac se révèle plus nouvelle et plus plaisante que les deux autres propositions.

C'est la concertation qui permet d'inventer toutes sortes de solutions.

Pas d'angélisme toutefois! Soyons réalistes: il arrivera souvent que la solution ne «comble» évidemment pas les deux à cent pour cent. Constatant tous les jours la diversité des sensibilités, des caractères, des rythmes, des attentes, des priorités, des sens de l'humour (et particulièrement de l'humour sur soi), et du souci que les choses aient du sens, je ne crois vraiment pas que nous puissions rêver de trouver des solutions qui tiennent toujours et complètement compte de tous les besoins de chacun. Toutefois, l'expérience m'enseigne que la qualité d'écoute et de respect qui se dégage de la recherche de cette solution dans un climat de bienveillance est telle, que la solution concrète apparaît comme un accessoire de la relation et non l'inverse!

La relation d'abord! L'intendance suivra

Que de fois, dans nos rapports, la qualité de la relation apparaît comme un accessoire à côté des problèmes concrets: d'abord résoudre l'intendance, soit l'organisation matérielle, puis se préoccuper de s'entendre, s'il reste du temps…

Comme beaucoup d'enfants, j'ai souffert, sans le savoir, de cette priorité accordée par les adultes à l'intendance, sous prétexte qu'ils sont surchargés de responsabilités: «Oui, oui, tout à l'heure, j'ai encore le linge à ranger», «Non, pas maintenant, je mets de l'ordre», «Mais tu vois bien que je suis occupé!»,«J'ai vraiment beaucoup de travail et pas le temps maintenant, on en parlera plus tard», «Vite vite, je suis pressée», «On n'a pas le temps.»

Je n'ai pas le souvenir d'avoir vu ma mère assise dans un fauteuil plus de trois minutes par semaine. C'était le dimanche, avant le déjeuner. Elle s'asseyait sur un coin du fauteuil (pas le temps de s'installer confortablement), avalait un doigt d'apéritif en disant: «Comme c'est bon de s'asseoir un peu» et houps! moins de quatre minutes après, elle était déjà repartie à la cuisine pour mettre le repas sur la table! Aussitôt après, il fallait ranger vite pour courir vite s'activer à faire vite mille autres choses... Si je voulais trouver un moment rien qu'avec elle, il fallait ruser : l'aider à plier le linge, à ranger la cuisine, à mettre de l'ordre dans une pièce, au mieux profiter de l'occasion d'un trajet en voiture. Alors, accessoirement, la relation pouvait exister.

En repensant à cette course effrénée, je constate que j'ai bien plus appris à faire qu'à être, à faire des choses qu'à être en relation. Et j'ai naturellement reproduit largement cet activisme : l'agenda qui explose, je connais !

La priorité accordée à l'organisation par rapport à la relation m'a sauté au visage lorsque Valérie et moi préparions notre mariage qui devait avoir lieu en Hollande. J'étais en Belgique quelques jours avant l'événement. Elle m'appelle de Hollande pour régler quelques questions urgentes, d'intendance justement, et me joint dans ma voiture, comme j'étais en route entre deux rendez-vous. Je m'énerve un peu parce que je ne suis pas sur place, que j'ai l'impression qu'on ne s'est pas compris et que je crains qu'un certain ordonnancement de la fête auquel je tiens ne sera pas possible. Je lui réponds plus sèchement que j'aurais voulu et abrège nerveusement la conversation. À l'instant, je constate que je reproduis exactement le vieux scénario : je laisse l'intendance prendre le pas sur la relation. La priorité devenait tout d'un coup l'organisation de la fête de mariage, plutôt que la qualité de ma relation avec la mariée !

Je l'ai rappelée aussitôt pour lui dire que je me sentais à la fois bien surpris et désolé de ma réaction (Sentiment), que j'avais vraiment le souhait d'une part de faire un meilleur accueil à ses préoccupations (Premier besoin) et d'autre part de donner la priorité à la qualité de notre compréhension mutuelle avant l'intendance (Deuxième besoin) ; concrètement, je lui proposai de prendre plus de temps le soir même pour résoudre avec elle les points en question (Demande concrète).

Revenons, si vous voulez, à la situation que j'évoquais où je voulais un moment d'écoute de la part de ma mère. Si ma mère et moi avions eu quelques rudiments de communication consciente et non violente, nous aurions pu par exemple avoir l'échange suivant[11].

« Maman, j'aurais besoin d'un moment d'attention et d'écoute (Besoin), est-ce que tu serais d'accord pour qu'on s'assoie ensemble cinq minutes (Demande) ?

– Je suis touchée que tu veuilles me parler (Sentiment) parce que j'ai besoin d'être à l'écoute de chacun de mes enfants (Besoin) et à la fois je suis préoccupée (Sentiment) parce qu'il y a beaucoup de choses que je voudrais terminer avant la fin de la journée (Besoin). Est-ce que tu ne voudrais pas m'en parler tout en m'aidant ?

– Cela me fait vraiment plaisir (Sentiment) que tu me dises que tu as besoin d'être à l'écoute de chacun de tes enfants, cela me rassure (Besoin de sécurité affective). En même temps, quand j'entends ta proposition (Observation), je ne suis pas rassuré (Sentiment) que tu sois vraiment disponible pour m'entendre si tu travailles également à autre chose (Besoin de disponibilité). Est-ce que tu aurais besoin d'être sûre que si je te demande cinq minutes, c'est bien cinq minutes et non une demi-heure, et que tu auras ainsi le temps de faire ce que tu veux faire ?

– Oui, j'ai besoin de cette sécurité dans l'usage de mon temps afin de faire ce que je veux terminer (Besoin). Je te suis reconnaissante pour cette attention à mon temps et maintenant je te propose de prendre cinq minutes avec toi dès que j'ai fini ceci, est-ce que ça te va ?

– Ça me va, je te remercie. »

Commentaires

1. C'est le piège du système binaire qui faisait dire à ma mère : « Je n'ai pas le temps » ou, plus précisément, « Vous êtes cinq (sous entendu : cinq enfants) et je n'ai pas le temps (sous entendu : d'écouter chacun). » Je suis profondément convaincu qu'elle aurait aimé pouvoir dire, comme dans l'exemple : « J'ai à la fois besoin d'être à l'écoute de chacun de mes cinq enfants et besoin que l'intendance de la maison fonctionne, et je ne sais pas bien comment faire pour tenir compte de ces deux besoins. » Mais comme il est difficile d'identifier nos différents besoins lorsqu'il y en a plusieurs en jeu, et particulièrement ceux dont nous ne voyons pas comment les satisfaire, elle n'évoquait que le besoin qui lui apparaissait alors le plus urgent ou le plus évident, sans nommer les autres.

2. Prendre soin d'identifier et de nommer les différents besoins en cause ou en jeu est éclairant même si aucune solution n'apparaît envisageable dans l'immédiat. Pourquoi?

Premièrement, parce que cela permet de se remettre consciemment aux commandes de son véhicule plutôt que de se laisser téléguider par son inconscient. Cela permet de se donner l'occasion de redéfinir ses priorités afin de s'ouvrir aux changements devenus nécessaires. Tant que je ne fais pas le point sur l'état de mes différents besoins, je risque bien de m'engager tête baissée dans une attitude qui comble peut-être l'un d'eux mais laisse de côté tous les autres. Le risque est la raideur dans la vie et finalement, l'anesthésie.

Grandir, c'est aussi se donner l'occasion de redéfinir ses priorités.

Deuxièmement, il est éclairant d'identifier ses besoins parce que cela ouvre l'esprit à la possibilité de voir des solutions là où celles-ci n'avaient pratiquement aucune chance d'apparaître tant que le besoin n'était pas identifié. C'est l'invitation à la créativité que j'évoquais plus haut.

Dans l'exemple, tant que la mère n'identifie que ses besoins, disons d'intendance (ordre, efficacité, fonctionnement harmonieux de la maisonnée), sans mentionner son besoin d'offrir une écoute équitable à chacun de ses enfants, les chances de trouver du temps d'écoute pour chacun d'eux sont plus faibles que si elle a conscience qu'elle est partagée entre les deux besoins, l'intendance et l'écoute. Dans ce dernier cas, même si elle n'entrevoit pas de solution immédiate pleinement satisfaisante, elle laisse sa chance à ce besoin: on peut au moins en parler et, par exemple, constater que ce ne sont pas forcément des heures d'écoute qui sont nécessaires mais quelques minutes personnelles, accordées spécifiquement à l'enfant, qui le rassurent sur son identité.

Troisièmement, il importe de clarifier ses besoins parce que, même s'il n'y a aucune solution possible dans l'immédiat, cette conscience permet au moins au besoin d'exister, c'est-à-dire à une partie de nous-même de vivre, même si c'est en veilleuse.

Donner vie à la partie de nous qui est en veilleuse afin d'en faire son deuil.

J'observe par exemple que beaucoup de parents taisent ou refoulent leur fibre artistique ou créative «Je n'ai pas le temps pour ça, les enfants, le conjoint, la famille d'abord.» Et, bien sûr, des priorités de cet ordre peuvent nous amener à choisir de remettre à plus tard l'exercice d'un talent. Ce qui est urgent, c'est de permettre à ce besoin d'exister en soi, de l'accueillir en accueillant aussi l'impossibilité provisoire de le satisfaire.

Ainsi, plutôt que d'étouffer le besoin par l'attitude évoquée auparavant («Je n'ai pas le temps...»), il est précieux de l'accueillir à la fois pour lui donner vie et pour en faire son deuil: «J'aimerais tellement développer cette fibre artistique ou poursuivre mon élan de création et trouver du temps pour cela, et en même temps, je veux vraiment, pour le moment, donner la priorité de mon temps et de mon énergie à mon enfant et mon conjoint, ma famille.»

Permettre à toutes les parties de nous-même d'exister plutôt que d'en refouler une, c'est se mettre en vie. Si nous refoulons une partie de nous sans l'accueillir, nous traînons en nous une partie laissée pour morte dont nous n'avons forcément pas fait le deuil, puisque nous ne l'avons pas laissée vivre. Cette partie de nous-même laissée pour morte pèse alors de tout son poids sur les parties vivantes et compromet l'ensemble de notre élan vital.

Deux expressions clés

1. «Pour le moment»

Dans la phrase ci-dessus («Je veux vraiment, pour le moment, donner la priorité de mon temps et de mon énergie à mon enfant et mon conjoint, ma famille»), c'est la notion de temps qui donne l'espace pour respirer. Nous maintenons vivante la conscience que tout est toujours en mouvement. Nous maintenons la porte ouverte sur notre talent, auquel nous pourrons faire de la place plus tard.

Pensez, par exemple, à quelque chose que vous ne savez pas faire actuellement et dites-le vous comme ceci : « Je n'y comprends rien en informatique, je ne sais pas chanter, je suis incapable de parler en public », puis demandez-vous quelle est votre vitalité intérieure. Maintenant, ajoutez simplement « pour le moment » : « Pour le moment, je ne comprends rien en informatique. Pour le moment, je ne sais pas chanter. Pour le moment, je suis incapable de parler en public. » Quelle est votre vitalité intérieure ?

Voyez, nous avons le choix d'utiliser un langage et une conscience qui enferment ou qui ouvrent.

2. « Et en même temps » plutôt que « Mais »

Il n'y a pas opposition, il y a deux besoins concomitants dont l'un est réalisable et l'autre pas. L'usage du « mais » divise la conscience en annulant ou en réduisant la première proposition. L'usage de « et en même temps » met les deux propositions en perspective. Prenez vous-même n'importe quelle phrase où vous auriez tendance à dire, par exemple : « Je suis d'accord avec toi parce que… mais… » Remplacez « mais » par « et en même temps », et demandez-vous intérieurement si cela n'offre pas une perception différente.

Nos besoins ont plus besoin d'être reconnus que satisfaits

Un ami banquier qui avait participé à une formation que j'animais, me dit quelques semaines plus tard combien il avait de la difficulté à être présent à ses enfants lorsqu'il rentrait du bureau vers 20 h. « J'ai alors juste envie de ne rien faire, d'ouvrir le journal ou de regarder la télé, mais je n'ai pas l'énergie pour supporter l'assaut de mes trois enfants. Pourtant, je veux aussi les voir un peu chaque jour, alors je m'efforce de jouer avec eux, mais je sens bien que je ne suis pas disponible et que je m'énerve vite. »

Je reformulai la situation pour vérifier si je l'avais bien comprise et pour nous permettre d'identifier les besoins en cause.

« Est-ce que tu te sens partagé entre une partie de toi qui est épuisée et qui a besoin de détente et de calme à ce moment de la journée, et une autre partie de toi qui se sent touchée par l'élan de tes enfants et qui voudrait bien trouver l'énergie d'y répondre ?

– C'est tout à fait cela. J'ai besoin de temps pour moi-même mais je n'y arrive pas. Et chaque soir, au moment de sortir de la voiture devant la maison, c'est la même tension que je ressens et qui m'épuise.

– Je te propose, avant de quitter ta voiture, de simplement prendre trois minutes pour toi, ou ne serait-ce qu'une minute pour écouter tes besoins et accueillir les différentes parties de toi-même : d'une part ton besoin de paix, de détente et de temps pour toi et, d'autre part, ton besoin de disponibilité et d'accueil pour tes enfants. Prends simplement le temps de te dire intérieurement, ou même à voix haute pour que la chose soit claire dans ton cœur : « J'aurais tellement besoin maintenant de me mettre les pieds en l'air sur le canapé avec mon journal ou de regarder la télé et rien d'autre. J'ai besoin d'atterrir après cette journée stressante, besoin de me poser et de me reposer. » Prends le temps de goûter le simple bien-être qui se dégage de cette perspective, laisse-le t'habiter, de sorte que tu sois davantage disponible pour accueillir l'autre partie de toi qui dit intérieurement : "Et en même temps, j'ai aussi besoin d'accueillir mes enfants et de leur consacrer du temps. " Alors seulement rentre chez toi. »

Quelques jours plus tard, cet ami me téléphone pour me remercier : « J'avais peine à croire que ta proposition puisse m'aider. Eh bien je suis surpris de constater comme c'est apaisant de prendre ainsi conscience de ce qui m'habite sans forcer une partie de moi ni refouler l'autre. Avant, c'était comme si je laissais une partie de moi dans la voiture. Ces derniers soirs, je me suis senti rentrer tout entier à la maison. »

Dans un atelier qui se déroulait sur plusieurs journées à intervalle de quelques jours, un éducateur qui travaille dans un centre pour enfants en difficulté me dit qu'il est fatigué d'être toujours la « bonne poire » qui assure les remplacements au pied levé quand les collègues ont un empêchement.

«C'est toujours moi qu'on appelle à la dernière minute. Surtout pour emmener les groupes à la piscine le soir, parce qu'on sait que je ne dis jamais non. J'y vais, bien sûr, parce qu'il faut bien quelqu'un avec les jeunes, et que si je n'y vais pas, cette sortie à laquelle ils tiennent risque d'être annulée. Mais effectivement, je ne suis pas très disponible, je râle toute la soirée et je m'énerve facilement avec les gosses. Au fond, c'est eux qui font les frais de ma mauvaise humeur.

– Est-ce que tu te sens contrarié parce qu'il y a une partie de toi qui est fatiguée (S) qu'on fasse appel à toi systématiquement pour les dépannages et qui aurait besoin de pouvoir dire non parce que tu voudrais avoir ta soirée pour toi et que tu voudrais que d'autres collègues puissent aussi se libérer (B), et parce qu'une autre partie de toi est vraiment préoccupée (S) à l'idée que les jeunes n'aient pas cette sortie laquelle ils tiennent tant (B)?

– Oui, je me sens partagé et cela m'empêche d'être vraiment là où je suis.

– Si tu écoutes ces différents besoins: le besoin d'une répartition des tâches entre les collègues, le besoin de respect pour ton temps libre et ta vie privée, et par ailleurs le besoin de contribuer autant que possible au bien-être des jeunes dont tu t'occupes, comment te sens-tu?

– Touché, parce que je prends conscience qu'en acceptant les remplacements, je choisis un besoin prioritaire: l'aide aux jeunes. Je pourrais fort bien un jour faire un autre choix.

– Je te propose, la prochaine fois qu'une telle demande te sera faite, de prendre le temps d'écouter tes différents besoins, de sorte que tu sois vraiment disponible pour ce que tu as choisi de faire.»

Une semaine plus tard, il me raconte qu'il a de nouveau accepté un remplacement pour la soirée piscine des jeunes: «J'ai pris le temps de m'écouter comme tu me l'as proposé. La priorité pour les jeunes s'est clairement dégagée dans mon esprit et j'y suis allé joyeusement. Même s'il y avait plusieurs choses que je comptais faire à la maison ce soir-là, j'ai pu accepter de les remettre et me suis senti pleinement disponible pour les jeunes.»

J'ai de multiples fois travaillé la compréhension de cet enjeu. Ce qui apparaît, la plupart du temps, c'est que tant que nous n'avons pas vraiment fait le point sur nos besoins et que nous faisons la chose par habitude ou par devoir, « parce qu'il faut, j'ai pas le choix », l'autre ou la chose dont nous nous occupons a tôt fait d'être perçu comme nous empêchant d'être nous-même ou de vivre notre vie, et nous le lui faisons ouvertement ou subtilement payer, ou encore nous nous le faisons payer. La violence s'enclenche ouvertement ou subtilement. Si nous prenons le temps de faire le point avec nous-même, nous nous donnons l'occasion d'être pleinement à ce que nous faisons.

Choisir sans rien nier ni renier de ce qui nous habite.

Identifier notre besoin de repos, d'avoir un peu de temps pour nous, de disposer de notre soirée, etc., ne veut pas dire que nous satisferons forcément ce besoin. Nous voulons simplement en prendre conscience pour ne rien nier ni renier de ce qui nous habite. C'est au prix d'une telle conscience qu'un choix vivant peut se dégager, qui nous engage alors dans toute notre vitalité et pas seulement à dix ou quinze pour cent de nous-même.

À propos de nos besoins

Vous trouverez, à la fin de ce livre, une liste de besoins. Cette liste, comme celle des sentiments, ne prétend pas être exhaustive. Elle résulte aussi de l'observation des besoins couramment travaillés en ateliers ou lors d'entretiens. Sa présentation est une simple proposition. Nous indiquons d'abord les besoins physiologiques (manger, boire, dormir), ensuite les besoins d'ordre individuel ou personnel (sens, espace, identité, autonomie, évolution), puis les besoins d'ordre social ou interpersonnel (partage, reconnaissance, don, accueil) et enfin les besoins d'ordre spirituel (sens, amour, confiance, bonté, joie) et de célébration de la vie (gratitude, communion, deuil).

5. Formuler une demande concrète, réaliste, positive et négociable

Même si, comme nous l'avons vu, certains de nos besoins ont davantage besoin d'être reconnus que satisfaits, nous avons quand même souvent à cœur d'en satisfaire un bon nombre. Nous contenter de la conscience de nos besoins sans savoir qu'en faire concrètement risquerait de nous laisser dans un monde virtuel peu satisfaisant, une sorte de quête insatiable: «J'ai besoin d'amour, j'ai besoin de reconnaissance, de compréhension, mais je ne mets jamais rien en place moi-même pour y arriver. J'attends "qu'on" prenne soin de moi.»

Incarner le besoin ici et maintenant

Voici donc les avantages qui résultent de la formulation d'une demande ou de la proposition d'une action concrète, réaliste, positive et négociable.

1. La demande est concrète
Nous pouvons planer toute notre vie au milieu des idées, des idéaux, de concepts magnifiques ; ce faisant, nous risquons de ne jamais rencontrer la réalité, de ne jamais nous incarner complètement ici et maintenant. Je me suis personnellement pas mal entretenu dans ce complexe de Peter Pan que je résumerai ainsi : «La réalité à travers le carreau de la fenêtre d'accord, mais j'ai peur d'entrer vraiment dedans, peur de l'échec, peur de l'imperfection, peur de l'ombre et de l'incomplétude. Je remets les choix à plus tard.» Engagé sur un parcours apparemment bien classique, j'ai ainsi poursuivi le rêve que tout est possible. Et j'ai voulu longtemps garder toutes les portes ouvertes devant moi sans en passer aucune, avant de prendre conscience que si, dans une vie, beaucoup de choses extrêmement variées sont effectivement possibles l'une après l'autre, il n'existe qu'«un seul possible» à la fois.

C'est la demande qui donne «un possible» au besoin et lui évite ainsi de rester derrière la fenêtre. Elle lui donne l'occasion de s'incarner. Dans le travail d'accompagnement, j'observe que la difficulté de passer à la demande ou à l'action concrète est fortement liée à la difficulté de se donner à soi-même le droit d'exister et de décider d'une incarnation véritable indépendamment des attentes et du regard de l'autre.

Je pense ainsi à un homme d'une soixantaine d'années qui vient en entretien, préoccupé par un partage d'héritage avec ses deux sœurs, lesquelles lui ont fait une proposition qui ne lui convient pas. Il clarifie assez vite son besoin d'équité, mais quand je lui demande comment, « concrètement » il verrait l'équité dans la répartition de cet héritage, il ne parvient pas à proposer de répartition pratique des biens. Il revient constamment à sa revendication et à son besoin : « Il faut que ce soit juste, ce qu'on me propose, c'est pas juste. » Mais il ne formule aucune proposition par rapport à laquelle ses sœurs pourraient se situer, de sorte que celles-ci l'avaient finalement pris en grippe, ce qui ne facilitait pas l'entente !

Définir, c'est finir, c'est accepter la finitude.

Il était au fond vraiment difficile pour lui de définir concrètement sa demande parce que définir c'est finir, c'est accepter la finitude. Cette phrase l'a frappé au cœur : l'idée de donner une limite concrète, une mesure précise à sa quête d'équité le révoltait. Pour diverses raisons que nous avons étudiées, son besoin de justice n'était jamais satisfait. Il comparait toujours et voyait dans toute proposition une limite inacceptable à sa quête insatiable. En fait, derrière le besoin d'équité, il y avait des besoins de reconnaissance, d'identité et d'estime qui demeuraient insatisfaits. En travaillant sur le caractère concret et parfois pratiquo-pratique de la demande, nous travaillons à notre intégration dans la réalité en acceptant notre finitude.

2. La demande est réaliste

Elle tient compte de la réalité telle qu'elle est et non telle que je crains qu'elle soit ni telle que je rêve qu'elle soit. Les gens qui ressentent un besoin, par exemple de changement, visent souvent un objectif de changement tellement radical qu'ils se donnent là la meilleure raison de ne jamais changer: «C'est trop dur, c'est trop lourd, ça implique trop de choses, ça concerne trop de gens ou d'aspects de ma vie, donc je ne change rien!»

Chercher d'abord la plus petite chose que nous puissions faire, le changement suivra.

C'est pourquoi il est précieux d'inviter l'autre ou de s'inviter soi à se dire: «Quelle est la plus petite chose ou la chose la plus agréable, même petite, que je puisse dire ou faire et qui aille dans le sens du changement que je désire, dans le sens du besoin que j'ai identifié.»

Non pas la plus grande chose, mais la plus petite, non pas le plus pénible, mais le plus agréable. Cette question surprend souvent les personnes, parce que notre esprit, habitué aux performances et entraîné aux résultats, cherche l'épreuve à laquelle se mesurer, cherche le challenge d'un enjeu de taille. Comme si la réalité n'était pas faite de toutes petites choses tissées avec d'autres toutes petites choses et d'autres toutes petites choses encore qui peuvent faire ensemble de très grandes choses.

Cet aspect modeste et *réaliste* de la demande suscite souvent des doutes à une époque régie par l'automatisme des déclics: téléphones, télévisions, électroménagers, voitures, ordinateurs. Nous changeons de spectacle, de programme, d'interlocuteur et de vitesse par un seul déclic! Accepter l'humilité et la lenteur du processus vivant est si peu habituel que beaucoup trouvent cette attitude peu naturelle. Et pourtant!

Une femme fort éprouvée par le deuil de son mari vient me trouver pour un travail d'accompagnement. Après plusieurs entretiens, elle identifie que le sentiment principal qui l'habite est la peur et que celle-ci indique son besoin de se faire confiance à elle-même. Elle est surprise de cette constatation parce que, dit-elle: «Je n'ai jamais pensé à me faire confiance, ces mots n'existaient pas dans ma tête. J'ai toujours fait confiance à mes parents puis à mon mari, à ma famille. Maintenant je crois que j'en ressens vraiment le besoin, mais je ne pourrai jamais y arriver à mon âge.» Je l'invite à une action concrète: écarter l'autosabotage que produisent les croyances négatives et les considérations mentales ombrageuses du style «je n'y arriverai jamais à mon âge», et simplement formuler son besoin à haute voix pour lui donner le droit d'exister. Elle répète en hésitant: «J'ai besoin de me faire confiance, j'ai besoin de croire que je peux me faire confiance.» Je laisse un silence s'écouler puis je lui dis: «Je vous propose de simplement vous laisser habiter par ce besoin durant les jours qui viennent, sans vous préoccuper du résultat. Portez simplement votre attention sur ce besoin et ne cherchez pas de solution. Laissez sa résonance s'installer dans votre cœur.»

À la séance suivante, huit jours plus tard, elle commence comme ceci: «Je vous suis reconnaissante de m'avoir invitée à me laisser simplement habiter par le besoin de me faire confiance. C'est fou comme l'impression que je n'avais rien «à faire» ou rien à chercher, juste à laisser venir ce qui devait être en moi m'a permis de sentir la confiance arriver. C'est encore très fragile en moi, mais quelque chose est déjà différent et cela me rassure de pouvoir envisager de compter davantage sur moi-même.»

Quelques semaines plus tard, elle commençait vraiment à réorganiser sa vie très concrètement. Dans ce cas, le principe de réalité était élémentaire: accueillir d'abord la seule notion du besoin. Les solutions viendront plus tard.

3. La demande est positive

Imaginez que vous êtes en train d'écouter de la musique pendant que votre conjoint travaille dans son bureau. Il vient vous dire: «Je travaille, veux-tu couper ta musique s'il te plaît?» Dans quel état vous sentez-vous? Maintenant, s'il vient vous dire: «J'ai besoin de calme pour mon travail pendant encore une heure. Serais-tu d'accord pour écouter ta musique dans une heure ou continuer de l'écouter dans une autre pièce de la maison?» Dans quel état vous sentez-vous?

Quand je fais l'exercice en groupe, j'entends souvent «Je préfère la seconde version.» Pourquoi? «Parce que je n'aime pas être empêché de faire ce que je fais. Dans la seconde version je reçois une proposition pour continuer ce que je fais soit plus tard, soit ailleurs, et c'est plus agréable que de devoir cesser.» Effectivement, nous n'aimons pas devoir cesser de..., sans doute avons-nous suffisamment entendu de «Veux-tu cesser de bouger comme cela, de faire du bruit, de jouer, etc.» Nous n'aimons pas être empêchés de faire, nous aimons mieux être invités à faire.

C'est subtil, direz-vous. Sans doute et c'est bien là, pour moi, la subtile essence de la communication que je vous propose : éviter dans le langage et dans la conscience ce qui divise, compare, sépare, freine, enferme, résiste, coince, embarrasse ; et favoriser ce qui ouvre, conjugue, relie, permet, invite, stimule, facilite. Remarquez, j'ai encore de vieux réflexes : le titre de mon livre interpelle, «cessez d'être gentil», avant d'inviter à être vrai.

4. La demande est négociable

Cela n'aurait servi à rien de soigner l'observation des faits de sorte que l'autre ne perçoive aucun jugement ou reproche (voir l'exemple mère-enfant cité précédemment : «Quand je vois tes chaussures dans l'escalier et ton cartable sur le canapé...»), ni de soigner l'expression du sentiment pour éviter toute interprétation ou jugement («Je me sens triste et découragée...»), ni de vérifier l'identification adéquate du besoin sans y impliquer l'autre («J'ai besoin d'ordre et de respect pour le travail que je fais...»), si au stade de la demande je tombe dans l'exigence sans appel : «Et maintenant va ranger tout cela tout de suite !»

Créer l'espace de la rencontre

C'est le caractère négociable de la demande qui crée l'espace de la rencontre. Au fond, cela se passe un peu comme ceci : si nous ne formulons pas de demande, c'est comme si nous ne nous donnions pas le droit d'exister. Nous restons dans un besoin virtuel, désincarné. Nous ne prenons pas vraiment notre place dans la relation. D'autre part, si nous ne formulons que des ordres ou des exigences, c'est comme si l'autre n'avait pas le droit d'exister.

La faculté de formuler une demande négociable et donc de créer vraiment l'espace de la rencontre est directement fonction de notre sécurité et de notre force intérieure, de notre confiance en nous-même. Elle suppose que nous sachions intimement que nous pouvons accueillir le désaccord de l'autre sans craindre de devoir démissionner de nous-même. Je dis «intimement» parce que souvent nous savons cela intellectuellement mais nous ne l'avons pas intégré dans la connaissance émotionnelle que nous avons de nous-même. Nous restons alors très fragiles par rapport à la différence et donc peu enclins à l'accueillir vraiment jusqu'au bout.

En pratiquant la méthode, nous acquérons, par l'expérience intime, la confiance que ce n'est pas parce que nous saisissons l'occasion d'exprimer notre besoin et notre demande que l'autre va renoncer à son besoin pour autant. Nous acquérons également la confiance que ce n'est pas parce que nous laissons l'occasion à l'autre d'exprimer son besoin, peut-être différent du nôtre, que nous devrons renoncer au nôtre pour satisfaire le sien. Nous savons que nous allons tenter de chercher ensemble une solution qui satisfasse les deux parties, ou accepter au moins que nous sommes d'accord sur le fait que nous ne sommes pas d'accord.

Nous savons aussi et surtout que notre profond bien-être ne viendra pas tant de la solution que de la qualité de la rencontre que la recherche de cette solution aura permise.

CHAPITRE 3

Prendre conscience de ce que l'autre vit vraiment

Quand on se parle à demi-mots, on ne se comprend qu'à moitié.

DICTON POPULAIRE

1. Communiquer, c'est exprimer et recevoir un message

Tout se dire, tout écouter

Je constate tous les jours que pour de nombreuses personnes, communiquer c'est arriver à s'exprimer soi-même et à laisser l'autre s'exprimer. Et quand chacun s'est exprimé on croit qu'on a communiqué. Mais combien ne se plaignent-ils pas de difficultés de relation en disant : « Mais pourtant, nous communiquons beaucoup mon conjoint et moi, ou mes enfants et moi, nous nous disons tout… je ne comprends pas pourquoi nous ne nous entendons pas mieux. »

On se dit tout ! Oui, mais est-ce qu'on écoute tout ?

La clé est souvent là : nous ne nous entendons pas parce que nous ne nous écoutons pas. Le titre du livre de

Jacques Salomé, *Si je m'écoutais, je m'entendrais*[12], est éloquent à ce propos. Si nous avons souvent appris à nous exprimer, ne serait-ce qu'un peu, à l'école ou en observant les autres, il est bien rare que nous ayons appris à écouter, écouter sans rien faire, sans rien dire.

Ce n'est pas facile pour ces personnes qui arrivent en disant «Je communique très bien avec mon conjoint, mes enfants...» d'accepter de prendre conscience qu'elles sont très à l'aise pour tout dire, pour parler de ce qu'elles ont sur le cœur, moraliser l'autre ou lui donner des conseils, mais moins à l'aise, sinon incapables de tout entendre, de simplement écouter ce que l'autre a sur le cœur, de se demander quels sont ses sentiments et ses besoins, et d'exprimer à leur tour leurs sentiments et leurs besoins sans jugement.

Communiquer, c'est exprimer *et* écouter; c'est s'exprimer et laisser l'autre s'exprimer, s'écouter soi, écouter l'autre et souvent s'assurer qu'on s'est bien écoutés mutuellement. Beaucoup de difficultés de relation viennent de ce que nous ne prenons pas la peine de nous assurer que nous avons bien entendu l'autre et que l'autre nous a bien entendu. Répéter ou reformuler au besoin ce que l'autre a dit nous permettra souvent de vérifier que nous l'avons bien compris. De même, inviter l'autre à répéter ou à reformuler ce que nous avons dit nous permettra souvent de vérifier que nous sommes bien compris par lui.

Si nous voulons représenter la communication entre les êtres sur un graphique, nous pouvons le dessiner comme ceci:

L'échange d'un message comporte donc deux aspects : l'émission et la réception. La plupart du temps, comme nous avons appris à être un bon garçon ou une bonne fille qui ne fait pas trop de bruit, qui ne dérange pas, qui ne prend pas trop de place, qui « n'incommode pas les autres avec ses petits problèmes », nous nous exprimons bien sûr un peu, mais pas trop, pour ne pas susciter de critique, pour ne pas nous rendre vulnérables, pour ne pas montrer à quel point nous sommes sensibles et délicats. Sur le graphique, nous nous situons en bas à gauche.

Par ailleurs, lorsqu'il s'agira d'écouter l'autre, de recevoir son message, comme nous avons appris à bien être à l'écoute des besoins de tout le monde sauf des nôtres et à jouer au saint-bernard pour combler les besoins de tous, sauf les nôtres, nous aurons tendance à penser : « Je veux bien t'écouter un peu, mais pas trop. Parce que ça commence à me taper sur les nerfs d'être toujours à l'écoute des autres et j'ai d'autres choses plus importantes à faire. » Sur le graphique, notre faculté de réception du message de l'autre se situera souvent également dans la zone de gauche en bas.

Il existe aussi des extrêmes. De temps en temps, nous n'en pouvons plus du tout de même tenter d'écouter l'autre, et nous lui imposons alors complètement notre vision. Nous nous exprimons, nous, complètement, mais nous coupons tout à fait le bouton « Réception ». À la limite, nous agissons comme un tyran, un despote. Nous imposons notre besoin sans être à l'écoute de celui de l'autre. Notre attitude est l'autorité, le pouvoir *sur* l'autre, le contrôle.

Sur le graphique, cela donne ceci :

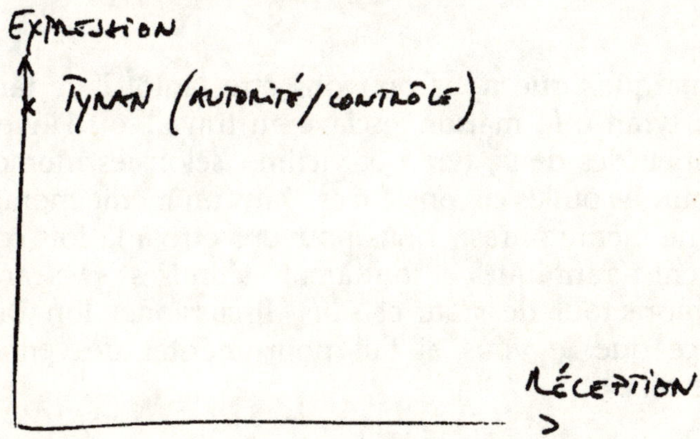

À d'autres moments, nous sommes parfois tellement épuisés d'avoir tenté de faire valoir nos besoins en vain, de les avoir exprimés sans obtenir ni reconnaissance ni considération aucune, que nous abandonnons, nous renonçons. Nous nous soumettons à l'attitude de l'autre sans plus réagir. Nous démissionnons.

À l'extrême, nous agissons comme un esclave, une victime. Notre attitude est la soumission, la résignation, la démission.

Sur le graphique cela donne ceci :

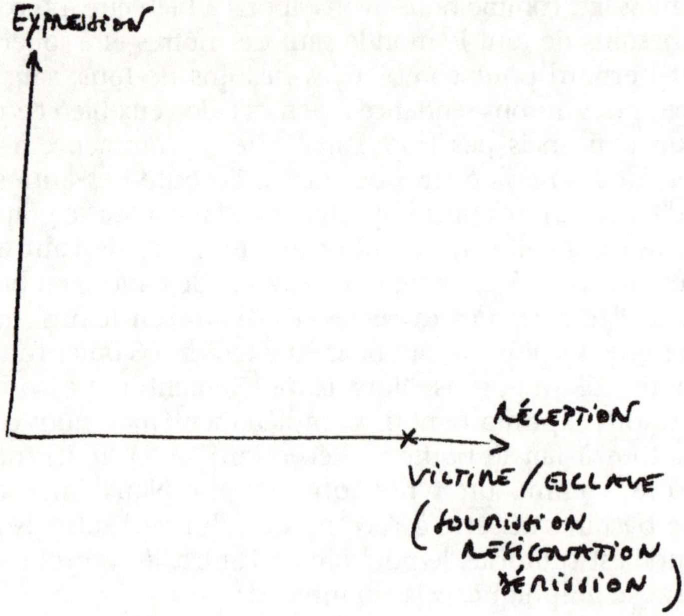

Remarquez que nous pouvons être tantôt l'un, tantôt l'autre : tyran à la maison, esclave au travail, ou l'inverse, ou un peu des deux, tyran et victime, selon les moments de la journée ou les circonstances. Dans un même moment, dans une même phrase, nous pouvons être à la fois complètement tyranniques et tout à fait victimisés : « Va ranger ta chambre tout de suite et sans discussion. Mon Dieu ! qu'est-ce que je vous ai fait pour mériter des enfants comme cela. »

Tyran, victime, ou les deux

Nous pouvons donc passer d'un extrême à l'autre régulièrement, et la plupart du temps nous mijotons dans une zone de méfiance que nous pouvons représenter comme ceci :

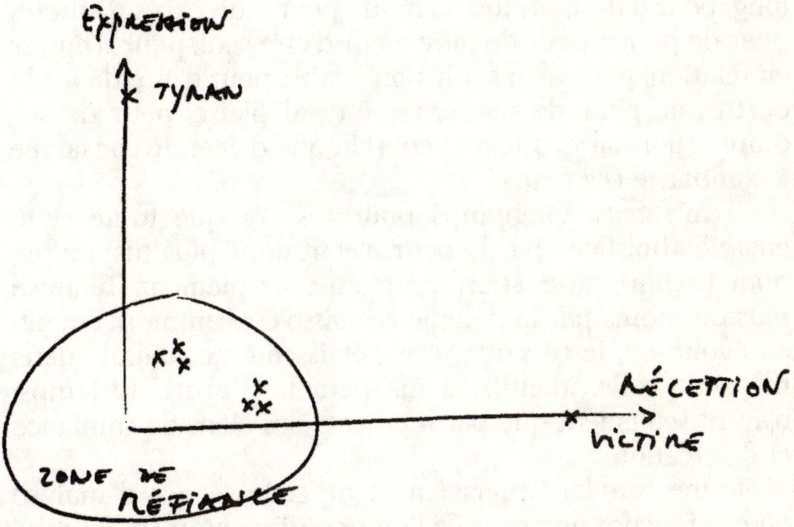

Tant que nous évoluons dans cette zone, nous avons peur de nous exprimer, de nous dévoiler, de nous montrer tels que nous sommes, avec notre richesse et notre pauvreté, avec nos contradictions, nos faiblesses, notre vulnérabilité, peur de développer nos talents, notre identité, notre créativité, notre fantaisie, notre multiplicité. Nous portons un masque pour bien cacher tout cela, pour nous protéger du regard de l'autre.

De même, nous avons peur d'écouter l'autre, d'entendre ses histoires et ses difficultés. Nous enfermons ou réduisons au minimum notre capacité d'écoute et d'accueil parce que la différence ou la souffrance de l'autre nous insécurise, nous fragilise, nous donne l'impression que nous allons devoir cesser d'être nous-même ou devoir correspondre à des attentes extérieures, à un projet que d'autres auraient *sur* nous.

Renoncer à la peur et basculer dans la confiance

Je suis personnellement frappé de voir combien la peur a longtemps imprégné la plupart de mes rapports, de mes relations humaines : peur de ce que l'autre pense, peur de ce qu'il ne pense pas, peur de ce qu'il dit, peur de ce qu'il ne dit pas, peur d'un excès de paroles, peur d'un silence trop long, peur d'un manque d'amour, peur d'un excès d'amour, peur de parler, peur de taire, peur d'être seul, peur d'entrer en relation, peur de n'avoir rien à faire, peur d'être débordé de travail, peur de plaire, peur de déplaire, peur de séduire… Bon sang, que de peurs ! Et que d'énergie consacrée à combattre ces peurs !

Il m'a fallu longtemps pour réaliser que toute cette énergie « bouffée » par la peur n'était donc plus disponible pour l'action, la création, pour être, simplement. Tétanisé plus ou moins par la peur, je cessais d'être en mouvement, en évolution, je cessais d'être. J'étais comme coagulé dans ma peur, collé, identifié à ma peur la plupart du temps, n'ayant seulement que par moments des élans de confiance et de création.

Je me souviens précisément de cette séance d'analyse où ce « fonctionnement » (si l'on peut dire, pour un tel dysfonctionnement !) m'a comme explosé au visage : toutes ces petites peurs côte à côte, accumulées l'une après l'autre depuis tant d'années, m'apparurent d'un coup comme un cancer grouillant.

Je les avais explorées une par une, gentiment, pendant des années d'analyse : « J'ai peur de ceci, je suis inquiet pour cela, telle chose me préoccupe. » Examinées séparément, elles paraissaient bénignes, inoffensives, accidentelles.

En un éclair, par une percée de la conscience dans la nébuleuse de l'inconscient, permise par le travail thérapeutique, je les percevais soudain comme un tout, comme une entité grouillante, un réseau tentaculaire. Je prenais en un instant la mesure de ce qu'elles n'étaient pas accidentelles ou occasionnelles mais structurelles, c'est-à-dire représentant vraiment ma façon de fonctionner. Dans l'instant, j'ai pris conscience que j'étais en danger de mort. Oh ! peut-être pas en danger de mort physique dans l'immédiat, mais en danger de mort psychique, en danger de devenir ce que Marshall Rosenberg appelle *a nice dead person,* une gentille personne morte, souriante et polie, mais morte à l'intérieur, morte de peurs. Cette prise de conscience a réveillé mon instinct de survie : il était urgent de changer, il était urgent de *quitter la peur et de basculer dans la confiance.*

Fatigué de la peur, j'ai voulu tester la confiance. C'était nouveau, la confiance, c'était l'inconnu, donc ça fait peur ! Tant pis, cette fois c'est assez ! Je mise sur la confiance, je *table* dessus, je calme en moi toutes les voix intérieures qui chahutent et protestent : « Fais attention, ça va mal se passer, fais gaffe », et je me répète : « Fais confiance, qu'est-ce que tu as à perdre, la peur n'était pas satisfaisante, au pire la confiance ne sera pas satisfaisante non plus. Il n'y a rien à perdre. Dans cette vie tétanisée, je mourais d'ennui. »

C'est un des enjeux de notre vie : rester dans du connu qui nous pèse ou même nous torture, mais qui est rassurant puisque connu, familier comme un vieux paletot ou un vieux jean, ou basculer dans l'inconnu qui peut être infiniment plus réjouissant, infiniment plus riche mais qui implique un *passage,* un *changement.*

Ah, changer ! Cesser de faire du même, dire du même, penser du même, pour faire du nouveau, dire du nouveau, penser de façon nouvelle, prier de façon nouvelle !

Si je ne change pas, je meurs, si je ne me renouvelle pas, je meurs. Christian Bobin[13] exprime cette peur de l'inconnu ainsi :

> Trois mots donnent la fièvre. Trois mots vous clouent au lit : changer de vie. Cela, c'est le but. Il est clair, simple. Le chemin qui mène au but, on ne le voit pas. La maladie c'est l'absence de chemin, l'incertitude des voies. On n'est pas devant une question, on est à l'intérieur. On est soi-même la question. Une vie neuve, c'est ce que l'on voudrait mais la volonté, faisant partie de la vie ancienne, n'a aucune force. On est comme ces enfants qui tendent une bille dans leur main gauche et ne lâchent prise qu'en étant assurés d'une monnaie d'échange dans leur main droite : on voudrait bien d'une vie nouvelle mais sans

perdre la vie ancienne. Ne pas connaître l'instant du passage, l'heure de la main vide.

Dès que j'ai décidé de basculer dans la confiance et d'apprivoiser mes peurs, toute mon énergie a changé. Plus précisément, toute l'énergie que je consacrais précédemment à combattre et à tenter de gérer mes peurs, je pouvais à présent l'engager dans le changement, dans l'accueil de la nouveauté. Et, en quelques années, ma vie professionnelle et ma vie affective ont radicalement changé, et d'une façon qui me comble au-delà de toute attente. En deux ou trois ans, toute ma vie a plus évolué qu'en trente-cinq ans.

J'ai souvent cette impression que l'on peut connaître lorsqu'on navigue à la voile : après un long temps d'arrêt, durant lequel le bateau clapote en tournant sur lui-même voiles faseyantes, ce qui procure une certaine nausée, le vent se lève et prend dans les voiles, le bateau s'incline, s'oriente et démarre, voiles gonflées, cap au large. C'est ce sentiment d'être emmené, porté joyeusement en avant qui m'habite aujourd'hui le plus souvent.

Si j'ai bien observé et fait l'expérience de ma propre méfiance, j'observe aussi beaucoup celle des autres dans mon travail. Que ce soit à l'occasion d'ateliers de groupes ou d'entretiens individuels, je constate que le sentiment qui domine dans les rapports humains, c'est la peur, la méfiance.

J'agis dans la joie d'aimer ou dans la peur de ne pas être aimé ?

Même au sein du couple où l'on pourrait rêver que tout soit confiance, sécurité affective, abandon dans l'amour, que de peurs ! Que de doutes ! « Si je fais ceci, que va-t-il croire ou dire ? Si je m'engage là-dedans, que va-t-elle penser ? Il faut que je fasse ceci ou cela, sinon il ou elle va être triste, fâché(e), déçu(e), etc. » Tant de comportements sont guidés non pas par la joie d'aimer, mais par la peur de ne plus être aimé, non pas par la joie de donner, mais par la peur de ne pas recevoir en retour. J'achète l'amour, j'achète l'intégration, j'achète l'appartenance. Ce n'est pas l'échange généreux d'amour dans un esprit d'abondance, c'est l'économie de subsistance.

Beaucoup de personnes vivent dans un rapport de projection et de dépendance : « Je ne peux pas vivre seul, tu ne peux pas vivre seul. Je meurs si tu t'en vas, tu meurs si je m'en vais. Je m'appuie sur toi, tu es le père (ou la mère) que je n'ai pas eu, je suis l'enfant à qui tu as besoin de prodiguer tous les soins que tu n'as pas reçus. J'attends que tu me protèges et me rassures éternellement, tu attends de pouvoir me consoler éternellement. Ensemble, nous tentons de combler nos manques, insatiablement. »

Il me paraît que bien peu de gens vivant en couple sont vraiment en relation, de personne à personne, dans un rapport de responsabilité, d'autonomie et de liberté, dans lequel chacun se sente la force et la confiance de dire : « Je suis à même de vivre et de trouver la joie sans toi, tu es à même de vivre et de trouver la joie sans moi, nous avons l'un et l'autre cette force et cette autonomie, et en même temps, nous aimons être ensemble parce que c'est encore plus joyeux de partager, d'échanger et d'être ensemble. Ensemble nous ne tentons pas de combler nos manques, mais d'échanger de la plénitude ! »

La pratique de la communication non violente nous invite à vivre dans la confiance, à entrer en confiance dans la relation. Elle nous invite à trouver suffisamment de sécurité et de solidité intérieures, de confiance et d'estime de nous pour oser prendre notre place sans crainte d'empiéter sur celle de quelqu'un d'autre, confiant qu'il y a de la place pour tout le monde ; pour oser dire ce que nous voulons dire, et être celui que nous voulons être, sans craindre la critique, la moquerie, le rejet ou l'abandon. Elle nous permet donc d'oser maximaliser l'expression de nous-même.

De même, en nous aidant à trouver plus de sécurité et de solidité intérieures, à nourrir davantage de confiance et d'estime de nous, elle nous encourage à oser écouter l'autre le plus complètement possible, à oser l'accueillir dans sa complexité ou sa détresse, sans pour autant nous considérer comme responsable de ce qui lui arrive ni de la façon dont il va en sortir, sans pour autant avoir l'impression que nous devons « faire quelque chose » d'autre qu'écouter et tenter de comprendre. Elle nous invite à aimer que l'autre prenne sa place sans crainte qu'il empiète sur la nôtre, confiant que nous savons mettre nos limites et qu'il y a de la place pour tout le monde.

Sur notre graphique, cette qualité de présence à soi et de présence à l'autre, d'écoute et d'expression de soi, d'écoute de l'expression de l'autre, peut se représenter comme ceci : maximalisation de l'expression et de la réception indiquée par une croix dans le haut du graphique à droite, zone de confiance.

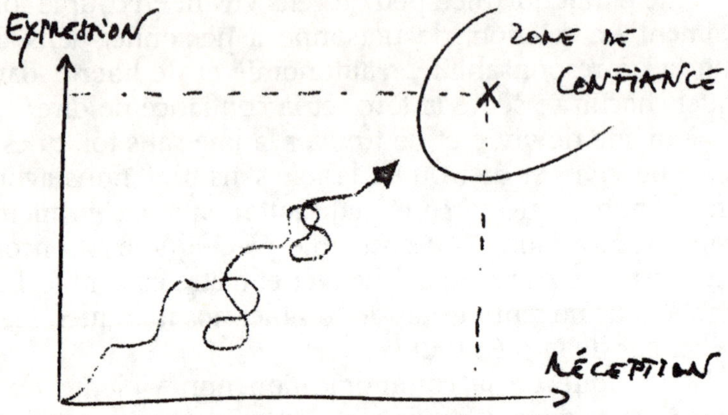

Nous tendons donc à maximaliser notre capacité d'expression de ce que nous ressentons et de ce que nous souhaitons *et* à maximaliser notre faculté de réception des sentiments et besoins des autres.

Nous vivons donc de plus en plus dans la confiance que nous pouvons être au monde sans craindre de « déranger » l'autre, et que l'autre peut être au monde sans crainte que nous soyons « dérangés » par lui.

Vous voyez que j'ai indiqué une flèche entre la zone de méfiance et la zone de confiance, et que cette flèche n'est pas droite. Elle représente le chemin que nous sommes invités à parcourir – pour autant que nous le voulions – pour passer de la zone de méfiance à la zone de confiance.

Marcher tout doucement vers une fontaine

L'image qui pour moi illustre ce chemin, je l'ai trouvée dans *Le Petit Prince*, de Saint-Exupéry[14], lecture qui garde sa fraîcheur à tout âge. Rappelez-vous : le Petit Prince se promène de planète en planète. À un moment donné, il rencontre un marchand qui a trouvé une pilule qui permet de ne plus jamais avoir soif. Et le marchand est tout fier, il vante sa pilule en disant : « Grâce à cela, il ne faut plus aller au puits ou tirer de l'eau à la fontaine, et j'ai calculé que cela permet d'économiser jusqu'à cinquante-trois minutes par semaine ! » Entendant cela, le Petit Prince est consterné et répond : « Moi, si j'avais cinquante-trois minutes, je marcherais tout doucement vers une fontaine. » Autrement dit, je prendrais le temps d'aller tout doucement vers ce qui va m'abreuver, me revitaliser. Je me réjouirais de la fraîcheur de l'eau avant même d'y avoir goûté, je me rafraîchirais de sa mélodie avant même d'y avoir trempé les mains. Je prendrais le temps d'être là où la vie me nourrit, me désaltère vraiment.

Mais nous vivons dans une époque où *nous communiquons tous de plus en plus vite et de plus en plus mal*. Nous avons des téléphones cellulaires, des répondeurs, des courriers électroniques, des autoroutes de l'information... Nous échangeons beaucoup d'informations, ça oui, mais nous rencontrons-nous ? Entretenons-nous des contacts nourrissants, pleinement satisfaisants ?

Nous nous échangeons souvent des pilules pour ne plus avoir soif. J'ai travaillé pour une entreprise dans laquelle une femme, une mère de famille qui occupait un poste de responsabilité, téléphonait régulièrement à son enfant vers 19 h : « Mon petit chou, Maman travaille beaucoup et ce soir elle a encore une réunion, elle rentrera plus tard, il y a une bonne pizza pour toi dans le congélateur. Tu la mets cinq minutes dans le micro-ondes et tu auras un bon repas. » Pilule ! J'ai pas le temps pour toi mon petit chou, cela te tiendra lieu de dîner en famille. Ou : « Mon chéri, Papa doit partir cet après-midi pour une réunion importante, il y a deux cassettes vidéo dans l'armoire de la télé, passe un bon moment, je t'embrasse, à ce soir. » Pilule ! J'ai pas le temps pour toi mon chéri, ma partie de golf, de tennis ou ma réunion d'anciens est plus importante. Regarde ces cassettes, cela te tiendra lieu de week-end en famille ! Ou, plus subtil encore : « Mon petit chou, je comprends que tu es très malheureux, une bonne nuit là-dessus et tout ira mieux demain. » Pilule ! « Tu sais, t'écouter me fatigue et m'énerve, j'ai autre chose à faire et d'abord il est tard et je suis fatigué. Ce conseil te tiendra lieu d'écoute et de compréhension de ma part. »

Et nous courons et nous courons, de choses à faire en choses à faire, de pilule en pilule, et nous nous étonnons d'avoir toujours si soif, d'être insatiablement en route et en quête, toujours insatisfaits, la gorge et le cœur secs ! Nous sommes assis, sans le savoir, sur le seul puits qui puisse nous désaltérer vraiment. Il s'appelle présence à soi, présence à l'autre, présence au monde.

2. L'empathie : être présent à soi et aux autres

Karim ou basculer dans la confiance

Je donne l'exemple suivant pour illustrer le fait que c'est dans notre sécurité intérieure, née de la connaissance de nous-même et de la confiance que nous avons en nous, que s'enracine notre capacité d'écoute, notre faculté de recevoir l'autre comme et là où il est.

Karim est un garçon d'une vingtaine d'années qui souffrait beaucoup d'une dépendance importante à la drogue, sans parvenir à en sortir. Il avait joint l'association pour les jeunes dont je faisais partie. Il était sans travail et sans projet, vivant seul dans une petite chambre. Comme je venais d'acheter une maison que je voulais rénover, je lui ai proposé de le rémunérer pour le travail de peinture et de rénovation de la maison. Finalement, il s'est installé dans une des chambres de ma maison et est resté quatre ou cinq mois. Le travail lui plaisait : il voyait le résultat de ses efforts de jour en jour, et même d'heure en heure. Il était donc satisfait et fatigué le soir, de sorte que sa consommation de drogue diminuait nettement. En même temps, se tissait entre nous une relation d'amitié et de confiance.

Il me dit un jour: «Je te suis profondément reconnaissant, non seulement parce que tu me donnes du travail et l'occasion de gagner ma vie, parce que tu m'héberges et que je ne suis plus tout seul, mais surtout parce que tu me fais confiance alors que moi-même je ne me fais plus confiance.»

Après quelque temps, il est tombé amoureux et est parti vivre chez sa compagne, à deux heures de route de Bruxelles. Nous avons gardé le contact un certain temps. Puis il a déménagé et ne m'a pas indiqué son adresse, de sorte que j'ai passé presque deux ans sans aucune nouvelle. Un week-end où j'étais chez mon père, à la campagne, il appelle. J'étais tout à fait surpris: deux ans sans rien dire puis cet appel à un numéro qu'il ne connaissait pas avant de partir, c'était bizarre. Voici un résumé de notre entretien qui, en temps réel, a duré certainement près d'une heure.

«Thomas, c'est Karim. Tu seras surpris de m'entendre mais ça ne va plus du tout avec ma compagne, je suis de nouveau tout seul, je deviens fou, je vais me flinguer ou me jeter dans le canal tout à l'heure. Elle est dingue, je suis dingue. Ça n'a aucun sens, on se tape dessus, ce n'est pas possible! T'es la dernière personne à qui je parle puis je me tue!»

Il était paniqué. Les mots sortaient dans tous les sens comme s'il les avait contenus si longtemps que seule une telle explosion pouvait le soulager d'un grand poids. Je l'écoute d'abord longuement sans l'interrompre. Lorsque son débit ralentit un peu, indiquant que le trop plein de tension était évacué, je tentai d'établir un lien avec lui en exprimant mon empathie avec son sentiment et son besoin:

«Karim, t'es vraiment complètement désespéré là (S) et je vois que t'as peine à croire que votre relation puisse s'améliorer (B).

– C'est foutu, je te dis, hurla-t-il de nouveau. Tout à fait foutu, j'y crois plus. Je suis juste bon à me tirer une balle…

– Oui, là t'es vraiment au fond du trou (S), au point que la vie n'a plus de sens (B: que la vie ait du sens) et que tu préfères en finir (D ou Action), est-ce que c'est ça que tu ressens?

– Tout à fait.

– C'est une telle souffrance (S) pour toi de voir que ta relation n'évolue pas comme tu le souhaiterais (B : que la relation évolue de façon satisfaisante) et une telle peur de te retrouver seul (S) que tu voudrais te couper ou te protéger de cette souffrance (B : se protéger de la souffrance), et que là, t'as pas trouvé d'autre solution que de te tirer une balle (D ou A) ?

– Ben oui, je vois rien d'autre.

– T'es dans une immense peine (S) et il y a tout qui bascule, plus rien qui tient debout, plus rien qui vaille la peine (B : que les choses tiennent debout, qu'elles vaillent la peine).

– Oui, c'est ça. »

Silence, long silence. J'entends qu'il respire plus calmement, je fais quelques hum, hum, tout à l'écoute de ce qu'il est en train de vivre et de ce que je suis en train de vivre, pour lui manifester que mon silence est présence. Puis je reprends :

« Est-ce que ça te va que je te dise comment moi je me sens par rapport à ça ?

– Ben, dis toujours.

– Eh bien, je suis d'abord profondément touché que tu m'appelles (S), que t'aies fait la démarche de me trouver ici ce week-end.

– T'es surpris hein ?

– Ben oui, comment as-tu trouvé le numéro ?

– J'ai appelé la secrétaire de l'association qui m'a dit que t'étais peut-être là et j'ai essayé. Et voilà !

– Eh bien, je te suis vraiment reconnaissant (S) de ta confiance (B), que tu aies tenu à me parler encore du fond de ton désarroi.

– Reconnaissant ?

– Oui, je reçois ta confiance comme un cadeau d'amitié, une amitié de cœur qui ne s'est pas éteinte parce que deux ans se sont passés mais qui est bien vivante entre nous et ça, tu vois, c'est ce que je chéris le plus au monde. (Silence) Ça te surprend peut-être ?

– Oui, un peu. Je me trouve tellement inutile et nul que je ne vois pas ce que moi je peux t'apporter.

– Tu te sens surpris (S) parce que tu as peine à croire (B: besoin de croire que partager sa peine soit utile) que de partager ta peine puisse être une source de joie?

– Ben oui.

– Pour moi, c'est la joie d'être ensemble, de regarder la chose ensemble et de chercher ensemble comment en sortir. La joie de compter l'un pour l'autre. Tu me donnes la joie d'être avec toi, même si c'est dans la peine. Comment te sens-tu quand je te dis cela?

– Mieux, ça me fait plaisir. Ça me détend.

– Maintenant, je sais d'expérience qu'on achoppe souvent sur la même pierre dans une relation, et qu'on ne le voit pas parce qu'on est trop pris dedans. Est-ce que ça t'irait qu'on en parle pour voir si nous pouvons mieux comprendre cela ensemble?»

Nous avons encore bavardé quelque temps. Il reprenait confiance, voyant des portes s'entrouvrir là où tout lui paraissait bouché un quart d'heure plus tôt. Il misait à nouveau sur la vie. Nous nous sommes quittés mutuellement réchauffés.

Commentaires

1. Le danger, ce n'est pas de traverser une passe suicidaire, le danger, c'est de ne pas écouter ce qui se passe dans cette passe. Derrière le goût de mourir, il y a le goût de vivre qui a été déçu.

2. J'ai connu des cas semblables au début de mon travail avec les jeunes. Je n'avais alors aucune formation à l'écoute et j'ai souvent utilisé les outils maladroits du «bon garçon qui fait bien tout ce qu'il faut pour les autres».

- Déni ou réduction: «Mais c'est pas si grave, ça va passer, la vie est belle voyons.»
- Moralisation: «Cette relation ne te vaut rien. Arrête la.»
- Conseil: «Viens faire du sport. Ça te changera les idées.»
- Retour sur soi: «Tu sais, moi aussi j'ai connu des moments difficiles.»

Je niais la souffrance de l'autre ou tentais de l'en distraire, trop effrayé moi-même par l'idée du suicide, par la petite partie suicidaire de moi-même que je n'avais alors jamais pris le temps d'écouter et d'apprivoiser. Je n'étais donc pas disponible pour écouter la détresse de l'autre, pour entrer de plain-pied avec lui dans sa peine. Je tentais de l'esquiver. Ne pouvant supporter la vue de la plaie purulente, je tentais de distraire le blessé en attirant son attention ailleurs, ou je colmatais la chose avec une couche de baume et un gros sparadrap.

Chacun sait que pour soigner une plaie, il faut la nettoyer, c'est-à-dire *regarder bien en face ce qui fait mal,* entrer dedans, passer et repasser à l'intérieur, puis seulement laisser s'aérer, reposer, cicatriser. Ça fait mal, mais cela ne fait pas de tort.

Ce qui fait mal ne fait pas forcément de tort.

Auparavant, je n'aurais pas eu la sécurité intérieure, la confiance en moi, en l'autre et en la vie, pour refléter ainsi sa peine à Karim, pour tolérer ce long silence d'accueil et de présence après avoir dit: «Donc il n'y a plus rien qui vaille la peine, plus rien qui tient debout.» J'aurais immédiatement tenté de lui fournir toutes sortes de solutions et de bons conseils pour me rassurer moi et pouvoir me dire que je faisais bien tout ce qu'il faut faire puisque j'ai surtout appris à faire des choses plutôt qu'à être et à être avec.

3. Si je parviens aujourd'hui à accompagner les personnes au fond de leur puits d'une façon plus satisfaisante, c'est que j'ai compris qu'elles ont surtout besoin de présence, de ne plus être seules. Karim se voyait (il l'a dit) à nouveau tout seul, c'est-à-dire abandonné, rejeté, ce qui est bien le drame de son histoire.

Si je lui déballe toutes mes solutions, mes bons conseils rassurants, *je ne m'occupe pas de lui, mais de moi,* de mon angoisse, je ne suis pas avec lui mais avec moi, avec ma panique ou ma culpabilité à l'idée de manquer à mon «devoir de bien faire». Il est donc de plus en plus seul, de plus en plus convaincu que personne ne peut comprendre l'ampleur de sa détresse, et que la seule solution est donc le suicide, l'anesthésie. Tandis que si je l'atteins grâce à l'empathie, si je l'accompagne dans sa détresse avec toute ma présence bienveillante, il a davantage l'occasion de sentir qu'il n'est plus seul, que sans doute il vit une grande peine, mais qu'en même temps nous sommes ensemble. Et nous rejoignons alors le besoin qui est la base du drame de Karim et de beaucoup d'êtres en souffrance: compter pour quelqu'un, exister dans le cœur de quelqu'un, avoir sa place parmi les autres, se rencontrer.

4. Si je parviens aujourd'hui à pratiquer cet accompagnement, c'est que j'ai bien exploré ma propre détresse et que je continue de l'explorer si elle refait surface. Je ne l'écarte plus comme avant en courant «faire quelque chose», voir des gens, séduire quelqu'un, m'activer et m'hyperactiver dans ce que Blaise Pascal appelait le «divertissement». Je l'ai regardée bien en face, je suis entré dedans souvent et j'ai constaté que *la seule façon de sortir de la peine, c'est d'y entrer pleinement.* Tant que je tourne autour en tentant de la minimiser («Je me fais des idées. C'est pas si grave. Ça ira mieux demain») ou en me bétonnant («On ne pleure pas. En avant. Pense à autre chose»), en croyant la mettre de côté, je la mets au centre et je n'en sors pas.

C'est parce que j'ai bien apprivoisé ma peine que je peux entendre celle de Karim sans avoir besoin de me protéger aussitôt.

5. J'oserais même aller plus loin en proposant non pas seulement d'être disponible à notre souffrance affective ou psychique, ou à celle de l'autre, mais de tenter de l'accueillir comme une occasion. En ce sens, si nous voulons bien aller voir ce que cette souffrance indique, elle peut être une occasion de grandir, d'apprendre considérablement sur soi, sur l'autre et sur le sens de notre vie. Pour cette raison, d'après mon expérience, elle précède toujours (toujours pour autant que nous acceptions d'y entrer afin d'en sortir) une joie profonde, renouvelée et inattendue.

Non que je souhaite la souffrance à qui que ce soit. Entendons-nous bien : si nous pouvons en faire l'économie, tant mieux. Je ne suis certainement pas en train de suggérer de la rechercher comme ont pu le faire certains courants religieux qui n'accordent pas au corps, à l'incarnation, au bien-être et à la vie sous toutes ses formes, tout le respect, la dignité et l'amour que personnellement je leur accorde. Toutefois, si la souffrance affective ou psychique s'impose à nous, je propose de la vivre comme une incitation à passer à un niveau de conscience différent, à changer de palier.

Je crois en effet que très souvent notre souffrance est ignorance : j'ignore une dimension de vie en moi, une dimension de sens qui est comme emmurée dans une pièce perdue de mon palais intérieur, une chambre oubliée ; et c'est la souffrance qui vient fissurer le mur, ouvrir la brèche ou tourner la clé de la porte secrète, de sorte que je puisse accéder à un nouvel espace en moi, profond et inattendu. Un lieu où je goûterai davantage d'aisance et de bien-être intérieur, davantage de solidité et de sécurité intérieures et d'où je pourrai me regarder et regarder les autres et le monde avec plus de bienveillance et de tendresse. Et la chambre oubliée s'ouvre alors comme une terrasse sur le monde.

Ce texte de Christian Bobin illustre cet écroulement et cette ouverture :

> Il arrive qu'une pierre vacille en toi, puis d'autres, voisines. Un pan de mur devant lequel tu ne passais plus guère, cède bientôt sous la poussée lointaine du vent. Tu regardes les pierres dispersées : disjointes, avec une lenteur passionnée, par les herbes sèches de l'oubli, creusées par les eaux grises des fatigues, elles ne pouvaient très longtemps tenir. Il a suffi d'un souffle pour les renvoyer à leur diversité première. Tu écoutes les ultimes échos de l'éboulement. Tu entends ce qu'ils disent : quelqu'un est parti de toi, qui n'y était jamais entré. Peu à peu s'évanouit la fascination de ces ruines, s'annule leur dernier pouvoir de convoquer les regrets. Tu t'éloignes, éprouvant l'informulable d'une lumière qui te sert à mesurer l'immensité négligeable de tes pertes.

L'empathie, c'est écouter au bon endroit

L'empathie ou la compassion, c'est la présence portée à ce que je vis ou à ce que l'autre vit. Empathie pour soi-même ou empathie pour l'autre, il s'agit de porter notre attention à ce qui se vit sur le moment. Nous allons nous relier aux sentiments et aux besoins en suivant quatre étapes; *les étapes de l'empathie.*

Première étape: Ne rien faire.

Nous avons souvent entendu dans notre enfance «Ne reste pas là à ne rien faire, fais quelque chose», de sorte que nous nous agitons de cent manières et sommes bien incapables de nous contenter d'écouter et d'être là sans rien faire. Bouddha nous fait cette proposition, juste inverse et que l'anglais rend bien: *Don't just do something, stand there.*

Combien c'est difficile si nous sommes encombrés par notre souffrance, notre colère et notre tristesse, de nous rendre disponibles pour la souffrance de l'autre, sa colère et sa tristesse, et d'accepter de seulement *être là.* Arriver à écouter l'autre sans rien faire suppose que nous ayons profondément intégré la confiance que tout être dispose en lui de toutes les ressources nécessaires à sa guérison, à son éveil et à son épanouissement. Ce qui le coupe de ces ressources, ce qui couvre celles-ci d'un voile qui les dérobe à sa vue, c'est son incapacité à s'écouter au bon endroit et dans la bonne mesure. Les ressources intérieures sont là, ce qui manque, c'est leur visibilité.

Combien de jeunes désorientés me disent en gros: «Je voudrais juste que mon père (ou ma mère) m'écoute un moment quand je veux lui parler de mes difficultés. Mais dès que j'ouvre la bouche pour parler de ce qui ne va pas, il me bassine avec tous ses conseils, il me déballe ses montagnes de solutions à lui, il me dit tout ce que je devrais faire ou tout ce que lui a fait de son temps. Il m'écoute pas…»

Et c'est typique: sans doute que le père ou la mère, «encombré» par le souci de bien faire, par la peur de ne pas correspondre à l'image perfectionniste et tétanisante du bon père, de la bonne mère, par la peur que son enfant s'enfonce dans des difficultés incommensurables, par la panique à l'idée du décrochage scolaire, de la drogue, de la manipulation, n'est pas disponible pour être à l'écoute des besoins du jeune. Toute l'énergie du parent est mobilisée – le plus souvent tout à fait inconsciemment – par le fait de prendre soin de son propre besoin de sécurité, de son besoin de procurer de l'aide ou de son image de bon père/bonne mère, c'est-à-dire son besoin d'estime de soi, et n'est donc pas prêt à l'écoute silencieuse de l'autre. Être en empathie avec l'autre, surtout s'il s'agit d'un proche avec qui les liens affectifs sont importants, demande de la force et de la sécurité intérieures.

Deuxième étape : Porter notre attention sur les sentiments *et* les besoins de l'autre.

La vie qui est en nous se manifeste par les sentiments et les besoins. Nous devons donc tendre les oreilles du cœur vers ce que l'autre ressent et vers ses besoins, au-delà de ce qu'il dit, de son ton, de son attitude. Pour cela, nous devons prendre le temps de nous mettre en résonance : « Que peut-il bien ressentir – de la tristesse, de la solitude, de la colère, un peu de tout cela ? Moi, quand je sens cela en moi, quels sont les besoins que cela m'indique ? »

Nous nous mettons en écho, en vibration. Vous connaissez cet effet de vibration entre des tambourins : si vous placez plusieurs tambourins les uns à côté des autres, toiles parallèles, et que vous frappez le premier, la vibration se transmet jusqu'au dernier par sympathie. C'est à cette vibration par sympathie que l'empathie nous invite.

Attention, il ne s'agit pas de prendre en charge ce que l'autre vit, cela lui appartient. Mais il s'agit de lui apporter notre présence.

Troisième étape : Refléter les sentiments *et* les besoins de l'autre.

Il ne s'agit pas d'interpréter, mais de paraphraser pour tenter de prendre conscience des sentiments et des besoins. Il est crucial de comprendre que répéter, reformuler les besoins de l'autre ne veut pas dire approuver ni, *a fortiori*, être prêt à les satisfaire. Voici un exemple.

« Mon mari ne m'aide jamais pour les tâches ménagères. C'est un macho égoïste.

– Je vois. Vous êtes en colère et vous avez besoin de respect en tant que femme.»

Là, il ne s'agit pas d'un reflet mais d'une interprétation qui entretient le conflit «homme-macho/femme». Or, il s'agit de vérifier si nous avons bien compris les besoins en cause en évitant tout langage qui entretient la division, la séparation, l'opposition. Nous ferons attention à bien «lester» le sentiment d'un besoin. Si nous ne reflétons que le sentiment, nous risquons de rester dans la plainte et l'agression.

«Est-ce que vous êtes en colère (reflet du sentiment sans le besoin)?

– Ah, oui alors! Parce qu'il est insupportable. L'autre jour encore...»

La personne en souffrance poursuit l'accusation sans cheminer vers elle-même, sans descendre dans son puits. Tandis que si nous «lestons» le sentiment d'un besoin, nous l'invitons à descendre à l'intérieur d'elle-même, à faire le travail d'intériorité qui permet d'élargir et la conscience et le pouvoir d'action.

«Est-ce que vous êtes en colère (S) parce que vous auriez besoin de reconnaissance et de respect pour le travail que vous faites (B)?»

La réponse peut être:

- «Absolument, j'ai besoin de reconnaissance et de respect.»

ou

- «Pas du tout, je me sens reconnue et respectée, je ne suis d'ailleurs pas en colère, je me sens cependant triste et découragée et j'ai besoin d'encouragement et de collaboration.»

Si j'indique cette double réponse, c'est pour préciser que ce n'est pas indispensable de tomber pile sur les bons sentiments et besoins. En reflétant les sentiments et les besoins, on tend une perche à l'autre. Cette attitude, d'une part incite l'autre à se situer intérieurement, à descendre en lui-même pour s'assurer de son état intérieur, et d'autre part manifeste à l'autre l'écoute bienveillante dont il a besoin pour trouver ses propres ressources. Il s'agit donc d'une écoute *active.* Nous sommes présents et manifestons notre présence en accompagnant l'autre dans son exploration de ses sentiments et de ses besoins. L'écoute sera d'autant plus active que l'autre aura tendance à remonter dans sa tête, dans son espace mental et qu'il aura peut-être ainsi besoin d'aide pour revenir à ses sentiments et à ses besoins.

Si l'autre dit : « De toute façon, les hommes sont tous des machos, on ne les changera pas... », nous ne laisserons pas passer une phrase « mentale » comme celle-ci, qui représente à la fois un jugement et une catégorie. Elle est au contraire l'occasion d'aller voir un besoin précieux. Marshall Rosenberg constate en effet que *nos jugements sont l'expression tragique de nos besoins.*

Nos jugements sont l'expression tragique de nos besoins[15].

Nous pouvons par exemple poursuivre par ceci.

« Quand vous dites cela, est-ce que vous êtes découragée (S) parce que vous voudriez que les êtres humains et particulièrement les hommes deviennent plus ouverts et plus attentifs les uns envers les autres (B) ?

– Avec le mien, c'est pas prêt d'arriver !

– Cela vous attriste (S) parce que vous aimeriez pouvoir lui faire confiance, croire qu'il peut changer, qu'il a en lui les ressources pour changer (B) ?

– Oh ! je sais cela. Bien sûr, il a de merveilleuses qualités. Mais il se coupe de ses qualités. Il se blinde.

– Quand vous dites cela, est-ce que vous vous sentez partagée (S) entre une partie de vous qui se sent très touchée (S) des qualités (B) de votre mari et une autre partie de vous qui est vraiment très fatiguée (S) qu'il en fasse si peu usage (B) ?

– Oui, c'est cela. Je suis à la fois terriblement touchée par cet homme-là, si proche de sa sensibilité, si délicat et qui a si peur de le montrer qu'il croit devoir jouer au macho, et tellement triste qu'il ne fasse pas cadeau de sa sensibilité. (Silence). Tiens, tout à l'heure je le jugeais macho et maintenant je constate que c'est un homme délicat et attentif qui est pris par ce jeu.

– Comment vous sentez-vous quand vous constatez cela ?

– Émue, apaisée (S). Parce que je comprends mieux (B) que nous jouons tous des jeux.

– Vous voulez dire que vous vous retrouvez également dans cette idée de jouer un jeu vis-à-vis de lui ?

– Absolument, et comme chacun joue son jeu, on n'est toujours pas en relation véritable. (Silence) J'ai besoin de changer, de mettre bas les masques et de me montrer à lui telle que je suis et non telle que je voudrais qu'il me voit.

– Qu'est-ce que vous pouvez faire concrètement en ce sens ?

– (Silence) Lui demander s'il est d'accord pour m'écouter un moment et oser lui dire ce que je viens de partager avec vous. »

Commentaires

1. L'empathie consiste à rester « collé » au sentiment et au besoin de l'autre. C'est-à-dire que, *d'une part* on n'invente rien, aucun sentiment ou besoin, on tente de se rapprocher le plus possible de ce que l'autre sent en mettant en mots ses sentiments et ses besoins ; *d'autre part* on l'invite à rester dans l'écoute et l'exploration de ses sentiments et besoins plutôt qu'à remonter dans son espace mental, dans son intellect, dans ses considérations culturelles, psychologiques ou philosophiques. C'est l'autre qui guide, qui indique le chemin.

Ainsi, dans l'exemple « Les hommes sont tous des machos… », je n'argumente pas en répondant « Mais non, pas tous, j'en connais qui… » ou « Tu as raison, ils sont incroyables… », ce qui ne ferait que nous faire tourner en rond ou renchérir dans la division ou la confusion. Au contraire, je suis la proposition, je l'accompagne, mais en me « collant » à ce que l'autre ressent et vit derrière ce qu'il dit, comme dans l'exemple « Est-ce que vous vous sentez découragée parce que vous voudriez que les êtres humains et particulièrement les hommes deviennent plus ouverts et plus attentifs les uns aux autres ? » Ce faisant, j'invite l'autre à quitter le monde des images, des catégories toutes faites, des préjugés véhiculés par automatisme par des masses de gens depuis des siècles, *pour se mettre en lien avec ce qui l'habite* et l'anime, elle, *à ce moment précis.* Je lui propose de diriger sa conscience vers ce qu'elle veut vraiment, son vrai besoin, derrière la phrase toute faite, l'habitude de langage, et surtout derrière la plainte.

Je suis souvent conscient de ce que je ne veux pas et je m'en plains à quelqu'un qui n'est pas compétent pour m'aider. Je peux travailler ma conscience de ce que je veux et en adresser la demande à quelqu'un de compétent.

2. Dans la plainte, nous avons en effet souvent tendance à identifier ce que nous ne voulons pas ou plus et à en faire part à quelqu'un qui n'est pas compétent pour nous aider. Nous pouvons ainsi passer cent cinquante ans à nous plaindre sans rien changer. La communication consciente et non violente nous invite à identifier, à prendre conscience de notre besoin derrière le manque et à en faire part à la personne compétente pour nous aider, celle-ci étant souvent nous-même. Ainsi, dans l'exemple « Je prends conscience que nous jouons tous des rôles, et moi aussi. Je veux changer et pour cela je décide de m'en ouvrir à lui », cette personne sort de la plainte et se prend en main.
3. L'empathie est la clé de la qualité de la relation avec nous-même et avec les autres. C'est elle qui guérit, soulage, vivifie. Regardez bien votre tristesse, votre détresse, votre solitude quand elles vous prennent. Ne viennent-elles pas de ne pas avoir été accueillies, écoutées, comprises et aimées comme vous l'auriez souhaité ? Regardez la souffrance occasionnée par un deuil, une séparation, l'échec d'un projet ; si vous êtes seul à supporter la souffrance, c'est infernal, si vous êtes en empathie à deux, à quelques-uns, en famille, c'est tout différent, car vous pouvez partager ce que vous vivez dans la compréhension et dans l'estime. Ce peut même être l'occasion d'une communion nouvelle et d'un bien-être autre, profond et inattendu, si vous saisissez cette circonstance pour gagner un autre palier de conscience.

4. Dans l'exemple, j'indique qu'il n'est pas nécessaire de tomber pile sur les bons sentiments et besoins mais qu'il est utile de faire une proposition à l'autre pour l'aider à se situer à ce niveau de lui-même. J'ai eu récemment l'occasion d'illustrer ce point avec un groupe d'étudiants. Nous travaillions dans une classe mal chauffée en plein hiver et c'était bientôt la fin de la matinée. À un moment donné, je pose à une jeune fille la question habituelle : « Comment vas-tu, comment te sens-tu là ? » Elle me répond : « Ben, ça va bien. » Puis je poursuis : « Est-ce que tu as soif ? » Elle répond : « Oui. » « Est-ce que tu as froid ? » « Oui », « Est-ce que tu as faim ? » Elle répond « Oui » en riant. « Tu vois bien que si je te pose des questions plus précises, tu peux constater que tu ne vas pas si bien que cela. Je ne t'ai pas forcée à avoir faim, froid, ou soif, je t'ai cependant invitée à te demander si tu éprouvais ces besoins-là. Tu aurais très bien pu répondre non à mes trois questions ou ajouter "mais je me sens fatiguée", si cela avait été le cas. Je t'ai tendu une perche pour t'inviter à t'écouter plutôt qu'à répondre de façon automatique. C'est ce que propose l'empathie : s'écouter au bon endroit. »

Quatrième étape : Constater un relâchement de la tension, une détente physique chez l'autre, souvent manifestée par un soupir.

Souvent, notre langage non verbal indique ainsi que nous nous sentons compris, rejoint. Attendre ce signe sera précieux pour vérifier si l'autre se sent compris ou s'il est prêt à nous entendre.

Dans l'échange avec Karim, ce moment apparaît clairement. Karim n'était en rien disponible pour m'entendre tant qu'il n'avait pas été entendu, lui.

Kathy ou l'allergie à l'empathie

J'observe donc que la majorité des personnes ont une immense soif d'empathie et ressentent un profond bien-être à être écoutées dans la compréhension de leurs sentiments et besoins, pas dans la logorrhée et le bavardage. En même temps, je vois des êtres qui ont à ce point manqué de compréhension, d'écoute bienveillante (libre de jugement) et d'accueil non dirigiste de leur personne, qu'ils sont comme allergiques à l'empathie. C'est comme si le fait d'être rejoint et compris par l'autre les dépossédait de ce qu'ils se sont construit de plus précieux: leur identité rebelle et incomprise, leur solitude farouche et ténébreuse, leur mal être inconsolable.

De nouveau, la peur de l'inconnu, mais ici sous forme de panique existentielle «Je me suis toujours battu, toujours protégé, toujours blindé. Vais-je survivre si je m'ouvre, si je parle, si je baisse les armes?» Les êtres à ce point blessés ont besoin de beaucoup d'empathie silencieuse, car souvent ils refusent catégoriquement les mots: cela va des «Ta gueule, Casse-toi, Pas tes oignons» des gosses de la rue aux «Je supporte pas ce langage psy et ces concepts flous, moi j'ai les idées très claires et une bonne logique, c'est comme ça et pas autrement» des personnes qui se définissent elles-mêmes comme bien pensantes. À force de penser et de bien penser, elles n'osent plus rien ressentir, elles n'osent plus exister.

La vigueur du rejet traduit souvent la vigueur du besoin comme l'évoque l'exemple de Kathy, que voici.

Il y a quelques années, nous faisions une descente de rivière de plusieurs jours avec une vingtaine de jeunes de la rue ou habitant en maison d'accueil, dans une région désertique et très ensoleillée. Kathy avait été abandonnée par sa mère dès sa naissance et recueillie dans une maison d'accueil. Pour une gamine de quatorze ans, elle avait un vocabulaire qui aurait épaté un vieux gardien de prison! Il était impossible de lui adresser la parole sans recevoir une bordée de jurons, images scabreuses et autres expressions de sa vitalité...

Dès les premiers jours, durant la descente sous un soleil de plomb, je lui avais suggéré de passer une chemise à manches sur son t-shirt pour éviter les coups de soleil. Elle, pour une fois qu'elle voyait le soleil, ne voulait pas en perdre une miette. On la comprend!

Le soir, au bivouac, elle avait les bras raides de coups de soleil.

«Kathy, j'ai de la crème après-soleil si tu veux, je crains que tes coups de soleil te fassent mal.

– Rien à foutre, va baiser ta mère...

– O.K., Kathy, pas de problème, je la laisse là, si tu en veux, prends-en. Je te recommande quand même de mettre une chemise demain, sinon tu vas te brûler. Le soleil est beaucoup plus fort ici que chez nous.

– Je t'ai dit, ta gueule, fous-moi la paix…

Le lendemain, elle passe à nouveau la journée à prendre le maximum de soleil sans accepter de se couvrir. Le soir, elle est toute rouge et raide de brûlures.

– Kathy, cette fois je crois vraiment que ça doit pincer pas mal. Ma crème est sur la pierre derrière mon sac, si tu veux que je t'aide pour ta nuque et ton dos…

– Fous le camp. Bas les pattes, voyeur…

– O.K., Kathy.

Elle part monter sa tente. Je l'observe et vois qu'elle n'y parvient pas. Elle voit que je l'observe et m'appelle.

– Hé ! espèce d'enfoiré ! Tu peux pas m'aider à monter ma tente au lieu de rester là à rien foutre ?

– Avec plaisir Kathy.

Et avec un clin d'œil, j'ajoute :

– Tu peux aussi m'appeler Thomas, plutôt qu'espèce d'enfoiré, non ?

Elle rigole, je lui monte sa tente. On papote un peu. La douceur de la petite fille apparaît sous le masque de la rebelle. Je retourne à mes affaires et me barbouille moi-même d'après-soleil. J'entends alors Kathy qui m'appelle, par mon prénom en me montrant ses avant-bras rouge fluorescent de coups de soleil : « Hé ! Thomas, tu m'en mets aussi ? »

Pour ce soir-là, les avant-bras suffirent. Pour le soir suivant, elle accepta aussi pour la nuque et le haut des épaules, puis ce devint un petit rituel entre nous. Chaque soir de notre périple, elle venait me demander ce petit massage rafraîchissant qui était ainsi l'occasion de recevoir de la tendresse, mine de rien, et de se confier. Nous nous étions apprivoisés.

Vous vous souvenez du renard du *Petit Prince* : « Je voudrais que tu m'apprivoises », dit le renard. « Mais c'est quoi, apprivoiser », demande le Petit Prince. « Tu vois, moi je suis pour toi un renard comme mille autres, et toi, tu es pour moi un petit bonhomme comme mille autres, mais quand nous nous serons apprivoisés, nous serons devenus uniques l'un pour l'autre. »

Devenir unique l'un pour l'autre, être unique dans le regard de l'autre, c'est sans doute ce que Kathy attendait depuis quatorze ans : être fondée, identifiée, accueillie comme unique. Avoir manqué à ce point de cela était une telle souffrance qu'elle ne pouvait accepter mes premières démarches qu'elle prenait pour intrusives.

Au retour, au moment de prendre ses bagages pour les charger dans le bus qui la ramenait à sa maison d'accueil, elle laisse tomber ses deux sacs, me regarde avec un clin d'œil et me dit : « J'veux pas rentrer à N..., tu m'adoptes ? »

L'allergie à l'empathie apparaît beaucoup dans les rapports conjugaux et familiaux. Des êtres peuvent avoir accumulé une telle souffrance dans la relation avec un autre être qu'ils ne supportent plus un mot, même d'amour, de cette autre personne. Cette situation est extrêmement pénible pour les deux personnes. Celle qui maintient la relation fermée souffre de s'enfermer elle-même, sans le savoir, dans sa détresse. Elle s'est prise dans un piège dont elle ne veut pas croire qu'elle détient la clé. Ses sentiments d'impuissance, de révolte et de solitude sont immenses.

Celle qui maintient les portes ouvertes et tente de tendre des perches souffre terriblement du fait que sa bonne intention et ses efforts ne soient pas reconnus et accueillis. Souvent, par dépit, elle entre à son tour dans la révolte et puis dans l'agression, ce qui vient confirmer à la première qu'elle avait raison de maintenir les ponts coupés, et nous voilà partis pour le cercle vicieux ou la spirale de la violence. Et cela peut durer des siècles... Voyez les haines tribales ou familiales qui traversent des générations !

Que faire ?

1. Pour la personne qui veut garder la porte ouverte : éviter l'agression qui entraîne l'agression. Toutefois, devant une situation qui perdure, une sainte colère exprimée en communication non violente pourra souvent permettre d'exprimer clairement sa frustration sans agresser l'autre. Nous verrons plus loin comment exprimer notre colère avec force sans agresser l'autre.

Cependant, il est fréquent que la personne qui adopte cette attitude de fermer les portes prenne systématiquement tout contre elle, de sorte que même une colère exprimant des besoins sans agression puisse être prise comme une agression.

Il reste alors l'empathie silencieuse : l'empathie du cœur. Celle-ci demande un travail intérieur d'empathie envers soi-même pour ne pas être emporté à son tour dans l'agression.

C'est, à mon sens, la seule façon de ne pas partir dans le cercle vicieux ou la spirale de la violence : se maintenir dans la bienveillance, accueillir intérieurement et la souffrance de l'autre et la souffrance que son attitude provoque en nous. Travailler à retrouver la paix intérieure à travers les circonstances. Chacun de nous est responsable de la guerre ou de la paix qu'il maintient dans son cœur.

Ce travail peut nécessiter de l'aide si l'on ne se sent pas la force de résister seul à la spirale de la violence. Personnellement, j'ai pu, à l'occasion, sentir le besoin d'un soutien extérieur et faire appel à l'écoute et à l'empathie de collègues lorsque je me suis senti prêt à basculer dans l'agression, alors que je voulais me maintenir dans la bienveillance.

Bien sûr, j'aurais pu obtenir certains résultats par une explosion agressive : jeter un réveil par terre peut lui permettre de se débloquer, mais cela peut aussi le mettre en pièces ou encore me crever un œil par un mauvais retour du ressort ! Je n'ai plus le goût de tenter de résoudre les conflits de cette façon, je crains trop le retour de manivelle. Et désormais, ce n'est pas tant le résultat qui me tient à cœur que le climat dans lequel nous pouvons nous rencontrer. Maintenir l'empathie, même unilatéralement, est un climat qui me plaît davantage que nourrir du ressentiment.

« Très joli, direz-vous mais, et alors ? » Eh bien voici ce qui peut souvent arriver dans ce genre de situation. On sait bien qu'on ne peut pas changer l'autre, on ne peut que se changer soi et changer sa façon de voir l'autre. Ce qui se passe, c'est que si nous nous changeons, l'autre change aussi, ou, en tout cas, il y a plus de chances qu'il change si nous acceptons de changer ; alors que si nous raidissons notre attitude, il a toutes les chances de raidir la sienne. Tout comme il faut être deux pour se renvoyer la balle de l'agressivité (Je t'agresse, tu me rétorques, je renchéris, à moins que je décide de poser ma raquette et que je dise que je ne joue plus), je crois bien qu'il faut être deux pour bouder durablement.

J'ai vu ainsi des relations se rétablir parce que l'un maintenait constamment ouvertes les portes que l'autre s'obstinait à fermer. Au fond, que veut celui qui ferme les portes et s'enferme dans sa bouderie ? Il veut souvent que l'autre comprenne à quel point il souffre, que l'autre prenne la mesure de sa détresse, et comme il n'a plus les mots ni l'élan pour le dire, il « la ferme » et s'enferme. Que peut celui qui veut ouvrir les portes en dépit de l'attitude de l'autre ? Manifester expressément ou en silence sa compassion pour sa souffrance, lui indiquer par son attitude qu'il l'accueille sans jugement ni reproche.

L'empathie est une eau qui peut trouver son chemin à travers les roches les plus dures parce qu'elle est appelée là par la partie du cœur qui a le plus besoin de se désaltérer. Mais souvent, l'empathie demande beaucoup, beaucoup, beaucoup de patience et nous pouvons vouloir faire le choix d'utiliser notre temps et notre énergie d'une manière plus satisfaisante.

2. Pour la personne qui veut garder la porte fermée : à moins que cette situation ne lui paraisse finalement suffisamment inconfortable pour qu'elle ait envie d'en sortir, je ne saurais trop recommander de se risquer à entrer dans sa peine pour qu'elle puisse en sortir, à quitter le confort de la plainte (« c'est la faute de papa, de maman, du mari, de la femme, de la maîtresse, des enfants »), à cesser de marchander avec soi-même et avec la réalité (« ça ira mieux plus tard, je vais refaire ma vie, déménager ou partir à l'étranger, tout va changer avec mon nouveau conjoint »), à entrer dans la plaie pour la soigner.

Souvent, ce travail nécessitera également de l'aide si l'on veut éviter de tourner en rond pendant cent cinquante ans. Malheureusement, rares sont les personnes qui, dans cette situation, acceptent l'idée d'une aide. Elles ressassent plutôt leur «orgueilleuse inconsolabilité» comme Nerval[16] dans son poème:

Je suis le veuf, le ténébreux, l'inconsolé,
Le Prince d'Aquitaine à la Tour abolie.
Ma seule étoile est morte et mon Luth Constellé
Porte le soleil noir de ma mélancolie.

Demander de l'aide, c'est offrir sa pauvreté, sa fragilité. Et c'est déjà aller loin dans notre blessure et donc dans la connaissance de nous-même que de prendre conscience que notre fragilité est l'occasion de notre vraie force, celle du cœur, que notre pauvreté est l'occasion de notre vraie richesse, celle de l'âme.

Ce que j'appelle l'«orgueilleuse inconsolabilité», c'est l'arrêt à un palier de conscience: je reste là, drapé dans ma souffrance, convaincu qu'on ne me comprendra jamais, et j'attends malgré tout, plus ou moins consciemment, «qu'on» s'occupe de moi. Et sans doute est-ce juste pour la personne d'en rester là, sans doute est-ce le mieux qu'elle puisse faire à ce moment-là, dans ces circonstances, sans doute n'y a-t-il en elle plus d'énergie pour demander de l'aide ou simplement regarder les choses autrement. Je n'ai pas de jugement à ce propos, je ressens seulement une grande tristesse à l'idée que l'être humain puisse se laisser empêtrer à ce point dans sa souffrance, qu'il s'empêche de tirer parti d'une situation pour grandir. Je crains également que la personne qui s'est raidie dans sa position et bloquée dans son état ne se remette en mouvement et en vie que sous l'effet du choc que provoquera un accident, une rupture, une maladie ou un deuil.

Nos besoins ont plus besoin d'être reconnus que satisfaits

Une femme, directrice d'une crèche, participe pendant un week-end à un atelier de formation et se retrouve le lundi matin à son travail. Au moment où elle arrive, elle observe le comportement d'une jeune assistante qui tente de calmer une petite fille qui venait d'être déposée là pour la première fois par sa mère. La petite fille est en larmes et la jeune assistante essaye par tous les moyens classiques de «résoudre» le problème.

Première attitude.
«Mais non, ma petite fille, tu n'es pas triste. C'est très amusant d'être ici, tu vas voir.» Déni du sentiment de l'autre: son sentiment est vécu comme dérangeant parce que nous nous sentons impuissants à «faire quelque chose», aussi nous le nions.

Deuxième attitude.
«Mais tu ne devrais pas être triste, il y a beaucoup de petites filles qui n'ont pas la chance que tu as d'être dans une si belle crèche avec d'aussi beaux jouets...» Culpabilisation! Nous lui reprochons de vivre ce qu'elle vit, d'être ce qu'elle est à ce moment-là. Nous lui faisons entendre que son sentiment est une erreur et qu'elle a tort d'être triste. Nous l'invitons donc à douter de ce qu'elle ressent ou à l'étouffer pour s'intégrer!

Troisième attitude.
«J'en ai assez de tes cris, t'es vraiment difficile. Je te laisse et je reviendrai quand tu seras plus gentille.» Jugement et colère manipulatrice.

Voyant cela, la directrice propose à la jeune assistante de s'occuper elle-même de la petite fille qui continue à pleurer de plus belle, assise par terre. Elle s'approche, s'agenouille à côté de l'enfant et lui dit:

«Ma petite fille, tu es vraiment très triste, là, maintenant (S)?

– Oui, répond la petite fille en sanglotant.

– T'es triste et très fâchée aussi, non (S)?

– Oui, dit la petite fille en reniflant.

– T'aurais bien voulu rester avec ta maman ce matin (B)!

– Oui», dit la petite fille en soupirant.

Et la directrice soupire aussi en la regardant avec compassion, puis elle lui propose:

«Veux-tu venir jouer avec moi maintenant?

– D'accord, dit l'enfant.»

Qu'est-ce qui s'est passé? La petite fille qui se sentait si seule et abandonnée, s'est sentie rejointe et comprise: «Ah, il y a enfin un adulte qui me comprend ici et qui ne me raconte pas des balivernes! J'existe enfin ici, donc je veux bien aller jouer.»

La directrice savait qu'écouter le besoin de l'autre le soulage de sa frustration et ne rend pas pour autant responsable de le satisfaire. C'est cette conscience qui lui permet de proposer le besoin «Tu aurais bien voulu rester avec ta maman ce matin», sans craindre d'aggraver les choses en retournant le fer dans la plaie, ni de devoir y répondre en rappelant la mère.

Cet exemple nous renseigne à nouveau sur le fait qu'il n'y a souvent rien à faire, juste à être, être là et que cela ne prend pas forcément beaucoup de temps.

À propos du pouvoir conditionnant des jugements

La petite fille qui s'entend quelquefois dire qu'elle est «difficile» aura bien des raisons de se coller à cette identité et de caracoler sous cette bannière: «Je suis la petite fille difficile de la crèche et vous allez voir comme je vais vous donner raison de m'avoir mis cette étiquette! Je ne peux pas exister dans ma colère, je vais exister dans la vôtre, mon désarroi n'est pas permis, je vais m'employer à créer le vôtre...»

J'ai observé de multiples fois le pouvoir conditionnant ou même créateur des jugements et des étiquettes. Combien de jeunes en difficulté jugés «dangereux récidivistes, toxicomanes incurables, spécialistes de l'agression, experts en vol à la tire...» se sont trouvé là une identité opportune pour combler leur déficience identitaire et ont ainsi renforcé leur comportement devenu pour eux, à ce moment-là, l'unique façon d'être quelqu'un plutôt que rien.

Je me souviens d'Anto, un garçon de dix-huit ans qui avait déjà séjourné plusieurs fois en prison et qui venait régulièrement participer à nos activités entre ses coups. Anto avait été battu par son père et n'avait tellement pas appris à s'aimer qu'il se lacérait parfois le corps au canif pour se punir quand il n'était pas content de lui. Un jour, j'apprends sans avoir eu le temps de le revoir, qu'il n'est pas sorti de prison depuis quarante-huit heures qu'il y est déjà de retour pour une période de trois mois. Après ce séjour-là, je lui demande ce qui s'est passé: «Ben tu sais, le juge m'a dit: "Vous finirez votre vie en taule" et c'est vrai que j'suis devenu un taulard. Quand je suis en taule, tout le monde me connaît, j'ai des copains et c'est moi le boss. Quand je me retrouve dans la rue, tu sais, personne me connaît. Je suis personne, j'suis rien, la honte ! la galère ! Alors j'ai agressé une vieille devant un flic et c'était gagné ! Le jour même j'ai retrouvé mes copains en taule. »

Je tire deux observations de cet exemple.

1. Le pouvoir conditionnant de l'étiquette « Je suis un taulard, je finirai ma vie en taule... » Faute de mieux, Anto s'employait à correspondre à cette définition.
2. La non pertinence des principes pour appréhender une telle réalité. J'étais encore avocat à l'époque. Grâce à Anto et à bien d'autres, j'étais en train de comprendre que les principes de droit (c'est légal, c'est pas légal), les principes moraux (c'est bien, c'est mal), les principes sociaux (ça se fait, c'est normal, ça se fait pas, c'est pas normal), les principes psychologiques (personnalité destructrice, en rupture avec la loi) ne sont pas pertinents pour appréhender la réalité telle qu'elle est : Anto traînait dix-huit ans de manque d'amour, de manque d'identité et d'insécurité affective, et lui dire « C'est mal, c'est pas légal, tu as un problème psychologique... », c'était lui parler martien et creuser encore la distance affective. Je sais maintenant, par expérience, que la seule façon de permettre à un cœur déchiré comme celui d'Anto de tenter de se réconcilier avec lui-même et avec la société, c'est de l'écouter avec empathie, au bon endroit et avec tout le temps nécessaire. Sans doute en prenant les mesures permettant la sécurité des personnes, mais pas en l'enfermant derrière les barreaux en espérant une conversion miraculeuse... Je suis donc bien déçu de constater que, à part quelques exceptions, les sociétés et les États ne savent pas encore cela ou ne croient pas encore à cela et continuent d'affecter des ressources considérables d'argent et de personnel à l'enfermement et l'isolement de personnes qui ont souvent beaucoup plus besoin d'intégration, d'écoute, de rencontre et de la possibilité de trouver un sens à leur vie. Je ne suis pas en train de dire que les principes de droit, de morale et de vie sociale n'ont pas leur raison d'être. Ils sont souvent nécessaires. Ils sont cependant très rarement suffisants pour résoudre durablement et

de façon vraiment satisfaisante les problèmes humains tels que la délinquance, dont la vraie cause est principalement d'ordre affectif.

3. Nous n'avons pas le temps de nous entendre, mais nous prenons le temps de nous mésentendre

Au cours d'une formation, une mère m'apostrophe sur un ton excédé :

« Oui, mais on n'a pas le temps de s'écouter comme ça. Vous n'imaginez pas, par exemple, quelle course c'est le matin pour que tout le monde soit à l'heure à l'école et moi à mon travail ! Tenez, chaque matin depuis des semaines, vers 7 h 45, au moment où mes deux aînés sont déjà dans la voiture, le cartable sur les genoux, pour être à l'école à 8 h 15 et que moi je dois encore déposer ma petite dernière pour être à mon travail à 8 h 30, vous savez ce qu'elle fait la petite ? Elle se coiffe longuement les cheveux devant la glace de la salle de bain ! Vous pensez que j'ai le temps de lui dire comment je me sens et quels sont mes besoins ? J'explose évidemment en la traitant d'égoïste et de tête en l'air, et je l'amène vigoureusement dans la voiture.

– Et comment vous sentez-vous alors ?

– Furieuse. On perd chaque fois du temps, les garçons arrivent presque toujours en retard et moi aussi, et en plus, tout le monde râle pendant tout le trajet.

– Et vous dites que cela dure depuis des semaines ?

– Oui, chaque matin. Vous voyez bien quand même qu'on n'a pas le temps de discuter comme vous le suggérez ! »

Je lui propose qu'elle-même joue sa fille tandis que je prendrai son rôle. L'expérience montre en effet que se mettre dans la peau de l'autre permet souvent des déclics de conscience éclairants. Elle se mit avec plaisir à jouer sa fille qui se coiffe avec insouciance devant la glace de la salle de bain.

« Ma petite fille, quand je te vois te coiffer maintenant (O), je me sens vraiment très inquiète (S) parce que je voudrais que les garçons soient à l'heure à l'école et être moi-même à temps au bureau (B). Est-ce que tu veux bien venir avec nous (D) ? »

(Silence. La mère, jouant la petite fille, continue à se coiffer, imperturbable.)

Moi, jouant la mère, constatant que lui parler de moi ne sert à rien à ce moment-là, je choisis de lui parler d'elle et de tenter de la rejoindre. J'évoque donc le sentiment et le besoin que j'imagine plausibles pour elle, parce qu'ils sont ceux qui montent en moi si je me mets dans la peau de la petite fille qui choisit de se coiffer calmement à cette heure de la journée où tout le monde dans la maison s'agite :

« Ma petite fille, est-ce que tu es triste (S) de quelque chose, est-ce qu'il y a quelque chose que tu voudrais que je comprenne (B) et que je ne comprends toujours pas ?

– T'es méchante !

– Tu es triste (S) parce que tu n'es pas rassurée que je t'aime autant que tu le voudrais (B) ?

– Tu viens plus me réveiller le matin ! »

À l'instant de cette repartie, la mère sort du jeu de rôles et me dit : « Stop ! j'ai compris ! Ça fait quelques semaines que je ne monte effectivement plus lui faire un câlin tout particulier dans sa chambre pour la réveiller le matin, ce que je faisais toujours avant de réveiller les garçons d'un « Bonjour les garçons, il est l'heure. » Le réveil était différent pour les garçons et pour elle. Maintenant, je passe dans le corridor des chambres en criant un seul « Bonjour les enfants, il est l'heure » et je ne vais plus lui faire son câlin. Au fond, elle est peut-être triste d'être mise ainsi au pas des aînés et de perdre son statut particulier de petite dernière. »

L'atelier se passait en deux jours à une semaine d'intervalle. Elle avait donc l'occasion de pratiquer à domicile. Elle revient la semaine suivante et me dit « C'était bien ça ! Comme le matin suivant elle prenait de nouveau tout son temps pour se coiffer à 7 h 45, j'ai décidé qu'on serait peut-être tous en retard aujourd'hui mais qu'il fallait vider cette question. Je me suis assise près d'elle calmement dans la salle de bain et lui ai dit :

« Dis-moi, est-ce que tu es triste parce que je ne viens plus te faire un gros câlin tous les matins ?

– Oui, tu ne m'aimes plus. T'aimes mieux les garçons.

– T'es déçue parce que tu voudrais être sûre que tu restes ma petite fille chérie et que je ne te force pas à faire la même chose que les garçons sous prétexte que tu grandis.

– Oui.

– Qu'est-ce que je peux faire pour t'assurer que je t'aime tout particulièrement et que tu peux grandir à ton rythme ?

– Que tu me fasses encore des câlins le matin ! »

Ainsi, la mère a repris le petit rituel du câlin matinal. Bien sûr, ce jour-là, tout le monde est arrivé en retard. Mais la petite n'a plus eu besoin de retarder tout le monde les jours suivants pour rappeler qu'elle existe.

Curieusement, nous avons souvent tout le temps de nous disputer tous les jours pendant des semaines, mais pas le temps de nous rencontrer pendant quelques minutes ! À quoi portons-nous notre attention prioritaire, à l'intendance (être à l'heure) ou à la qualité de la relation (être à l'heure de bon cœur) ?

En constatant combien nos malentendus peuvent souvent être rapidement clarifiés par l'écoute mutuelle, je suis de plus en plus surpris d'observer la tragique et vieille habitude qui consiste à considérer que « se disputer, c'est normal » et qu'y consacrer du temps « ça fait partie de la vie », alors que s'asseoir, s'écouter, prendre du temps ensemble est souvent considéré comme une perte de temps ou tout simplement pas considéré du tout ! Sommes-nous à ce point allergiques au bien-être, au plaisir d'être ensemble, à la paix ? Ou avons-nous peine à croire que le bien-être, le plaisir d'être ensemble et la paix puissent se construire ?

Pour moi, il est urgent de revoir nos vieux schémas : chacun de nous dispose du pouvoir de faire la paix ou la guerre. Devant toute situation, nous choisissons notre attitude : contraindre la petite fille et répéter le scénario tous les matins ou comprendre la petite fille et nous rencontrer plus profondément tous les jours. Ce pouvoir est dans nos mains.

CHAPITRE 4

La rencontre

Nous sommes tous unis. Le sort de l'humanité entière dépend des relations de chacun avec les autres. Jamais nous n'avons à ce point dépendu les uns des autres. Mais nous ne le comprenons pas. L'homme échoue à devenir un être doué de compassion, il est incapable d'entraide. Si nous persistons dans cette attitude qui exige que nous considérions notre voisin comme notre premier ennemi, si nous continuons à éveiller la vengeance et la haine, à polluer notre monde et nos pensées, cela veut dire que nous n'avons rien appris des grands maîtres, ni de Jésus, ni du Bouddha, ni de Moïse. Et si nous ne corrigeons pas ces réflexes pavloviens, nous serons impuissants à affronter cette époque où l'humanité s'acharne encore et toujours à exploiter, à vaincre, à exercer la tyrannie. À amasser le plus possible, sans se soucier de ce qui suivra. Et à vivre aux dépens de ceux qui n'ont ni recours, ni ressources… Il faut partager avec ceux qui ne nous ressemblent pas, car leur différence nous enrichit. Il faut respecter ce qui est unique chez les autres.

YEHUDI MENUHIN

1. Tête à tête

Lorsque nous fonctionnons seulement sur le plan mental, sans être conscients de nos besoins, nous avons tendance à vivre les relations sur les modes suivants.

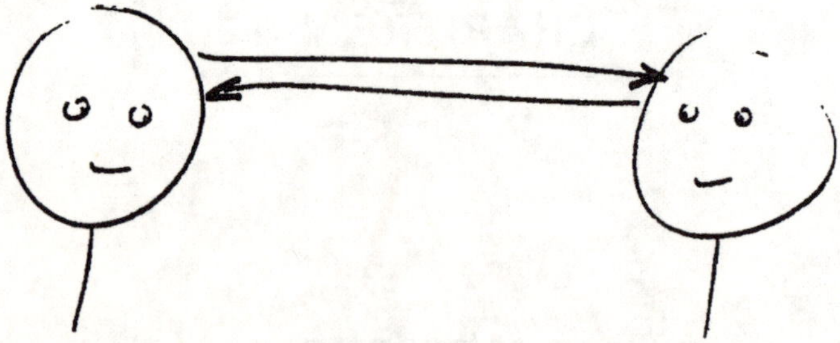

Nous échangeons des informations ou des formules toutes faites : « Passe-moi le sel, viens me chercher à la gare, qu'est-ce qu'on fait ce week-end?, n'oublie pas les poubelles… » En cas de conflit, nous argumentons « Qui a tort, qui a raison ? » et cela règle souvent les choses. Pas d'une façon extrêmement nourrissante, mais nous nous en sortons.

Malheureusement, il nous arrive souvent de communiquer comme ceci :

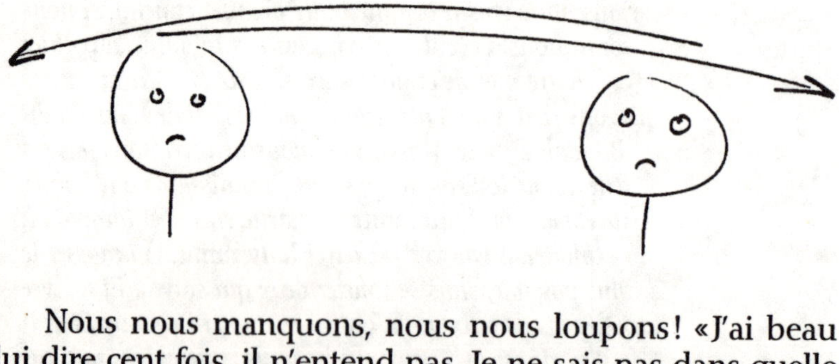

Nous nous manquons, nous nous loupons ! « J'ai beau lui dire cent fois, il n'entend pas. Je ne sais pas dans quelle langue il faut lui parler. » Nous avons l'impression d'être clair, d'émettre un message, mais le message n'est pas reçu. C'est comme si l'autre n'avait pas la bonne antenne ou captait d'autres ondes. À l'inverse, nous avons aussi souvent le sentiment qu'un message est émis par l'autre (absence, silence, bouderies, colères, reproches) mais que nous ne disposons pas vraiment des bonnes antennes pour le décoder.

Enfin, il arrive que nous communiquions comme ceci :

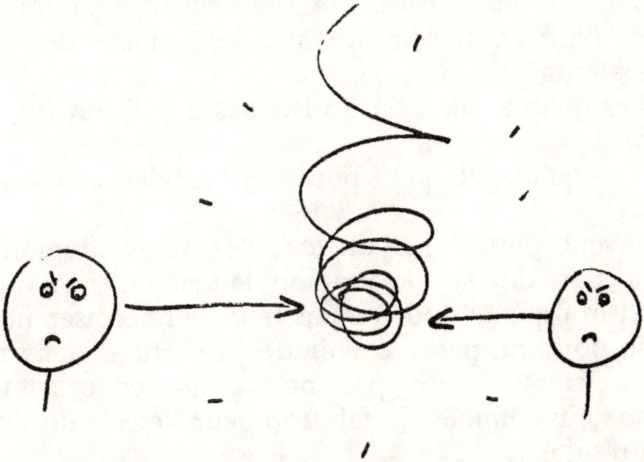

Nous nous rencontrons, oui, mais de plein fouet ! C'est le passage à l'acte ou le passage aux mots en lames de rasoir…

2. Face à façade

En observant ces dessins que je proposais en formation, je me suis dis que nous restions bien à la surface des choses, face à face, façade à façade. Je me suis alors souvenu d'une image qu'Anne Bourrit, formatrice en communication non violente de la première heure que j'avais eu le privilège d'assister régulièrement pendant ma propre formation, utilisait pour faire comprendre comment rejoindre nos besoins. C'est l'image de l'homme qui est comme un puits : il doit descendre à l'intérieur de lui-même pour trouver sa vitalité. En combinant l'image des façades et celle du puits, il m'est venu le dessin suivant. J'y représente trois façades posées sur la surface de la terre : l'une toute modeste, celle d'une tente ; l'autre un peu plus construite, une petite maison ; et la troisième très construite, une tour, soit du solide qui en impose.

Rappelez-vous le premier chapitre : en jugeant, nous ne voyons qu'un petit aspect de l'autre, nous prenons le peu que nous voyons de l'autre pour toute sa réalité et nous l'y enfermons. Si nous reprenons l'exemple du garçon avec sa crête de cheveux orange et ses *piercings* et celui de la dame dans sa grosse voiture, nous pouvons par exemple symboliser le garçon par la tente d'Indien, la dame, par la tour, et caricaturer leur échange en tirant sur l'un et l'autre à boulets rouges par des critiques, des *a priori* et des préjugés :

«T'es qu'une sale bourgeoise, passe moi ton fric et ta bagnole…

– T'es qu'un sale petit punk, va t'habiller convenablement… »

Souvent, pour éviter un tel excès, nous adoptons un profil neutre, une façade anodine : la petite maison du milieu. Ni trop petite pour ne pas nous faire écraser, ni trop grande pour ne pas recevoir de projectiles, mais nous n'allons certainement pas nous montrer exactement comme nous sommes. Ça fait trop peur. Voici le dessin qui en est résulté :

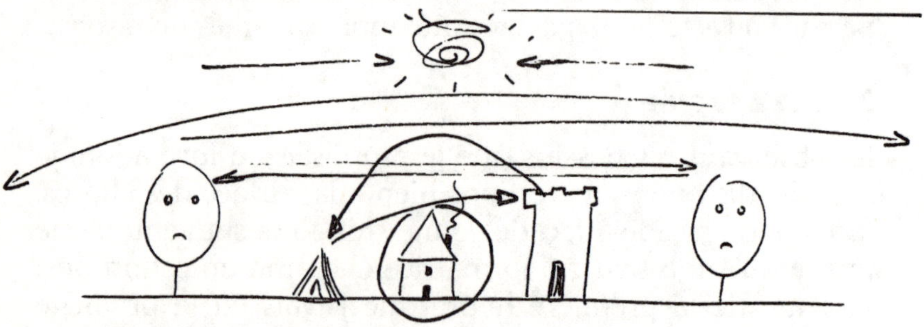

Ça, c'est la relation quand nous restons dans notre espace mental, coupé de nos sentiments et de nos besoins et de ceux des autres.

3. D'un puits l'autre

Je vous propose de compléter ce dessin comme suit, conscient que toute habitation sur cette planète doit être proche de l'eau. Je creuse donc un puits sous la façade de chacune d'elles et je constate ceci : quelles que soient les façades, aussi diverses ou antagonistes qu'elles puissent paraître, ces habitations sont, par les puits, connectées à la même nappe phréatique.

Ainsi les êtres sont comme des puits : s'ils descendent à l'intérieur d'eux-mêmes, ils se connectent entre eux par la

même nappe phréatique. C'est la même eau qui maintient tous les êtres humains en vie, ce sont les mêmes besoins qui les animent. En effet, que nous soyons nomades dans la plaine, ou P.D.G. d'une multinationale, balayeur dans un faubourg perdu ou star connue, médiatisée par le showbusiness, nous avons à la base les mêmes besoins d'identité, de sécurité affective et matérielle, d'intégration dans un groupe, une tribu, une famille. Nous avons tous besoin de partage et de connexion, de liberté et d'autonomie, de reconnaissance et d'accomplissement, d'aimer et d'être aimé, etc.

Tant que nous restons à la surface, face à face, de façade à façade, nous avons de grandes chances d'entretenir un langage qui nous sépare et nous divise. Si nous voulons bien descendre dans notre puits et accompagner l'autre dans le sien, nous avons de grandes chances de trouver un langage qui nous rassemble.

Vous observerez, par le parcours de la flèche dans le puits, sur le dessin de la page 162, que pour aller adéquatement vers l'autre, nous sommes amenés à passer par nous-même ; pour rencontrer l'autre dans son puits, nous devons d'abord descendre dans le nôtre. Cela illustre vraiment pour moi le fait que sur le chemin vers l'autre, je ne peux pas faire l'économie du chemin vers moi.

4. Danser tout doucement l'un vers l'autre

La rencontre est un mouvement, souvent lent et tout intérieur, de moi à moi et de moi à l'autre. Ce mouvement prend place dans l'espace de liberté que nous nous donnons, qui est une condition fondamentale de la rencontre : je sais maintenant, par mon expérience intime, que sans cet espace de liberté, il n'y a pas de respiration, pas de mouvement, pas de « friction créatrice »[17].

Voici une tentative de croquis représentant le mouvement de la rencontre qui, en communication non violente, est comme une danse : nous dansons avec nous-même et avec l'autre pour trouver la rencontre. Remémorez-vous, par exemple, l'échange de Thierry et Andrée (voir le chapitre premier) au sujet de la soirée « resto » ou « vidéo ».

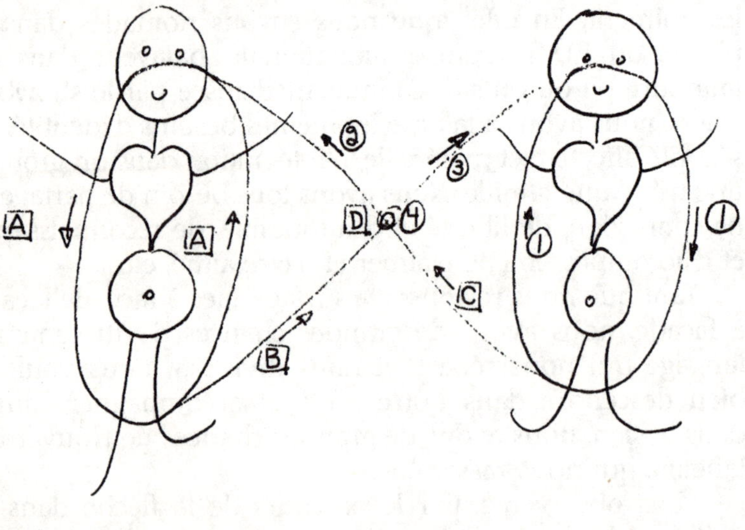

Thierry

A. Je me connecte avec moi-même, je fais le point sur mes besoins.

B. Je me connecte avec Andrée, je fais avec elle le point sur ses besoins

Andrée

1. Je me connecte avec moi-même, je fais le point sur mes besoins.

2. Je me connecte avec Thierry, je fais avec lui le point sur ses besoins

sans cesser d'être en lien avec moi, jusqu'au moment où nous sommes soit d'accord, soit d'accord sur le fait que nous ne sommes pas d'accord.	sans cesser d'être en lien avec moi, jusqu'au moment où nous sommes soit d'accord, soit d'accord sur le fait que nous ne sommes pas d'accord.

C'est une danse à quatre temps, une danse à mille temps. Si dompter se fait par la contrainte et le contrôle, apprivoiser se fait par la confiance et la liberté. On apprivoise en dansant l'approche.

5. Entretenir la relation

Chacun de nous prend régulièrement soin de son corps, de ses cheveux, de sa barbe, de ses vêtements, de son lieu de vie ainsi que des multiples machines et appareils que nous utilisons : de la cafetière à l'ordinateur en passant par la tondeuse à gazon et la voiture. Nous assurons la maintenance de tout cela pour notre bien-être et toute cette intendance est parfaitement acquise et intégrée dans nos habitudes. À tel point que nous pouvons sans difficulté remettre un rendez-vous en invoquant le fait que la voiture est à l'entretien ou l'ordinateur en panne. Nous pouvons également sans aucune gêne agencer tout notre programme autour d'un rendez-vous médical (« Remettons la réunion à la semaine prochaine parce que cette semaine j'ai des examens médicaux »), voire même d'une séance chez le coiffeur (« Ma chérie, nous ne pouvons pas nous voir cet après-midi, j'avais oublié mon rendez-vous chez mon coiffeur »). Il est moins fréquent d'oser dire : « Je serai absent la semaine prochaine, je dois faire le check-up annuel de ma relation à moi-même » ou « Nous devons remettre la réunion de demain parce que je fais l'entretien d'une relation qui m'est chère » ou encore « Ma chérie, nous ne pourrons pas nous voir cet après-midi, je souhaite d'abord me refaire une beauté intérieure. »

Curieusement, la relation, tant à nous-même qu'aux autres, est censée marcher toute seule, sans carburant, sans réglage, sans entretien ! Pas étonnant qu'elle s'use, s'épuise ou casse si souvent ; nous n'en prenons pas soin.

Nous sommes plus préoccupés d'intendance que d'intimité, comme si c'était du supposé connu, ou plutôt du « supposé pas savoir ». Nous n'allons pas voir, nous ne voulons pas savoir, l'intimité fait peur. Et c'est vrai que si nous ne nous connaissons pas bien, si nous ne nous ancrons pas solidement à l'intérieur de nous-même, l'intimité tant avec nous qu'avec les autres peut faire peur : peur de se perdre, de se dissoudre comme une goutte dans l'océan. Alors nous courons à l'intendance et la rencontre est souvent laissée pour compte.

J'ai un ami architecte[18], qui s'est formé intensivement à la communication non violente afin de mieux comprendre ses clients et surtout de les aider à mieux se comprendre. Beaucoup de ses clients sont de jeunes couples qui construisent ou aménagent leur maison. Très souvent, des disputes éclatent durant les travaux, si bien que lorsque la maison est construite, le couple est défait. Aussi, beaucoup de maisons de jeunes couples sont en vente à peine les travaux achevés... Que se passe-t-il ? L'intendance a prévalu sur la relation, l'organisationnel sur le relationnel. Chacun s'est tellement attaché à son bureau, sa cuisine, son tapis ou ses couleurs pastel, qu'il n'y a plus ni bureau, ni cuisine, ni couleurs pastel... En fait, ces couples auraient pu saisir l'occasion de la construction de leur maison pour construire leur relation, l'occasion de ce rafraîchissement ou de cette rénovation pour rafraîchir ou rénover leur façon d'être ensemble. Ils sont restés avec leur projet de maison, de bureau, de cuisine, plus qu'avec l'autre, et le projet est vide et aboutit à un panneau « À vendre » devant la porte.

Voici une histoire vraie qui se passe en Afrique et que m'a racontée, il y a quelques années, un participant à une formation. Cet homme avait travaillé dans une organisation européenne qui gérait des projets de développement en Afrique. Un de ces projets avait été l'installation de pompes à eau dans un village très reculé. L'organisation avait en effet constaté que les habitants devaient marcher une journée entière jusqu'au fleuve pour y laver le linge et y chercher la provision d'eau nécessaire, et marcher de nouveau une journée pour rentrer au village, et ce, bien sûr, très régulièrement. Indignés de cette situation, les responsables débloquèrent aussitôt les budgets nécessaires pour creuser des puits dans le village et placer des pompes auxquelles les habitants pourraient se ravitailler facilement. Et les pompes furent bientôt inaugurées en grande… pompe! Toutefois, après quelques mois de fonctionnement, les organisateurs constatèrent que les habitants les avaient délibérément mises hors d'usage à coups de pierres.

On enquêta. Les habitants déclarèrent qu'ils avaient délibérément choisi de supprimer le confort des pompes à eau pour retrouver le bien-être de leur unité. Ils avaient en effet constaté que les gens ne se parlaient plus, sortaient juste pour prendre leurs quelques cruches d'eau à la pompe avant de rentrer à la maison, et que là, dans l'isolement des enclos et des murs, s'installait la pratique de parler «sur les autres» (selon l'expression de Jacques Salomé) plutôt que de se parler directement. La zizanie commençait à s'installer, les disputes et mésententes à éclater, de sorte que les vieux du village décidèrent de supprimer les pompes et de restaurer le voyage rituel vers le fleuve. Ils étaient conscients que ce voyage ne permettait pas seulement de nettoyer physiquement le linge mais aussi de «laver son linge sale en famille», qu'il ne permettait pas seulement de chercher l'eau nécessaire à l'intendance du village mais de faciliter les rencontres nécessaires à la qualité de la vie.

Le village disposait de son lieu de parole naturel.

6. Lieux de parole

Il me paraît urgent de créer davantage de lieux de parole: dans l'entreprise, dans les écoles et les institutions scolaires, dans le milieu médical et hospitalier, dans le secteur associatif, dans les administrations et même dans les familles!

J'anime des groupes de parole mensuels en milieu hospitalier, en milieu familial et scolaire et dans le milieu de l'assistance aux jeunes. Les institutions et les personnes qui font appel à moi ont toutes fait le choix de la priorité à la relation dans leur domaine d'activité et elles en assurent le prix en termes de temps, de ressources humaines et de budget. Toutes ces équipes sont frappées de constater combien les malentendus peuvent être clarifiés, les équivoques levées, les guerres froides apaisées, les non-dits exprimés parce qu'un cadre sécurisant est proposé où chacun sait qu'il pourra s'exprimer régulièrement en toute liberté, même maladroitement sans être jugé ni rejeté... C'est aussi l'occasion pour les équipes de travail ou les groupes de personnes de partager leurs joies et leurs enthousiasmes. Ces rencontres permettent ainsi le nettoyage de ce qui encombre les relations et la stimulation de ce qui les nourrit.

Si je me réjouis des initiatives qui se développent dans ce sens, je reste bien surpris de constater le nombre impressionnant d'organismes, institutions, associations, administrations, entreprises qui fonctionnent, souvent même dans le domaine des relations humaines (écoles, hôpitaux, institutions d'assistance aux jeunes, etc.) sans lieu de parole ni groupe d'intervision. Que d'énergie et de créativité perdues en ragots, bruits de couloirs, démotivation et rébellions larvées! Tous ces talents et cette vitalité pourraient se développer de façon tellement plus satisfaisante si un cadre était prévu pour assurer la maintenance de la relation de groupe.

Tant de communautés de tous types, administratives, commerciales, mais aussi religieuses ou familiales, sont rongées de l'intérieur par les silences et les non-dits, qui parfois traversent les générations.

En bons garçons et bonnes filles gentils, nous avons souvent appris à taire et à nous taire, à mettre les non-dits de côté comme on enferme un camembert dans un placard. Le problème du camembert dans le placard, c'est qu'il finit par empester toute la maison. Il n'est pas de côté, il est partout!

Il y a longtemps que nous ne marchons plus jusqu'au fleuve pour chercher l'eau en communauté. Mais pouvons-nous encore longtemps produire des soins, de l'éducation, de l'assistance, et aussi du commerce, des services et de l'industrie sans prendre le temps de nous connaître et de nous aimer davantage? Ne risquons-nous pas, tout soigné, éduqué, assisté, vêtu, nourri, servi, de mourir tout simplement de soif, le cœur à sec?

CHAPITRE 5

La sécurité affective et le sens, deux clés pour la paix

Il est manifeste qu'un seul homme en apparence désarmé mais qui ose crier tout haut une parole véridique, qui soutient cette parole de toute sa personne et de toute sa vie, et qui est prêt à le payer très cher, détient, aussi étonnant que cela puisse paraître et bien qu'il soit formellement sans droits, un plus grand pouvoir que celui dont disposent dans d'autres conditions des milliers d'électeurs anonymes.

VÁCLAV HAVEL

Je t'aime si...

Dans ce chapitre, j'observe les conditionnements de l'amour conditionnel et la manière dont cet amour génère l'insécurité affective, la confusion par rapport au sens ainsi que la violence.

1. Nous avons appris à faire, pas à être

Nous avons appris à FAIRE, pas à ÊTRE. Je constate que l'utilisation, par des générations de personnes en relation d'éducation (parents, enseignants, éducateurs, religieux, etc.), du sentiment suivi de « tu » sans l'indication du besoin (« Je suis content(e) quand tu fais ce que je dis, je suis triste quand tu ne le fais pas ») a généré et génère encore une terrible insécurité affective. La majorité des personnes avec qui je travaille – et moi-même pour commencer – ont en fait entendu, derrière ce « Je suis content(e) quand tu… », Je suis triste quand tu… », « Je t'aime si tu… », « Je ne t'aime plus si tu… »

Je ne dis pas que c'est cela que la personne qui parle voulait exprimer, je dis que c'est cela qui a été entendu, intégré par celle qui écoute et que c'est la réalité de cet encodage-là qui m'intéresse, puisqu'il conditionne toute notre façon d'être en relation, toute notre façon d'être au monde.

« Je t'aime si tu ranges ta chambre, si tu travailles bien à l'école, si tu obéis, si tu es sage, prévenant, gentil, etc. Je ne t'aime pas si tu es méchant, en colère, distrait, excité, fantasque, si tu ne fais pas ce que je te dis, si tu ne corresponds pas à ce que j'attends… »

Nous sommes « drillés » à répondre et à correspondre aux attentes de l'autre, nous nous adaptons et suradaptons à elles. Nous savons tout faire pour lui faire plaisir, mais nous ne savons pas être, simplement être nous-même. Nous avons appris à tout faire pour correspondre à l'image de bon garçon, de bonne fille à l'écoute du bon père et de la bonne mère, et plus tard nous tenterons de tout faire pour correspondre à l'image de bon époux, de bonne épouse, de bon cadre, de bon employé. Et dans cette tentative, nous allons souvent nous agiter dans beaucoup d'activités, de projets, faire du zèle dans le travail, la famille, l'action sociale, sans prendre soin de notre bien-être intérieur, puisque nous n'avons jamais appris à en prendre conscience. Souvent, nous ne pourrons nous aimer que si nous faisons beaucoup de choses et qu'en fonction du nombre de choses que nous faisons. Nous ne vivons pas dans la conscience d'être au monde, de goûter l'identité et la présence de toute chose et le lien que nous avons avec elle, nous vivons dans la comptabilité sans cesse déficitaire de la bonne et de la mauvaise conscience. Nous ne sommes pas sur le pont de notre vie à faire le point sous les étoiles dans le grand air du large, à prendre notre cap, à ajuster les voiles ou à tenir la barre en savourant le plaisir de la navigation, nous sommes à fond de cale à réviser nos comptes, éprouvant une nausée légère mais constante.

Travailler la conscience ou comptabiliser la bonne et la mauvaise conscience?

Conscience ou comptabilité

Nous nous sentons ainsi toujours plus ou moins responsables et surtout plus ou moins comptables du sentiment de l'autre. S'il est triste ou malheureux, c'est notre faute, nous aurions dû «faire quelque chose». Nous nous culpabilisons donc volontiers. En retour, nous tenons volontiers l'autre pour responsable ou coupable de notre sentiment: «Je suis triste ou malheureux parce que tu…» Dans les deux cas, nous ne savons pas «être».

1. Dans le premier cas, tout préoccupés par la croyance que nous sommes responsables de l'état de l'autre, nous ne savons pas, par exemple, être simplement à son écoute. Rappelez-vous l'adolescent qui voudrait bien que son père l'écoute alors que son père ne sait pas l'écouter et parvient seulement à lui donner mille conseils et solutions toutes faites. Être à l'écoute, c'est avoir confiance dans la capacité d'être de l'autre qui lui permet de trouver par lui-même ses solutions. Accompagner un malade, un mourant, une personne en deuil, c'est accepter qu'il n'y a rien «à faire», juste à être là dans la présence veillante et bienveillante. Laisser la personne descendre dans le puits de sa peine, explorer toutes les tensions de sa souffrance en lui procurant par notre attitude d'écoute et d'accompagnement l'occasion de constater qu'elle n'est pas seule, qu'elle est accompagnée. Souvent, la tension par rapport à la programmation «l'autre va mal, je dois faire quelque chose»

est telle, que nous sommes incapables d'être simplement présents à la douleur de l'autre.

Nous risquons souvent d'être pris par un certain orgueil de la performance. Nous allons nous efforcer de faire « la bonne chose ». Nous allons être celui qui dit « la bonne parole ». Et nous risquons bien ainsi de manquer l'essentiel de la rencontre : la « reliance » de soi à soi et de l'autre à lui-même.

Prendre soin, ce n'est pas prendre en charge

Prendre soin, c'est aider l'autre à vivre ce qu'il a à vivre, ce n'est pas l'en empêcher, ce n'est pas tenter de lui faire faire l'économie d'une souffrance qui se trouve sur son chemin en la minimisant (« C'est pas si grave, n'y pense plus, viens te distraire ») ou en la prenant soi-même en charge (« C'est ma faute, j'aurais pas dû, je vais faire ceci ou cela à sa place »), c'est l'aider à entrer dans sa difficulté, à pénétrer sa souffrance pour pouvoir en sortir, conscient que ce chemin lui appartient et que personne d'autre que lui ne peut le parcourir.

Prendre soin, c'est apporter toute notre attention à la faculté de guérir de sa souffrance ou de résoudre sa difficulté qui est en l'autre plutôt qu'apporter un remède. C'est avoir confiance que l'autre dispose souvent de toutes les ressources nécessaires pour s'en sortir, s'il parvient à s'écouter ou à être écouté *au bon endroit*. Cela suppose que nous ayons acquis cette confiance et cette estime pour nous-même. Comment pourrions-nous avoir confiance dans la capacité d'être de l'autre si nous n'avons pas acquis confiance dans la nôtre ?

Le risque, en prenant l'autre en charge, est de ne pas avoir conscience que ce n'est pas de lui dont nous prenons soin mais de nous, de notre image de bon saint-bernard, de sauveur et souvent de notre besoin de reconnaissance, de notre bonne conscience. S'il y a risque, c'est que comme nous nous occupons de nous-même alors que nous croyons nous occuper de l'autre, notre attitude ne soit pas appropriée, pas adéquate, et qu'elle entretienne les deux dans la frustration, la confusion ou la dépendance.

Je pense à Viviane, mère de famille de quarante-huit ans qui prend en charge toutes les difficultés que rencontre sa fille de vingt ans, étudiante à l'université, persuadée que celle-ci n'a pas encore la maturité pour se débrouiller et « qu'il faut toujours être derrière elle ».

Elle organise sa chambre d'étudiante à l'université, programme les activités du week-end, met elle-même un terme à une relation amoureuse difficile de sa fille. Et plus elle renforce les mesures de contrôle (sorties, rencontres, assistance aux cours, activités du week-end, destination des vacances) plus sa fille revendique et prend de la liberté, et plus elle surenchérit en contrôle. Le cercle infernal !

Un jour, sa fille part en vacances avec un groupe d'amis dans une maison louée. Au retour, la mère apprend par les amis en question que c'est sa fille qui faisait tourner toute la maison, gérait le budget, organisait les courses, les repas, l'emploi du temps, interdisait aux fumeurs de fumer dans la maison, bref, qu'elle se débrouillait très bien toute seule (en reproduisant pas mal un modèle connu). Nous travaillons cette situation et ce qui apparaît, c'est que la mère est tellement prisonnière de l'image de la « bonne mère qui fait tout ce qu'il faut pour sa fille » qu'elle n'est pas capable de lui faire confiance, de considérer que même si elle fait face à des difficultés, s'écorche un peu les mains ou le cœur sur le chemin, elle a en elle toutes les ressources pour s'en sortir. Ainsi, dès que sa fille exprime un sentiment désagréable tel que « Je suis triste, déçue, inquiète... » Viviane bondit pour résoudre le problème sans laisser à sa fille l'occasion de patauger un peu dans sa difficulté et d'y entrer vraiment pour en sortir.

Avec Viviane, nous avons travaillé 1) le besoin d'identité – « Puis-je être moi-même sans m'épuiser à faire tout ce qu'il faut pour être une bonne mère, une bonne épouse... Si je ne suis plus la bonne mère qui suis-je ? » – 2) le besoin de sécurité affective – « Puis-je m'aimer et être aimée pour ce que je suis et non pour ce que je fais ? » – et 3) le besoin de faire confiance – « Puis-je avoir confiance dans le fait que les choses se passeront bien même si je ne contrôle pas tout ? » Ayant eu elle-même une mère exigeante et contrôlante vis-à-vis de laquelle elle s'était suradaptée en bonne fille, elle ne s'était pas donné l'occasion d'être vraiment ce qu'elle voulait être et avait donc, tout à fait inconsciemment, de la peine à admettre à son tour que sa fille devienne ce qu'elle voulait être. Au fond, la liberté que sa fille voulait prendre était beaucoup trop menaçante pour elle ; cette liberté la menaçait de devoir prendre conscience qu'elle était elle-même restée prisonnière de son image de bonne fille, puis de bonne mère, constat trop douloureux pour qu'elle le fasse seule, sans aide. Ensemble, nous avons accueilli cette prise de conscience et travaillé à la fois le deuil de ces années de prison et l'éveil à une vie nouvelle.

Pour que cette mère puisse vraiment rencontrer sa fille telle qu'elle est, il fallait qu'elle aille d'abord à la rencontre d'elle-même. La beauté de ce cheminement, c'est qu'en devenant de plus en plus elle-même, Viviane autorisait implicitement sa fille à devenir elle aussi de plus en plus elle-même plutôt que de reproduire plus ou moins le modèle maternel !

2. Dans le second cas, lorsque nous avons tendance à attribuer à l'autre la responsabilité de ce que nous vivons, nous ne savons pas être à l'écoute de nous-même pour nous comprendre, nous prendre en main et devenir à la fois autonomes et responsables. Nous restons souvent bien dépendants, bien à la merci du regard de l'autre.

2. Nous n'avons pas appris à être aimés comme nous sommes, mais à être aimés comme les autres voudraient que nous soyons

Si nous avons appris à correspondre aux attentes des autres, à nous mettre sous tension pour eux, nous attendons presque immanquablement que l'autre corresponde à nos attentes et se mette sous tension pour nous. Ainsi, nous n'apprenons pas à aimer les autres comme ils sont mais comme nous voudrions qu'ils soient.

De plus, si nous nous sommes pliés dans tous les sens pour correspondre à l'image de la bonne fille pour faire plaisir à notre père, il y a bien des chances pour que nous attendions que notre conjoint se plie à l'image du bon époux pour nous faire plaisir, comme nous nous plions à l'image de la bonne épouse et de la bonne mère pour lui faire plaisir. Si nous nous sommes empêchés d'être nous-même, il y a des chances pour que souvent, inconsciemment, nous empêchions l'autre d'être lui-même.

Ce n'est que si nous parvenons à être vraiment nous-même, hors rôle, hors étiquette, hors tension, que nous parviendrons à laisser l'autre être vraiment lui-même, hors rôle, hors étiquette et hors tension.

La vraie rencontre a lieu entre les êtres, pas entre les rôles.

Rencontrer, c'est d'abord être.

Cela n'empêche pas que nous ayons aussi le goût d'évoluer, de croître et particulièrement de croître ensemble. Grandir ensemble, en couple, en famille, entre amis, au sein d'une équipe de travail, est certainement la source d'une des satisfactions les plus profondément nourrissantes. Aimer l'autre comme il est veut aussi dire que nous nous intéressons à lui et que nous accueillons ce qu'il devient ou pourrait devenir. C'est aimer l'autre avec tout son potentiel de croissance, d'ouverture, de diversification. Je vois tant de couples ou de familles dans lesquels chacun et chacune s'est mutuellement enfermé dans des rôles, en arrêtant ou en limitant ainsi fortement tout processus d'évolution personnel et interpersonnel. L'anesthésie s'y installe vite. Qu'est-ce que l'amour, sans le respect? Christian Bobin[19] exprime ainsi cette usure et cette anesthésie:

> La vie est usée, elle est moins aimable à goûter, elle frotte sur l'âme, abîme le songe. On ne peut en parler à personne. On ne peut confier à personne que l'on voudrait quitter cette vie pour une autre et que l'on ne sait comment faire. Comment dire à vos proches: votre amour m'a fait vivre, à présent il me tue. Comment dire à ceux qui vous aiment qu'ils ne vous aiment pas.

Ainsi, si l'un se met à changer, à évoluer, à revoir sa façon d'être, l'autre (ou les autres) s'affolent: «T'es plus comme avant, t'as changé (sous-entendu ça ne se fait pas, on doit rester ce qu'on a toujours été), t'es pas naturel(le), ne me laisse pas tout seul.»

J'aime mieux mon projet de fils que mon fils...

Le film *Le cercle des poètes disparus* illustre bien ce drame. Le père tient absolument à ce que son fils devienne ingénieur, mais le fils, au cours de sa dernière année d'études au collège, se découvre un talent pour le théâtre dans la troupe de l'école. Son père (sans doute convaincu qu'on ne peut pas à la fois faire des études d'ingénieur et jouer au théâtre) lui interdit de poursuivre la préparation de la pièce de fin d'année. Il la prépare malgré tout et est applaudi à tout rompre par toute l'école et les familles lors de la représentation, à la fureur de son père qui est dans la salle.

À la fin du spectacle, sans un mot pour le succès et le talent de son fils, sans une oreille pour les éloges que l'assistance lui en fait, le père emmène *manu militari* le fils à la maison en le sermonnant vertement sur son avenir : «Nous avons fait des efforts ta mère et moi pour te payer de bonnes études et tu seras donc ingénieur.» L'attitude est sans appel. Le fils monte dans sa chambre et se suicide avec le revolver de son père.

Le père tenait plus à son projet (virtuel) qu'à la réalité de son fils, tout en croyant bien faire, en croyant faire «son austère devoir de bon père sévère mais juste.

Le père croit qu'écouter le fils serait comme démissionner de son devoir. Le fils croit qu'écouter le père serait comme renoncer à son talent. Le père impose, le fils s'enfuit. Il n'y a pas de rencontre. Ils se manquent l'un et l'autre tragiquement.

J'observe particulièrement dans les couples combien de personnes ont un projet «sur» l'autre, un concept ou une théorie du mariage ou de la vie de couple auxquels ils tiennent plus qu'à l'autre !

Si l'un se met à évoluer, à revoir le projet, à amender la théorie, toute l'attention de l'autre n'est pas portée sur lui pour l'écouter, le comprendre, l'aimer dans son évolution, ni *a fortiori* envisager de se remettre aussi en question. Non, toute l'attention de l'autre se porte sur comment préserver le projet, comment faire que l'autre se moule au concept de base, comment maintenir la théorie en place.

Jacqueline a cinquante et un ans. Elle vient seule en consultation, complètement déboussolée par le départ de son mari après vingt-cinq ans de mariage. D'emblée, elle me dit que pour elle, le mariage, c'est sacré et qu'il n'est pas question qu'elle divorce. « Quand on se marie, c'est pour la vie », me dit-elle.

Après quelques séances, voyant combien elle revient régulièrement et avec insistance sur ce point, je tente donc d'identifier avec elle ses besoins derrière cette attitude. (L'exemple est à nouveau très résumé).

« Jacqueline, quand vous dites "pour moi le mariage, c'est sacré, on ne divorce pas, on se marie pour la vie (O)", est-ce que vous vous sentez vraiment triste et déchirée de votre actuelle séparation (S) parce que vous voudriez retrouver la douceur de la connivence et de l'intimité avec l'autre, le bien-être de l'abandon dans la confiance et l'authenticité, la joie d'être ensemble (B) ? Est-ce que c'est cela qui vous attriste ? »

Elle me regarde, les larmes aux yeux et je laisse un long silence s'écouler avant de reprendre : « Ça vous touche, ce que j'évoque là ? » Je pensais qu'elle allait me dire : « Oui, c'est ça que je pleure et que je voudrais tant retrouver. » Au lieu de cela, elle me dit : « Je suis bouleversée, parce que ce que vous dites là, je ne l'ai jamais connu en vingt-cinq ans de vie commune. Je prends conscience que j'ai vécu tout ce temps dans un cadre et maintenant, je m'échine pour que mon mari rentre dans le cadre plutôt qu'à tenter de le comprendre. »

Effectivement, chaque fois qu'elle revoyait son mari, la dispute éclatait : elle était trop insécurisée par l'éclatement du cadre pour être disponible à la compréhension de ce qui se passait. Plus elle essayait de récupérer son mari par l'argumentation, les reproches, la colère, la morale, plus il s'enfuyait.

Un jour, je lui ai proposé – ce qu'elle a accepté – de me mettre, moi, dans la peau de son mari lui disant ceci :

« Jacqueline, je suis à bout de notre jeu de rôles, à bout. Vingt-cinq ans derrière un masque, j'en peux plus (S). J'ai besoin de vivre une relation vraie où je puisse être moi-même et pas "le bon époux qui fait bien tout ce qu'il faut".

J'ai besoin de liberté et de confiance, je suis fatigué du contrôle et de la programmation de tout. Seulement j'ai pas les mots pour te dire ça. J'ai juste appris à cacher mes sentiments et à être gentil, alors j'ai écrasé longtemps. Maintenant j'en peux plus, je pars, mais cela ne veut pas dire que je ne t'aime pas. »

Et quittant le jeu de rôles :

« Comment réagissez-vous par rapport à cela ?

– C'est éclairant, vraiment. Je vois bien dans quelle mise en scène on s'est mis tous les deux. Je crois bien que j'ai plus aimé mon projet de vie commune que notre vie commune et mon projet de mari que mon mari. Je vois maintenant ma part de responsabilité, alors que je le jugeais seul responsable de mon malheur. »

Nous avons avec Jacqueline travaillé le besoin d'identité, d'estime de soi et de sécurité : Puis-je être moi-même, même si je suis sans mon mari ? Puis-je me sentir exister seule ou en société même si mon couple est défait ? Puis-je m'aimer même si je crois qu'il ne m'aime plus ? Puis-je me sentir en sécurité à l'intérieur de moi-même, même si mon cadre extérieur est transformé ?

Plus Jacqueline prenait confiance en elle-même, et pas seulement dans son rôle, plus elle acquérait de l'estime pour sa personne, et non pour son personnage de bonne épouse et mère. Plus elle développait de la sécurité intérieure sans être à la merci de l'attitude de son mari, de sa famille et de ses principes, moins les disputes éclataient lorsqu'elle revoyait son mari et plus celui-ci, tout doucement, commençait à parler de lui, à ôter sa carapace et à entrer dans une relation plus vraie. Bien sûr, c'est un très long travail et c'est une mue douloureuse ; il s'agit de lâcher sa vieille peau faite d'habitudes, de clichés, de principes tous faits, de dépasser sa peur du changement et de la solitude, d'entrer à pas comptés dans la nouveauté et l'authenticité.

Rien ne dit que la chenille trouve plaisante
sa mue pour devenir papillon.

3. La différence est vécue comme menaçante

Ne se pose-t-il pas, en filigrane de beaucoup de nos relations et les teintant presque toutes de méfiance, la question suivante : « Si je ne fais pas ce que tu dis, si je ne corresponds plus à l'image de bon garçon ou de bonne fille que tu as de moi, si je cesse d'être sage, gentil, prévenant, si je suis différent de ton attente, m'aimeras-tu ? »

Nous avons peur de constater notre différence. Nous l'évitons ou la refoulons. Ce faisant, nous nous entraînons peu à accueillir la différence de l'autre. Face à la différence de l'autre, que faisons-nous ? Nous l'évitons ou la rejetons. Nous tolérons l'autre dans la mesure où il est « même » et où « il m'aime ». Pour ce faire, nous rencontrons alors davantage les gens qui pensent comme nous, parlent comme nous, s'habillent comme nous, croient ou prient comme nous, font les mêmes choses que nous… C'est rassurant !

On m'aime ou on « même » ?

Nous vivons souvent la différence de l'autre comme un risque, une menace : « Si l'autre est différent, je risque de devoir changer, m'adapter, devenir ce qu'il attend de moi, cesser d'être ce que je crois être. » Cette insécurité intérieure peut être telle, qu'elle s'extériorise en racisme, en intégrisme, en antisémitisme ou en homophobie, mais elle se manifeste plus couramment par le jugement, la critique, le reproche, la suspicion. La différence n'éveille pas la curiosité bienveillante, mais le doute et la méfiance : « Ces gens-là ne sont pas comme nous ! »

4. Le sentiment le plus courant : la peur !

Si nous avons appris à *faire pour plaire,* nous ne sommes jamais pleinement assurés de faire « la bonne chose » ni au bon moment ni même dans la bonne mesure pour l'autre. Nous risquons de vivre principalement dans la peur de sa désapprobation, de sa critique ou de son indifférence, dans la méfiance quant à sa réaction et dans le doute quant à nos qualités ou compétences. Ainsi, la méfiance et le doute apparaissent souvent comme principe de vie, comme mode officiel de fonctionnement.

L'autre est toujours plus ou moins perçu comme un juge dont l'approbation ou la désapprobation conditionne notre bien-être. Nous sommes donc toujours plus ou moins dans la crainte de ne pas « en avoir fait assez » pour *mériter* (!) son regard ou acheter sa clémence. Nous vivons des relations commerciales (acheter de la reconnaissance, vendre son authenticité) plutôt que véritablement humaines. Marshall Rosenberg développe cet aspect dans son livre[20] : « Habitués à une culture où acheter, gagner et mériter sont les modes d'échange classiques, nous sommes souvent mal à l'aise lorsqu'il s'agit simplement de donner et de recevoir. »

Comme je l'évoquais au début du chapitre 3 en présentant le graphique de l'émission et de la réception de la communication humaine, nous mijotons la plupart du temps dans une zone de méfiance : nous avons peur de prendre notre place, d'exister vraiment, d'affirmer notre identité parce que nous ne sommes pas assurés d'être aimés et accueillis comme nous sommes et, en retour, nous avons peur que l'autre prenne sa place, existe vraiment, affirme son identité parce que nous ne sommes pas assurés de pouvoir, nous, continuer d'exister devant lui ! L'autre, même aussi proche qu'un conjoint, est toujours plus ou moins perçu comme un empêcheur, je n'ose pas dire un ennemi, encore que j'ai souvent entendu cette comparaison : quelqu'un qui nous empêche d'être nous-même.

Je suis habitué à l'interpellation suivante : « Et vous croyez que c'est possible d'être soi-même alors que j'ai un conjoint, des enfants, un patron, des parents… c'est tout ça qui m'empêche d'être moi-même ! »

Eh bien non, ce n'est pas « tout ça » qui nous empêche d'être nous-même. Ce qui nous en empêche, c'est notre façon à nous de voir « tout ça », de vivre ces relations. Ce qui nous empêche d'être nous-même, c'est que nos besoins de sécurité intérieure et de confiance n'ont pas encore reçu l'attention nécessaire pour se développer et nous permettre de vivre « tout ça » avec davantage d'aisance. Je ne pense pas que nous puissions éradiquer tout à fait la peur. Elle fait partie de notre vie avec la confiance et comme la peine et la joie. Ce qui libère, c'est de ne plus avoir peur d'avoir peur.

5. Cessons d'être gentils, soyons vrais !

Cette phrase m'est venue un jour dans une formation, en conclusion d'un jeu de rôles avec une participante qui prenait à l'instant conscience que sa violence résultait souvent de la frustration qu'elle éprouvait pour avoir dissimulé ses vrais sentiments et besoins afin d'être gentille. À force d'être gentille, elle finissait par exploser.

Au moment où je propose, un peu par boutade, « Cessons d'être gentils, soyons vrais », une autre participante réagit aussitôt à cette phrase en disant : « Ce que tu dis là m'éclaire tout à fait sur ce que je vis souvent avec mon mari. J'adore aller au théâtre et à l'opéra, j'y retrouve des copines, je me laisse prendre par le spectacle et l'émotion, je verse toujours une petite larme et j'adore papoter à l'entracte. Mon mari, lui, déteste cela ; il s'impatiente, commente à haute voix la performance des acteurs, ne s'émeut de rien et se retourne vingt fois dans son fauteuil en soupirant. Alors je m'énerve, cela me gâche la soirée et on s'engueule à l'entracte et dans la voiture. Seulement, chaque fois que je réserve une place de spectacle, il a peur que je n'attrape pas le dernier métro ou que je ne trouve pas de taxi, alors, pour être gentil, il m'accompagne. Et moi, pour être gentille – puisqu'il est si gentil – j'accepte ! Et nous passons tous les deux une soirée infernale. Je ferais beaucoup mieux d'être vraie et de lui dire la prochaine fois : « Je suis très touchée (S) que tu te fasses du souci pour mon retour ce soir, parce que j'aime sentir que tu tiens à ma sécurité et à mon confort (B), et en même temps je ne suis pas assurée (S) que cela te fasse vraiment plaisir de m'accompagner (B). Comme j'ai besoin que nous passions tous les deux une bonne soirée (B) et particulièrement que je puisse savourer mon spectacle sans me faire de souci pour ton bien-être (B), je te propose de faire ce qui te plaît vraiment de ton côté, et je me débrouillerai pour rentrer (D). Comment te sens-tu par rapport à cela ? »

Cette participante était toute contente de démonter elle-même le piège infernal dans lequel elle s'était entretenue et d'ôter enfin son masque !

Bas les masques !

Si nous portons un masque et que l'autre porte un masque, ce n'est pas une relation, c'est un bal masqué ! Alors, si c'est drôle et qu'on s'amuse des masques et des jeux, je ne vois que l'occasion de s'en réjouir ! Malheureusement, l'expérience montre que ces bals masqués sont tristes et désolants. Ils ne rassemblent pas, ils isolent ; ils ne font pas rêver, ils empêchent de dormir ; ils ne se terminent pas en feu d'artifice, ils rétrécissent en peau de chagrin !

Quant à la gentillesse, entendons-nous bien sur le terme, je parle ici de la gentillesse/complaisance, une gentillesse d'attitude qui n'est pas portée par un véritable élan du cœur, le goût profond de donner et de contribuer avec joie au bien-être de l'autre, mais qui est mobilisée par la peur de perdre, la peur du rejet, la peur de la critique, la peur de prendre sa place. Cette gentillesse-là est souvent un masque sec qui étouffe le son de la vérité, qui éponge le flot de la vitalité.

« La politesse, c'est l'indifférence organisée. »
Paul Valéry

Derrière ce masque sec de gentillesse complaisante, nous risquons de nous habituer à vivre des rapports anémiés, aseptisés, que nous pouvons très bien prendre pour de vrais rapports humains. Ainsi, si nous n'avons jamais bu que du Coca-Cola, nous pouvons passer notre vie sans imaginer que cela vaille la peine de goûter du vin.

J'ai bien connu, comme avocat puis conseiller en entreprise, pendant plus de quinze ans, ces politesses de bureau entre hommes d'affaires ou entre collègues : des sourires, de la chaleur manifestée par le ton et l'expression et de l'humour même, masquant au fond une profonde indifférence et le simple souci de régler une affaire ou de cohabiter en paix. Certaines personnes peuvent être tellement gentilles avec tout le monde qu'elles ne savent pas du tout qui elles sont! Marshall Rosenberg, comme je l'indiquais précédemment, évoque cela par l'expression *a nice dead person,* une gentille personne morte! Pas d'identité, pas de présence, pas de vie.

Il est souvent plus facile, à court terme, d'être gentil que d'être vrai. Lorsque, enfant, nous mettions notre colère ou notre tristesse dans notre poche pour pouvoir réintégrer le cercle familial, nous trouvions inconsciemment plus facile d'être gentil que de vivre vraiment ce qui nous habitait. Nous avons ainsi appris l'infidélité à nous-même et, à long terme, cela se paie durement! Se retrouver prend du temps et de l'énergie. Ah! si nous avions pu ne pas nous perdre. Heureusement, si nous avons pris cette habitude, nous pouvons nous en déshabituer, si nous nous sommes « programmés » de cette façon, nous pouvons nous déprogrammer et retrouver notre vraie nature, notre vraie personne sous le personnage. En citant Paul Valéry, ci-dessus, je ne veux certainement pas fustiger la politesse qui habille un véritable élan du cœur. Savoir-vivre et courtoisie sont aussi un des plaisirs de la vie.

> «Ne confondons pas
> ce qui est naturel et ce qui est habituel.»
> Gandhi

J'entends souvent cette réaction lors de conférences ou d'ateliers: «Oui, mais ce n'est pas naturel de parler comme cela en sentiments et en besoins.» Je crois qu'en fait, ce n'est pas habituel, alors qu'au fond cela nous est naturel.

Un enfant dira: «Je suis en colère (S) parce que je veux aller jouer avec mes amis (B), je suis triste (S) parce que je veux rester avec toi (B).» C'est l'apprentissage de la vie sociale qui va l'amener à faire ou ne pas faire les choses «parce qu'il faut, parce qu'il est l'heure, parce que c'est normal, parce que c'est le programme.»

Si la gentillesse d'attitude au sens où je l'entends ici n'est donc pas forcément bonne, il faut constater que la vraie bonté n'est pas forcément gentille. Personnellement, je préfère infiniment la vérité claire et sans détours aux mascarades incertaines de la gentillesse. Que de mensonges pour être gentil, dans les couples, les familles, les relations professionnelles ! Qui n'a pas inventé des histoires bidons, « monté un bateau », pour se tirer d'affaire sans ennuis ou pour éviter de faire de la peine ?

Un mensonge ? Oui, pour être gentil !

C'est comme si la vérité était modulable, que l'on pouvait la travestir au gré de son confort ou du confort prêté à l'autre sans conséquence…

Je crains qu'en regard de notre responsabilité globale d'habitant de la planète, cette attitude soit aussi irresponsable, dangereuse et polluante à long terme, que celle de ceux qui disent partager les idéaux de protection de la nature et n'hésitent pas à jeter à l'occasion leur mégot ou leur cannette, sans réfléchir, par la fenêtre de leur voiture.

Ma confiance dans la nature humaine ne va pas jusqu'à prétendre que toute vérité est bonne à dire tout le temps et à n'importe qui, certes non ! Sans doute y a-t-il des circonstances où ne rien dire répondra à un besoin de patience, de prendre le temps, un besoin d'attendre le moment opportun, un besoin de réflexion, de bienveillance ou de vérification…

Je dis que si je choisis de dire quelque chose plutôt que de ne rien dire, j'ai besoin de contribuer au respect de la vérité et donc de ne pas la travestir par complaisance. Au fond, je me pose la question suivante : « Ai-je envie d'ajouter à la confusion du monde ? » L'astrophysicien Hubert Reeves dit que la pollution du monde ce n'est pas un grand problème, c'est sept milliards de petits problèmes. Il me semble que la confusion du monde, son chaos, son désordre, ce n'est pas un grand problème, c'est sept milliards de petits problèmes. Chacun de nous a ce choix et ce pouvoir dans sa vie quotidienne, tous les jours : contribuer ou non à la clarté, à la transparence, à la paix. C'est dingue, non ?

Enfin, nous pouvons prendre conscience qu'être en rapport avec des gens gentils, c'est-à-dire des gens qui ne disent pas vraiment ce qu'ils pensent par peur de mal faire, d'être mal vus, de se vulnérabiliser, de montrer leur fragilité et/ou leur force, est très insécurisant. Nous avons besoin, pour nous sentir à l'aise dans une relation, d'être sûr que si l'autre dit oui, c'est oui, et que s'il dit non, c'est non. Si nous devons sans cesse imaginer quelles pourraient être les vraies raisons de l'autre parce que nous n'avons pas confiance dans le fait qu'il puisse être vrai, c'est épuisant et cela fait craindre un retour de manivelle.

Nous connaissons, par exemple, le coup classique de la personne qui vous aide en promettant que cela lui fait plaisir alors qu'au fond cela l'ennuie, et qui se plaint après de tout ce qu'elle a fait pour vous ou du peu de reconnaissance qu'elle a reçu ou de ce que vous ne l'aidiez pas en retour... Comme ce genre de situation est fatigant !

Valérie et moi, en nous mariant, nous sommes fait mutuellement cette promesse, variante sans doute insolite des traditionnels « jamais et toujours » des jeunes époux, mais fondamentale pour la sécurité et le confort de notre vie à deux : « Je te promets de ne jamais être gentil(le) avec toi et de toujours être vrai(e). » Ainsi, lorsque nous avons des doutes sur le mobile de l'autre et que nous craignons qu'il ne fasse quelque chose qui lui pèse « pour être gentil(le) », nous nous démasquons mutuellement : « T'es gentil(le) ou t'es vrai(e) ? » Et cela nous donne, en plaisantant, l'occasion de nous ajuster sur les choses à faire, et sur les raisons que nous avons de les faire pour qu'aucun de nous ne fasse quoi que ce soit par devoir ou « parce qu'il faut », « parce qu'il n'y a personne d'autre pour le faire », mais par goût de donner et de contribuer au bien-être de la vie commune.

Ce dont je parle ici me paraît être un principe d'écologie affective aussi connu que peu pratiqué : nous pouvons nous passer de la vérité et de l'authenticité si nous voulons vivre des relations durables et insatisfaisantes ou des relations satisfaisantes et non durables, mais je ne crois pas que nous puissions fonder des relations durables et satisfaisantes sans prendre soin de ces deux valeurs ou de ces deux besoins : vérité et authenticité. Bien sûr, ce n'est pas facile parce que ce n'est pas toujours aisé, à court terme, d'être vrai, cela demande de la vigilance et de l'exercice pour acquérir la force de s'exprimer et la souplesse d'accueillir l'autre.

6. Comment dire non ?

J'observe dans mon travail une raison récurrente à la difficulté si répandue de dire non : nous n'y avons pas été invités, nous n'avons pas été invités à être différents et à vivre avec aisance cette différence. Comme je l'évoque plus haut, nous avons davantage été invités à « faire de même », « reproduire de même », à être d'accord avec papa, maman, l'instituteur, les habitudes, la pratique religieuse, le milieu social ou professionnel : « Quand on est poli on dit oui ; une petite fille sage, un garçon raisonnable dit oui ; c'est pas beau de dire non. »

Ainsi, comme d'une part la différence (d'opinion, de caractère, d'attitude, de priorité, de sensibilité...) est vécue comme menaçante (voir le point 3), et que d'autre part l'obéissance a très longtemps été promue comme une valeur morale, nous avons souvent bien de la peine non seulement à dire non, mais à simplement constater que nous ne sommes pas d'accord.

Contrairement à une idée qui a imprégné la pédagogie pendant des générations, l'obéissance crée rarement des êtres responsables mais plutôt des automates. Elle est, de nouveau, l'expression à la fois de la méfiance et du doute quant à la faculté de l'autre de se responsabiliser, et de l'incapacité à rejoindre l'autre et à le comprendre ; comme nous ne parvenons pas à faire valoir notre besoin et à obtenir que l'autre le respecte, nous le lui imposons sans discuter et attendons qu'il obéisse !

Obéissance automatique ou adhésion responsable ?

Par conséquent, nous disons souvent oui « pour être gentil », alors que nous pensons non, et ce, la plupart du temps pour éviter un conflit : « Si je suis en conflit va-t-on encore m'aimer ? Est-ce que je reste aimable si je ne suis pas d'accord... » Ou bien nous disons non systématiquement, par rébellion, par peur de nous perdre, parce que c'est la seule façon que nous ayons trouvée de prendre soin de nos besoins d'identité, de sécurité ou de reconnaissance: «Je m'oppose, donc j'existe.»

Apprendre à dire non est une étape que j'apprécie particulièrement parce qu'elle nous invite à travailler essentiellement quatre valeurs qui me tiennent à cœur:

- le *respect* des sentiments et des besoins de l'autre comme des miens;
- l'*autonomie* nécessaire pour prendre le temps de vérifier ce que je ressens et ce que je veux;
- la *responsabilité* d'être à l'écoute des différents enjeux et de tenter de prendre soin de tous les besoins en cause; pas seulement ceux de l'autre au détriment des miens, ni les miens au détriment de ceux de l'autre;
- la *force* de manifester mon désaccord et de proposer une solution ou une attitude peut-être tout à fait différente de celle que l'on me demande.

Nous savons maintenant que derrière toute demande existe un besoin, et nous savons aussi que nous confondons souvent les deux. Nous allons donc porter notre attention sur le besoin de l'autre en amont de sa demande afin de clarifier le véritable enjeu. Voici un exemple simple et facile à vivre.

Ma vieille copine Germaine m'a laissé trois messages pour m'inviter à un barbecue et je n'ai pas encore répondu. J'aime bien Germaine, cela me ferait plaisir de la revoir, mais en même temps je n'ai pas envie d'aller à son barbecue. J'ai vraiment besoin de me reposer et de me retrouver. Autrefois, pour ne pas la décevoir (et pour être gentil) j'aurais sans doute dit «Oui, bien sûr» et j'y serais allé avec des pieds de plomb en laissant la moitié de moi-même à la maison avec le risque de râler et de tout critiquer: les invités sont ennuyeux, les brochettes, trop cuites, le rosé, tiède, etc. Rappelons-nous que lorsque nous agissons à l'encontre de nos besoins, quelqu'un paie: nous-même ou les autres. Ou bien j'aurais inventé une histoire pour me tirer d'affaire: «Je ne suis pas libre, je dois travailler.» J'aurais menti pour être gentil!

Au quatrième appel de Germaine, je suis là et je décroche le téléphone :

« Alors vieux lâcheur, tu réponds plus à mes messages ?

– T'es déçue (S), t'aurais voulu que je me manifeste plus tôt (B) ?

– Ben oui, Monsieur n'est jamais là et Monsieur laisse tomber les vieilles copines.

– T'es fâchée (S) Germaine ? Tu veux être sûre que je ne t'oublie pas (B) ?

– Évidemment, si moi j'invite pas de temps en temps, on s'voit jamais !

– Et t'aimerais sentir que je contribue aussi à notre amitié, que je lui fais de la place (B) ?

– C'est ça ! C'est pourquoi j'espère que tu viendras à mon barbecue. T'es libre ce soir-là ?

– Effectivement, je suis libre ce soir-là, Germaine, et je suis bien partagé (S). À la fois je suis touché de ton insistance (S) et j'ai vraiment envie de prendre le temps de nous revoir (B), et à la fois je suis épuisé cette semaine et saturé de contacts et de rencontres (S). J'ai vraiment besoin de rester seul et de me recentrer un week-end, et c'est mon premier week-end libre après plusieurs week-ends de formation (B).

– Je vois, tu me laisses tomber !

– Attends que j'aille jusqu'au bout. Si je viens à ton barbecue on ne va pas se voir comme j'aimerais. Tu sais comment c'est, on parle avec tout le monde et personne. Alors que j'aurais vraiment envie de passer du temps rien qu'avec toi et savoir ce que tu deviens (B). Qu'est-ce que tu dirais de se voir plutôt à nous deux un midi de la semaine prochaine, on va manger une salade ensemble et on papote (D) ?

– T'aurais du temps pour cela ? T'es toujours si occupé, j'aurais jamais imaginé que tu trouves le temps de déjeuner avec moi. C'est pour ça que je t'invitais à mon barbecue. Bien sûr que ça me va, je préfère aussi prendre le temps qu'on bavarde tous les deux. »

Je disais que c'est un exemple facile : dans ce cas-ci, trouver le vrai besoin (entretenir notre amitié) derrière la demande (l'invitation au barbecue), constater que nous partagions le même besoin au même moment et que nous pouvions le nourrir d'une autre façon (le déjeuner en tête-à-tête) était simple et agréable.

Ce peut être beaucoup plus difficile et beaucoup moins agréable de constater que nous n'avons pas du tout le même besoin, que nous ne partageons pas à ce propos les mêmes sentiments et que nous comptons bien faire un tout autre usage de notre temps et de notre énergie que ce que l'autre nous propose!

Derrière le non, à quoi disons-nous oui?

C'est en nous exerçant dans des situations faciles que nous nous musclons pour être à même de dire non dans des cas plus difficiles… Arriver à dire non, à mettre ses limites dans le respect de l'autre, se fait d'autant plus facilement que nous acquérons force et souplesse dans notre façon de vivre nos besoins de confiance en nous, de sécurité intérieure, de reconnaissance, d'identité. Au fond, en travaillant à la connaissance de nous-même, nous savons de mieux en mieux à quoi nous disons oui.

Il en résulte plus d'aisance à dire non de façon constructive et créative, ou à entendre le non de l'autre sans le prendre contre soi. Plutôt que de simplement dire non dans l'opposition, nous allons mettre notre attention et notre énergie dans ce à quoi nous disons oui. Voici quelques exemples ou l'expression du besoin indique à quoi nous disons oui.

«Non, je ne veux pas que tu écoutes de la musique maintenant.» Nous pourrions dire: «Oui, j'ai besoin de calme et souhaiterais que tu écoutes ta musique plus tard ou ailleurs.»

«Non, tu ne sortiras pas en boîte de nuit à ton âge.» Nous pourrions dire: «Oui, j'ai besoin d'avoir confiance que tu puisses te sentir à l'aise et en sécurité quelles que soient les personnes avec qui tu te trouves et je voudrais construire cette confiance petit à petit avec toi en te proposant de participer d'abord à des sorties chez des gens que je connais et puis qu'on parle ensemble de la manière dont ça se passe pour toi.»

«Non, tu ne prendras plus la voiture.» Nous pourrions dire: «Oui, j'ai besoin d'être rassuré quant à ta conscience des risques et je souhaiterais que tu y réfléchisses quelques jours et qu'on en reparle avant d'envisager que tu reprennes le volant. »

En développant notre conscience « de ce à quoi nous disons oui », nous développons aussi notre conscience de ce à quoi l'autre dit oui quand il dit non. Cette ouverture de cœur est précieuse pour éviter la fâcheuse habitude qui consiste à prendre le refus de l'autre contre soi. Parce que si nous avons de la difficulté à dire non, par peur du rejet, nous pouvons du fait de la même peur du rejet, avoir de la difficulté à entendre un non : « On me dit non, donc on ne m'aime pas… »

C'est la même sécurité intérieure qui nous permet d'entendre un non sans douter, sans perdre confiance, et qui nous rend donc disponible pour écouter les sentiments et les besoins de l'autre derrière son attitude et chercher ce à quoi il dit oui. L'exemple de la petite fille qui se coiffe dans la salle de bain à l'heure du départ à l'école exprime un non : « Non, je ne descends pas avec tout le monde et je ne monte pas spontanément dans la voiture. » On a vu que si la mère se sent assez en sécurité pour écouter sa fille derrière le non, elle peut finalement entendre « Oui j'ai encore besoin d'un signe particulier de tendresse qui m'assure dans mon identité de petite dernière. » Et la solution trouvée est plus constructive et satisfaisante que de s'empoigner tous les matins !

7. J'ai peur des conflits

Derrière la peur des conflits, il y a presque toujours le besoin de sécurité affective. Comme il a déjà été rappelé, la question qui revient en filigrane est : « Puis-je encore être aimé si je suis en conflit, suis-je encore aimable si je ne suis pas d'accord ? » Je constate que pour les personnes qui se plaignent de cette peur, et elles sont nombreuses, le conflit a rarement été vécu comme une expérience enrichissante pour toutes les parties, une occasion satisfaisante de se connaître et de s'estimer mutuellement davantage… Il débouchait plutôt sur une impression d'échec, de tension mal gérée et mal digérée, un sentiment d'amertume, de confusion. On avait joué à « Qui a tort, qui a raison ? », décidé de «c'est la faute de qui», et tout cela ne s'est pratiquement jamais révélé satisfaisant.

La systémique, science des systèmes, nous apprend que tout système tend d'abord à se perpétuer, à se maintenir. C'est la loi de l'homéostasie. Dans un système comme la famille, le couple ou beaucoup d'autres relations, la différence et la divergence font peur parce qu'elles représentent le risque de compromettre le système en le déstabilisant. Face à cette peur, la tendance sera souvent de tenter de rétablir d'urgence l'unanimité soit par le contrôle, soit par la soumission. Ainsi, souvent, pour retrouver l'osmose familiale, conjugale ou autre, soit l'homéostasie de notre système, nous imposons nos solutions en contraignant tout le monde à être d'accord, ou nous nous soumettons d'emblée sans discuter. Il y a fuite ou agression, il n'y a pas rencontre.

Or, le conflit est souvent une occasion d'évolution. Il permet de travailler notre sécurité intérieure, notre autonomie et notre faculté d'écoute et d'empathie. Il nous invite à nous rencontrer nous-même davantage et à rencontrer l'autre, c'est-à-dire à développer à la fois force et souplesse intérieures. Il est l'occasion d'une croissance ensemble et une invitation à la créativité. Je crois que dans la peur du conflit se reflète encore la quête désespérée de l'approbation de l'autre. *Si nous ne nous donnons pas à nous-même une appréciation mesurée, juste, nous risquons bien de passer notre vie à quêter désespérément auprès des autres une appréciation démesurée.*

8. Comment vivre la colère ?

Je vois deux raisons qui nous rendent la colère difficile à vivre, qu'il s'agisse de l'exprimer ou de l'entendre. La première raison est de la même nature que celle qui nous fait hésiter à dire non : la peur du rejet. Nous avons assez entendu ce «Je ne t'aime pas quand tu es en colère» pour avoir intégré que socialement, ce n'est pas bienvenu de se fâcher. Ainsi notre propre colère est vécue comme une menace : «Vais-je encore être aimé si je montre ma colère ?» Et la colère de l'autre est menaçante : «Suis-je encore aimable si l'on se fâche contre moi ?» La deuxième raison qui nous invite à taire notre colère ou à éviter celle de l'autre, c'est que nous voyons tous les jours les conséquences dramatiques de certaines colères dans lesquelles des humains se laissent emporter : insultes, coups, crimes... Partout dans le monde des colères explosent de façon tragique, et parce que les conséquences sont destructrices nous croyons que c'est la colère qui est destructrice. Au fond, nous entretenons une confusion entre le sentiment de la colère et ce que chacun de nous fait avec ce sentiment.

Si ses effets peuvent être tragiques, la colère en soi est un sentiment salutaire puisqu'il traduit une grande vitalité à l'intérieur de nous-même. Si nos sentiments sont des clignotants sur notre tableau de bord, la colère est le flash bleu des urgences ; elle indique que des besoins vitaux ne sont pas satisfaits et qu'il est urgent d'y porter attention toutes affaires cessantes parce qu'il n'y a plus de pilote à bord. « Je suis hors de moi », l'expression consacrée, indique bien que la première chose à faire est de revenir à moi. Ainsi la colère nous invite à nous mettre aux « soins intensifs » de notre propre écoute, de notre propre empathie.

Enterrer une colère, c'est enterrer une mine

Lorsqu'on lit dans les journaux qu'un tueur fou a sorti un *riot gun* pour tirer dans la foule ou tué sa femme et ses enfants avant de se suicider, les voisins de palier affirment souvent que ce monsieur était si gentil, qu'il ne disait jamais rien, qu'il était bien tranquille... On peut ainsi imaginer beaucoup de colères rentrées qui explosent d'un seul coup parce qu'elles n'ont pas eu l'occasion de s'exprimer au coup par coup.

Au fond, si nous enterrons nos colères l'une à côté de l'autre depuis notre enfance, si nous les masquons et les enfouissons soigneusement depuis trente, quarante ans, c'est un peu comme si nous avions enterré autant de mines l'une après l'autre, l'une à côté de l'autre : à l'extérieur, un beau terrain bien entretenu, à l'intérieur, un champ de mines ! Nous sommes assis sur un champ de mines, ça va sauter ! Et il ne faudra souvent qu'une contradiction mineure, qu'une frustration additionnelle bénigne en soi pour que, comme une plume d'oiseau qui tomberait sur le détonateur de la dernière mine mal enterrée, tout saute d'un coup ! Quarante ans de colères rentrées nous sautent à la figure ! La goutte aura fait déborder le vase.

Pourquoi y a-t-il une goutte qui fait déborder le vase si ce n'est parce que nous n'avons pas pris soin de vider le vase régulièrement ? Pourquoi explosons-nous dans une colère aux conséquences souvent excessives si ce n'est parce que nous ne prenons pas soin de désamorcer nos colères régulièrement ?

Ce n'est pas l'autre qui est responsable de ce que mon vase soit plein à déborder. C'est moi qui suis responsable de ne pas avoir pris soin de vider mon vase régulièrement. Il est vrai que vider mon vase régulièrement supposerait que nous soyons vrais plutôt que gentils !

Comment donc dire vraiment notre colère sans agresser l'autre, comment être vrai sans être agressif ?

Dans la colère classique, c'est l'autre qui est tenu pour responsable : « Je suis en colère parce que tu... » Dans cet état d'esprit nous avons donc tendance soit à écraser pour ne pas exploser, soit à exploser directement à la tête de l'autre qui sert alors d'exutoire à la tension que suscite la colère. Souvent l'autre en prendra pour son grade bien au-delà de ce que les circonstances expliquent, parce que plusieurs mines ont sauté au même moment par sympathie !

Cette façon d'exprimer la colère en la déversant sur l'autre entraîne soit sa colère en retour, la partie de ping-pong où chacun se renvoie la balle, ce qui enclenche généralement la spirale de la violence, soit sa fuite : l'autre s'enfuit ou il s'enferme dans le silence, la bouderie, la révolte solitaire, la guerre froide.

Nous avons souvent fait l'expérience que cette façon classique d'exprimer sa colère n'est pas satisfaisante. La seule satisfaction que nous puissions en tirer, c'est d'avoir explosé, d'avoir déchargé le trop plein de tension que la colère suscite, d'avoir pu dire « *nos* quatre vérités » à l'autre. C'est curieux n'est-ce pas : faut-il être en colère, avoir l'alibi de la colère pour arriver à parler vrai ? Pourquoi est-ce si difficile d'échanger nos vérités dans la douceur et la bienveillance ? *Sommes-nous à ce point handicapés de l'expression qu'il nous faille l'énergie de la colère pour arriver à dire ce qui bouillonne en nous ?*

Prendre soin de nos colères

Lorsque nous travaillons la colère en communication non violente, d'une part nous travaillons notre propre responsabilité, et d'autre part nous nous assurons que l'interlocuteur nous écoute, et pour cela, nous revenons à nous-même, nous cessons d'être hors de nous !

1. La première étape consistera donc à *fermer notre bouche* : *nous taire* d'abord plutôt qu'exploser. Non pas pour écraser notre colère, pour la refouler ou la sublimer, mais précisément pour lui donner toute sa force. Nous savons que si nous explosons à la figure de l'autre, nous n'aurons pas en face de nous un interlocuteur qui nous écoute et tente de comprendre notre frustration, nous aurons un rebelle qui prépare sa rébellion, un agressé qui prépare son agression ou un fuyard qui s'est déjà enfui ! Or, quel est notre besoin si nous sommes en colère ? Que l'autre nous entende, qu'il comprenne l'ampleur de notre frustration et de nos besoins insatisfaits. Et pour qu'il nous entende bien, nous savons que nous devons d'abord bien nous écouter.
2. La deuxième étape consiste intérieurement *à accueillir toute notre colère, à en accepter l'ampleur en technicolor et sans marchander.* Je constate – et j'ai pu en faire l'expérience par moi-même – que pour beaucoup d'entre nous, la colère est un tel tabou qu'il est même difficile d'imaginer que nous soyons en colère. Nous dirons que nous sommes tristes, déçus ou préoccupés, exprimant ainsi un sentiment socialement correct, plutôt que de nous laisser habiter consciemment par la colère.

Cette deuxième étape me paraît donc fondamentale : reconnaître que nous sommes en colère, voir en rage, et accepter toutes les visions et fantasmes qui nous passent par la tête, accepter les images de violence qui nous viennent : jeter l'autre par la fenêtre, le découper en petits morceaux, l'écraser sous notre voiture, sortir notre vieux fusil…

L'acceptation intérieure de ces images de violence a l'effet de la pile d'assiettes jetée par terre ou de la chaise fracassée contre le mur : ça soulage et ça sert d'exutoire au trop plein d'énergie que la colère suscite et qui nous empêche d'être à l'écoute de nous. Ce n'est qu'en étant un peu calmé par la décharge émotionnelle que ces visions et projections permettent, que nous pourrons tenter de descendre dans notre puits. Cette étape est également difficile parce qu'elle compromet pas mal l'image de bon garçon ou de bonne fille que nous aimons avoir de nous-même : « Moi, un garçon si gentil, une fille si polie, imaginer que je pourrais vouloir fracasser la tête de l'autre contre un mur, allons donc, cette violence est pour les autres, pas pour moi ! » Pour pouvoir se dégager de sa colère et de sa violence, il faut pouvoir les regarder bien en face.

3. La troisième étape consiste *à identifier le ou les besoins insatisfaits.* La pression étant un peu dégagée par l'étape précédente, nous sommes plus disponibles pour écouter en nous ce qui se passe plutôt que de responsabiliser l'autre. Nous allons pouvoir nommer les premiers besoins qui nous apparaissent.

4. La quatrième étape consiste *à identifier les nouveaux sentiments* qui peuvent alors se manifester. En effet, si, comme il a été dit juste avant, la colère est parfois masquée par des sentiments plus socialement corrects, on constate qu'elle peut également masquer d'autres sentiments par rapport auxquels elle fonctionne un peu comme un couvercle. Ceux-ci sont souvent la fatigue d'une situation qui se répète, la tristesse et la peur. Ces sentiments plus précis vont à leur tour nous renseigner sur nos besoins, et nous pouvons ainsi faire l'inventaire ou l'état des lieux de tout ce que révèle la colère. La fatigue peut traduire notre besoin de changement, d'évolution ; la tristesse, notre besoin de compréhension, d'écoute, de soutien ; la peur, notre besoin de sécurité affective ou matérielle.

5. Nous sommes enfin disponibles pour la cinquième étape : *ouvrir la bouche, dire notre colère à l'autre* d'une façon qui a maintenant plus de chance d'être entendue par lui. Dans la réalité, il ne sera pas toujours facile de faire rapidement son travail d'écoute intérieure tout en restant en présence de l'autre. Il pourra alors être opportun de dire : « Je suis trop en colère pour te parler et t'écouter maintenant d'une façon satisfaisante. J'ai d'abord besoin d'écouter et de comprendre ma colère. Je te reparle plus tard. » Si la pression a été trop forte et que vous explosez quand même à la figure de l'autre, rien ne vous empêche de travailler tout de même votre

colère en cœur à cœur avec vous-même et de revenir à l'autre en lui disant que vous êtes désolé de lui avoir exprimé vos frustrations en ces termes et sur ce ton (S), que vous aimeriez trouver une façon plus conviviale de lui faire part de ce que vous ne voulez pas et de ce que vous voulez (B), et qu'enfin vous souhaitez savoir s'il est prêt à vous entendre maintenant dans cet exercice (D).

Ne laissez pas une colère moisir ni en vous ni entre vous et l'autre. Prenez le temps qu'il faut pour la vider, sinon elle risque d'envenimer tôt ou tard toute la relation. Rappelez-vous : si nous voulons qu'elles soient durables et satisfaisantes, nous devons entretenir nos relations. Beaucoup d'êtres sont habités par une colère qu'ils ne veulent pas voir. Souvent, toute leur énergie étant inconsciemment mobilisée à contenir cette colère, ils ne sont pas vraiment disponibles pour l'intimité, la tendresse, l'expérience durable et satisfaisante de la relation, la paix intérieure, la créativité. L'élan de vie est empêché, seul un travail sur soi permet de dégager la voie.

Par ailleurs, lorsqu'il s'agit d'écouter la colère de l'autre, nous sommes souvent pris par les réflexes suivants : l'agression ou la fuite. Il est rare que nous ayons en nous la patience et la sécurité nécessaires pour écouter la colère de l'autre et nous mettre en empathie avec lui, et ce, parce que nous avons tendance à penser que son attitude est dirigée contre nous : « Il est en colère donc il/elle ne m'aime plus ; donc je ne suis pas aimable. » Et pour nous protéger de ce risque, nous agressons ou nous fuyons. Mais cette réaction ne se révèle pas satisfaisante. Au mieux, exploser à notre tour dans la colère nous aura soulagés de la tension qui nous habitait, au pire nous serons tous les deux partis dans la spirale infernale. Quant à la fuite, inutile de dire que si elle nous donne l'impression de tirer notre épingle du jeu, elle est également peu satisfaisante.

Nous savons maintenant que les sentiments désagréables expriment des besoins non satisfaits. La colère étant en principe un sentiment désagréable à vivre, si nous constatons la colère de l'autre nous pourrons donc porter notre attention non pas à son attitude, ses mots, son ton de voix et ses gestes, mais à ses besoins insatisfaits, et nous tenterons de les nommer : « Est-ce que tu es fâché parce que tu aurais voulu plus de respect, de considération, d'écoute, de soutien, de confiance... » Il est possible que nous ne tombions pas pile sur le besoin en question. Cependant, l'autre ne manquera pas en principe de constater qu'au lieu d'argumenter pour nous justifier, de l'agresser en retour ou de fuir, nous restons là à l'écouter. Cette attitude n'est pas habituelle, elle surprend donc. Très régulièrement, dès le premier échange, le ton retombe. L'autre répond « Oui, c'est cela, j'aurais bien voulu que tu ... » ou « Non, ce n'est pas cela, je voulais que tu... », et tout doucement nous pouvons entrer dans la danse de la rencontre. Disons à nouveau que reconnaître le besoin de l'autre ne veut pas dire que nous l'acceptons ni que nous voulons le satisfaire, mais au moins que nous cherchons ensemble à nous rencontrer.

Il y a plus de joie à tenter de résoudre nos conflits qu'à réussir à les aggraver.

Je ne dis pas que c'est facile, je dis que c'est faisable. Je ne dis pas toujours, je dis que cela vaut la peine d'essayer ! Pourquoi ? Parce qu'il y a plus de joie à tenter de résoudre nos conflits qu'à réussir à les aggraver, parce que nous avons aussi plus de joie à nous rencontrer vraiment en constatant nos responsabilités réciproques qu'à nous défendre désespérément d'avoir tort ou à nous battre tout aussi désespérément pour avoir raison. Savez-vous qu'il y a des gens qui préfèrent avoir raison à n'importe quel prix quitte à se mettre mal avec tout leur entourage, plutôt que d'accepter joyeusement qu'il y a deux opinions !

Je nous souhaite à tous de pouvoir dire et écouter la colère avec à la fois force et bienveillance, afin qu'un jour plus personne ne saute sur un champ de mines.

CHAPITRE 6

Nous renseigner mutuellement et partager nos valeurs

On ne m'a pas dit «Viens»,
on m'a dit «Va où tu veux».

WILLIAM SHELLER

Une question revient presque systématiquement dans les conférences: «C'est très beau de s'écouter comme cela, mais il faut quand même mettre des limites!» Certainement. Nous avons besoin de repères, nous avons besoin de nous situer clairement par rapport aux choses, aux gens et aux événements. Est-il pour autant nécessaire d'imposer, de contraindre?

1. Il faut, Tu dois, C'est comme cela, T'as pas le choix...

Voici ce que j'appelais, dans le premier chapitre, le langage déresponsabilisant, l'une des quatre habitudes de fonctionnement mental qui sont cause de violence. Ce langage – et surtout le niveau de conscience qu'il traduit –, ne laisse pas de liberté et n'informe pas sur le sens. Bien pire, ce langage anesthésie la conscience et la responsabilité.

Il y a quelques années, l'Afrique du Sud faisait une campagne d'amnistie pour les bourreaux et tortionnaires de l'apartheid. Dans un journal anglais je lisais l'interview de plusieurs de ces tortionnaires à qui l'on avait proposé de révéler leurs actes en échange de l'amnistie. L'un d'eux, père de famille, et musicien à ses heures, à qui l'on demandait comment il lui était possible de passer la journée à torturer des êtres humains dans la prison où il travaillait, puis de rentrer chez lui le soir et de jouer avec ses filles ou d'improviser au piano, répondit : *« It was my job ! I was paid for that ! I had to. »* Le journal m'en est tombé des mains ! Était-il possible que le double jeu du devoir et de l'obéissance ait fait de cet être humain une mécanique à torturer, sans conscience ni états d'âme ? Des criminels nazis interrogés sur leurs mobiles ont eu le même genre de réponses. Même anesthésie de la conscience et du cœur, même robotisation.

Il me semble que dans nos vies quotidiennes, sans que, Dieu merci, la portée de nos actes soit aussi tragique, il nous arrive d'agir ou d'attendre des autres qu'ils agissent de façon robotisée, sans vie, sans âme, sans sens : « Il faut réussir, Tu dois travailler, Il faut aller à l'école, Il faut sortir les poubelles, Je dois gagner ma vie, Dans ma situation je n'ai pas le choix… »

De la contrainte à la liberté : Il faut ou Je voudrais ?

Lors d'une première session de formation à la communication non violente avec Marshall Rosenberg, ce dernier introduit la question comme ceci : « Maintenant je vous propose de voir comment sortir de l'esclavage, comment se débarrasser des *il faut que, je dois, je n'ai pas le choix…* » Puis il nous demande si quelqu'un parmi nous pense qu'il y a des choses qu'il faut faire qu'on le veuille ou non. Je réagis sans hésiter :

« Mais évidemment qu'il y a des choses qu'il faut faire dans la vie, qu'on le veuille ou non.

– Peux-tu me citer une chose que tu crois ainsi devoir faire ?

– Eh bien, oui ! Il faut que je travaille. J'ai pas le choix, c'est comme ça ! Je n'ai que l'argent que je gagne par mon travail, et pour vivre comme indépendant il faut se lever tôt !

– Quand tu dis, "Je n'ai que l'argent que je gagne par mon travail et il faut se lever tôt pour vivre (O)", comment te sens-tu (S) ?

– Eh bien, fatigué, et inquiet tiens !

– Et tes besoins (B) ?

– Je suis fatigué parce que je voudrais pouvoir faire un usage plus créateur et plus altruiste de mon temps, et inquiet parce que j'ai besoin de sécurité matérielle. Oui, j'ai besoin de me sentir en sécurité, de savoir que je peux payer mon appartement, car je n'ai plus envie d'habiter une chambre d'étudiant ; de savoir que je peux me payer une pension complémentaire d'indépendant, parce que je n'ai pas envie de mourir de faim à soixante-cinq ans ; de savoir que je peux payer ma voiture, car je n'ai pas envie de faire tout à pied ou en train ; de savoir que je peux m'offrir de temps en temps des vacances, un voyage, une fête avec des amis, ou une formation.

– Quand tu prends conscience que tu travailles parce que cela te permet d'habiter un appartement plus agréable qu'une chambre d'étudiant, de t'assurer une pension de vieillesse, de rouler en voiture, de partir en vacances ou de poursuivre ta formation, comment te sens-tu ?

– Très surpris. Je n'avais pas regardé les choses comme cela. C'est vrai que je fais le choix tous les matins de mettre un costume-cravate et d'aller au travail. Personne, sinon moi, ne m'empêche de partir en Mongolie ou en Terre de Feu pour le restant de ma vie. Je fais le choix d'un certain confort, d'une certaine intégration sociale et familiale, d'une certaine liberté dont je pourrais, si je voulais, me défaire. Il se trouve que je n'ai pas suffisamment envie de me retrouver en Mongolie sans ressources ou en Terre de Feu sans terre d'attache. En même temps, je réalise que j'ai un besoin urgent de changer d'orientation professionnelle et je suis satisfait de constater que je m'y emploie en suivant cette formation. »

Dès que j'ai pu clarifier les enjeux de mon « Il faut », soit le besoin de sécurité matérielle d'une part, et le besoin de changement pour un travail plus satisfaisant d'autre part, j'ai compris que je pourrais éviter le piège du système binaire qui me tétanisait: soit rester dans la sécurité et mourir d'ennui, soit changer et mourir de peur. J'ai donc effectué une transition douce et progressive. Petit à petit, j'ai réduit mon temps de travail comme consultant juridique et développé mon activité en relation humaine. La contrainte («Il faut que je gagne ma vie») était devenue un support: «Grâce à ce travail, je peux changer de vie professionnelle en sécurité!» L'énergie avec laquelle j'ai vécu ces années de transition était toute différente puisque la valeur (ou le besoin) vers laquelle je tendais était claire.

La liberté fait plus peur que la contrainte

Ainsi, je recommande chaudement de passer tous les «il faut, je dois, j'ai pas le choix» au tamis de la conscience afin de bien vérifier quelles valeurs ils servent. Cela permet de faire un tri. Nous traînons souvent des vieux «Il faut», émis il y a fort longtemps et qui n'ont pas été remis à jour. S'il n'existe pas derrière le «il faut» un «je voudrais vraiment», c'est qu'il est obsolète et tient plus du réflexe automatique que de la conscience responsable.

Ce tri peut entraîner des changements importants. Ainsi, j'ai des amis qui, après avoir épluché tous leurs «il faut que, je dois», ont tout quitté: travail, maison, habitudes, pour partir un an parcourir la France en roulotte à cheval avec les enfants. Et l'école? Dans la roulotte, à la lanterne. Et les ressources? Des petits boulots le long du chemin: les besoins sont réduits. Et l'intégration des enfants au retour? On vit au présent, dans la confiance.

Dans un atelier qui regroupait quelques familles, parents et enfants réunis, une mère enseignante m'interpelle:

«Mais, Thomas, il y a quand même dans la vie des choses qu'il faut faire, qu'on le veuille ou non!

– Pourrais-tu m'en citer une?

– Évidemment. Moi, comme mère, je me dois de faire le repas tous les soirs. J'ai pas le choix.

– Comment te sens-tu quand tu dis cela et quel est ton besoin?

– Épuisée, parce que j'aimerais bien lâcher les rênes, ne serait-ce qu'un jour par semaine, et monter prendre un bon bain dès que je rentre de l'école.

– Donc, tu te sens épuisée (S) parce que tu voudrais avoir un peu de temps pour toi après le travail (B)?

– Oui. Mais tu comprends, si je ne cuisine pas, les enfants vont manger n'importe quoi et il faut qu'ils mangent bien.

– Tu te sens préoccupée (S) par leur équilibre alimentaire et tu as besoin d'être sûre qu'ils mangent sainement (B)?

– Ah oui! Pour moi c'est une priorité.

– Est-ce qu'alors tu te sens partagée entre le besoin d'avoir du temps pour toi, par exemple pour aller prendre un bon bain, et le besoin d'être rassurée sur leur équilibre alimentaire?

– C'est cela. Mais tu penses, ils ne pourraient pas comprendre que j'aille prendre un bain alors qu'ils attendent leur repas!

– J'entends que tu as peine à croire qu'ils puissent comprendre cela?

– Oh! je suis convaincue qu'ils ne peuvent pas comprendre.

– Puisque tes enfants sont là, je te propose de leur demander comment ils se sentent par rapport à cela plutôt que de décider pour eux qu'ils ne peuvent pas comprendre, dis-je en me tournant vers les enfants, deux adolescentes qui participent à notre atelier: Comment réagissez-vous à ce que votre mère partage avec nous?

– (En chœur.) Ça fait des années qu'on lui dit soit de prendre le temps de se détendre avant de se mettre à la cuisine, soit de nous laisser faire. Non seulement on sait qu'elle a besoin de souffler le soir mais aussi qu'elle déteste faire la cuisine. Alors, bonjour l'ambiance, puisqu'elle cuisine à contrecœur! La soirée est souvent gâchée à cause de cela. Elle pourrait quand même nous faire confiance, accepter l'idée que nous pouvons nous débrouiller seules, préparer nous-mêmes le repas et faire quelque chose de bien. Il est fini le temps où nous aurions mangé toute la réserve de biscuits ou avalé dix tartines au chocolat!

– (Je me retourne alors vers la mère.) Comment te sens-tu quand tu entends tes filles dire qu'elles aimeraient que soit tu leur fasses confiance pour bien préparer le repas, soit tu t'accordes un peu de temps pour te détendre avant de le faire toi-même ?

– Déconcertée et soulagée. C'est vrai qu'elles me l'ont souvent répété et que je ne l'entends pas. J'ai tellement vu ma mère s'épuiser pour bien faire, s'épuiser pour être une bonne mère que je constate que j'ai de la difficulté à sortir du scénario alors même qu'elles m'y invitent puisque le scénario ne leur convient pas. »

Cet échange trahit notre extraordinaire faculté à nous enfermer dans des croyances sur nous-même (« Une bonne mère se doit de... ») et sur les autres (« Elles ne vont pas comprendre, je n'ose même pas leur en parler, je connais leur réponse... »). Seule la rencontre vraie avec l'autre permet de sortir de ce piège.

J'observe combien il nous est difficile de reconnaître notre responsabilité et comme nous avons tendance à attribuer aux autres ou aux événements la responsabilité de ce qui nous arrive. Pour cette mère, il était difficile de clarifier seule, sans aide, les enjeux, et de prendre librement ses responsabilités en en discutant avec ses filles. Inconsciemment, nous préférons souvent notre cage et ses perchoirs bien connus, à la liberté de sortir par la porte ouverte. Or, la porte est ouverte, grande ouverte, comme l'évoque le poème de Gyula Illyes cité en début d'ouvrage. Pourquoi cela ? N'est-ce pas parce que la liberté nous fait plus peur que la contrainte ?

La contrainte, nous la connaissons bien. Elle est familière ; inconfortable mais familière. La liberté, elle, hou là là ! Elle est nouvelle et suscite la peur de l'inconnu ! Après des générations d'éducation au devoir ou à l'habitude, accepter d'agir par choix et par élan du cœur est difficile. Pourtant, c'est vital. Pour éviter que le monde s'anesthésie, il est urgent que chacun de nous retrouve l'élan du cœur.

Tu dois mettre tes pantoufles !

Lors d'une formation, une mère me dit : « Je n'arrive pas à faire comprendre à ma fille de six ans qu'elle doit mettre ses pantoufles lorsqu'elle court en pyjama dans la maison. »

Je lui demande de me montrer comment elle s'y prend en lui proposant de s'adresser à moi comme à sa fille.

«Je t'ai déjà dit cent fois de mettre tes pantoufles, je ne sais plus quelle langue employer pour me faire comprendre. Va mettre tes pantoufles tout de suite! me dit-elle (en riant de constater son ton).

– Moi, si je suis ta fille et que j'entends cela, j'ai juste envie de faire le contraire, au moins pour deux raisons. La première, c'est que je ne comprends pas le sens de ta demande: moi je suis très heureuse de courir pieds nus!

– Mais je le lui ai déjà dit au début: j'ai peur qu'elle prenne froid, qu'elle tombe malade et que je doive prendre congé pour rester avec elle. Mais c'est vrai qu'après lui avoir dit une fois, je pense que c'est compris et je m'énerve sans lui rappeler le besoin qui motive ma demande.

– Tu peux peut-être constater qu'elle n'a sans doute pas accordé à ton besoin la même importance que toi. Nous pouvons en effet facilement imaginer que pour une petite fille, prendre froid et rester à la maison avec maman n'est pas aussi contraignant que pour la maman! Il peut donc être opportun de clarifier davantage le besoin et certainement de le rappeler plutôt que de considérer que parce que nous l'avons dit une fois il a été perçu par l'autre exactement avec la même portée que par nous. Maintenant je voudrais te demander si, en lui indiquant ton besoin et en lui faisant ta demande, tu as respecté sa liberté de ne pas être d'accord?

– (En riant.) Ah non, certainement pas!

– Voilà la seconde raison pour laquelle, si je suis ta fille, je n'ai pas envie de mettre mes pantoufles: j'ai besoin que ma liberté soit respectée, toute gamine que je suis!

– Ça, c'est difficile! Accepter que l'autre ne soit pas d'accord!

– Bien sûr, ce n'est pas facile. Mais si nous imposons nos demandes comme des exigences, nous obtenons soit la soumission, soit la rébellion, et pas la rencontre. Maintenant, quand tu dis que c'est difficile, est-ce que tu n'es pas rassurée de pouvoir accueillir le désaccord de ta fille sans démissionner vis-à-vis de tes propres besoins?

– Eh bien oui. Au fond, je veux qu'elle soit en bonne santé et je voudrais qu'elle puisse commencer à se prendre en charge pour ces petites choses-là : mettre ses pantoufles quand on a froid, par exemple.

– Est-ce que tu voudrais parvenir à lui faire confiance, à accepter qu'elle peut, petit à petit, décider par elle-même quand elle met ses pantoufles ?

– (Long soupir et temps de silence.) C'est le mot : arriver à faire confiance. J'ai beaucoup de mal à faire confiance, alors je contrôle tout ! C'est épuisant ! »

Au cours de l'atelier, cette mère a de plus en plus pris conscience de sa difficulté à faire confiance. Elle a aussi compris qu'il lui appartient de travailler sur elle-même pour améliorer sa relation avec ses enfants et son conjoint. L'atelier avait lieu sur plusieurs jours. Elle revint un matin, toute heureuse, en disant : « Je ne suis pas encore parvenue à exprimer clairement mon besoin à ma fille, mais hier soir, au lieu de m'énerver, j'ai quand même pu lui demander si elle savait pourquoi je souhaitais qu'elle mette ses pantoufles. Elle m'a répondu clairement : "Pour que je ne prenne pas froid." J'ai réussi à la laisser faire sans rien imposer et quelques minutes après, j'ai constaté qu'elle avait mis elle-même ses pantoufles ! »

Voyez qu'accepter de décoder un « il faut – tu dois » nous donne l'occasion de revenir à nous-même, de travailler notre propre responsabilité.

Un homme politique actif dans une instance du pays vient en entretien parce qu'il constate qu'il éprouve souvent des difficultés dans sa façon de communiquer avec son équipe. Il observe qu'il emploie régulièrement un ton cassant et qu'il obtient des réactions de rejet de l'autorité et de contestation perturbantes pour le travail alors qu'il ne souhaite que l'efficacité dans la synergie et la bonne collaboration. À l'occasion d'un renouvellement d'équipe, à la suite des élections, il veut clarifier sa façon de communiquer ses intentions et ses objectifs pour les prochaines années. Il souhaite notamment que ne s'engagent à ses côtés que les personnes vraiment soucieuses du service public et des intérêts de la communauté, et ne veut plus collaborer avec des personnes avant tout préoccupées par leur carrière. Noble objectif auquel j'étais heureux de prêter mon concours.

Son projet d'exposé était rempli de « Il faut absolument, Nous devons, Il est grand temps que, Il est scandaleux que… » – soit des devoirs et des considérations morales ou mentales, de sorte que je n'étais pas surpris des discussions que son attitude suscitait : il donnait l'impression de savoir pour les autres ce qui est bien, de décider pour eux, en leur nom. Nous avons travaillé ses sentiments et ses besoins afin qu'il puisse s'exprimer par des mots qui parlent à chacun : « Je suis fatigué et un peu découragé, j'ai besoin d'efficacité dans notre travail d'équipe et j'ai besoin pour cela d'être assuré que nous partageons bien le même objectif – le service et l'intérêt de la communauté. Je voudrais que chacun d'entre nous se donne le temps de bien définir intérieurement ses priorités. Et j'ai grandement besoin de cohérence entre notre langage et notre attitude : nous voulons une politique plus consciente de la portée de ses actes et plus responsable dans la durée et la globalité ; chacun d'entre nous est-il cohérent par rapport à cet idéal dans la façon dont il s'engage dans ses tâches quotidiennes ? »

Cette entrée en matière offrait davantage d'occasions d'avoir une rencontre de cœur à cœur avec les coéquipiers que le langage des « Il faut » qui exige ou condamne. Il était d'ailleurs très satisfait de la façon dont s'est finalement déroulée la réunion d'équipe.

Il faut sortir les poubelles !

La prochaine fois que vous vous direz « Il faut sortir les poubelles », arrêtez-vous et détendez-vous : aucun gendarme ne viendra vous arrêter ni aucun jugement dernier vous condamner si vous empilez vos poubelles, semaine après semaine, dans la cuisine, puis le salon, voire dans la salle de bain ! Si vous sortez les poubelles, n'est-ce pas que vous avez besoin d'ordre, de propreté, d'hygiène, d'esthétique et de confort, en somme de rendre votre maison accueillante ?

Demandez-vous dans quelle énergie vous vous sentez si vous vous mettez en contact avec les valeurs que vous servez au lieu de vous soumettre à la contrainte du « Il faut ».

J'ai pas le choix, J'ai pas le temps !

Je sais qu'existent, bien sûr, des circonstances dans lesquelles les possibilités de choix peuvent être considérablement réduites, voire anéanties. Je pense par exemple que la violence ou la contrainte physiques peuvent supprimer la liberté d'action. Toutefois, j'apprécie toujours profondément le courage des personnes qui reconnaissent qu'elles n'ont pas eu la force de décider, de refuser ou de changer, et qu'elles ont en conséquence fait le choix d'accepter une situation qui ne leur convenait sans doute pas mais qui comblait quand même certains besoins – parmi lesquels, souvent, le besoin de sécurité matérielle, affective, émotionnelle. Je trouve courageux de reconnaître sa responsabilité plutôt que d'accabler les circonstances ou les autres.

Je crois que c'est une habitude de langage qui nous fait dire « Je n'ai pas le choix » tout comme nous disons « Je n'ai pas le temps ». Si nous avions davantage conscience de nos besoins nous verrions plus clairement que nous choisissons nos priorités et que l'usage de notre temps en est un reflet évident. Notre agenda est un indicateur de priorités. La personne qui travaille dix à douze heures par jour et qui dit « Je n'ai pas le temps, avec le métier que j'ai, je n'ai pas le choix » pourrait reformuler cela en disant, par exemple : « Ma priorité actuelle, c'est ma sécurité matérielle et celle de ma famille. Je n'ai pas encore eu l'occasion de trouver un travail mieux rémunéré qui me permette d'être plus disponible » ou « Je tiens vraiment à assumer des responsabilités importantes et à m'y dévouer parce que cela nourrit mon besoin de me sentir utile, de trouver de la stimulation et du plaisir dans mon travail et d'assurer mon confort matériel ; pour le moment, je fais donc le choix d'y consacrer l'essentiel de mon temps. » Le « pas encore » et le « pour le moment » ouvrent la possibilité d'une liberté de changement.

Au fond, il nous suffit de regarder ce que nous faisons, à quoi nous consacrons notre temps et notre énergie, les gens que nous voyons. Ces éléments sont un fantastique indicateur de nos priorités et donc de nos choix. Attention! Pas forcément ce que nous faisons à première vue, mais les besoins que satisfont, en nous, les choses que nous faisons.

Une fois de plus nous constatons que ce n'est que si nous nous responsabilisons par rapport à nos choix ou à l'usage de notre temps que nous nous donnons un pouvoir d'action pour changer ce que nous aimerions changer. Une maxime anglaise dit avec humour: Si tu n'aimes pas cela, change-le. Et si tu ne le changes pas, aime-le!

2. Brise-lames ou balise, berger ou barbelés?

> *S'il fallait absolument choisir entre la violence et la lâcheté, je conseillerais la violence (...) mais je crois que la non-violence est infiniment supérieure à la violence.*
>
> Gandhi

En traversant un jour en voiture une petite bourgade, je me fais arrêter par un gendarme juste après un virage où j'avais distraitement «mordu» sur la ligne blanche qui marque la route. En un éclair, la vue du gendarme me fait prendre conscience de ma distraction et réactive en moi une vieille rébellion contre le cliché de «l'autorité-bête-et-méchante-qui-fait-son-travail-aveuglément»! Et, tout accroché à ce vieux préjugé, je m'attends à recevoir le discours administratif: «Vous êtes en infraction à l'article XYZ du code de la route. L'amende est de mille cinq cents francs, c'est comme ça, vous avez pas le choix» ou le discours moralisateur: «Vous n'êtes pas fou, rouler comme cela dans un village, vous êtes inconscient!» Je range ma voiture sur le côté de la rue. Le gendarme s'approche et me salue fort civilement: «Monsieur, je suis très inquiet parce que j'ai la charge de la sécurité de ce village au moment de la sortie des écoles (B) et quand je vous vois passer la ligne blanche, je ne suis pas sûr (S) que vous soyez conscient des risques (B) pour les enfants qui peuvent y marcher et traverser distraitement la route. Qu'est-ce que vous en pensez?»

Je lui ai presque demandé de répéter tant je n'en croyais pas mes oreilles. Ce gendarme avait observé le fait sans me juger, il me donnait son sentiment et m'indiquait son besoin en me faisant la demande de lui faire part de ma réaction ! J'étais émerveillé de voir la conscience de cet homme : il n'était pas là pour punir, réprimander ou contraindre, mais pour indiquer et rappeler une valeur et un besoin : la sécurité. Il n'agissait pas par la menace ou la sanction mais par la responsabilisation. Je lui ai répondu que j'étais extrêmement embarrassé de ma distraction, que la sécurité des personnes et particulièrement celle des enfants me tenait vraiment à cœur et que son attitude consciente et responsable m'invitait à être davantage conscient et responsable au volant. Il m'a souhaité bonne route et je suis parti tout content.

Je puis assurer que cette histoire continue de stimuler ma vigilance en voiture bien plus que si j'avais « dû » payer une amende pour acheter la paix judiciaire. Ce gendarme, qui aurait pu avoir une attitude de brise-lames (en disant, par exemple : « Vous êtes en tort, vous devez payer ») se rappelle toujours actuellement à ma mémoire comme une balise bienveillante – un point de repère auquel je pense avec respect et amitié, et qui continue de m'inviter à la vigilance sur les routes.

Respecter une règle implique qu'on la comprenne

« Si les jeunes ne respectent pas les règles, c'est qu'ils ne les comprennent pas. » C'est Pierre-Bernard Velge, fondateur de l'association Flics et Voyous qui m'a enseigné cela. Je dis « enseigné » parce que pour le juriste que je suis, cela a constitué un apprentissage : ce n'est pas parce qu'une règle existe qu'elle a du sens ni surtout qu'elle « fait sens » pour tous de la même manière.

De surcroît, comme je l'ai déjà évoqué, comprendre nous donne un pouvoir d'action : au lieu de nous évertuer à faire respecter la règle aveuglément, nous nous donnons la possibilité de voir si le sens de la règle, la valeur que la règle exprime, est bien perçu de la même manière par tous. Tant que nous ignorons qu'une règle est une tentative pour exprimer ou illustrer une valeur dans la vie quotidienne, nous avons beaucoup de chance de ne la vivre que comme une contrainte énervante.

Au cours de l'une des expéditions que nous organisions dans le désert du Sahara avec des jeunes en difficulté, un climat de tension et d'agressivité commença un jour à s'installer entre les jeunes. Nous avions entendu dire que des affaires personnelles avaient été volées et certains se plaignaient d'assumer toutes les tâches tandis que d'autres se reposaient, mais nous avons laissé les jeunes «mijoter» quelque temps dans ces tensions. Puis, un soir après le repas, autour du feu, nous leur avons proposé d'en parler à tour de rôle, chacun ayant son temps de parole assuré par le rituel du bâton de parole. Voici un résumé de l'échange entre trois jeunes et les animateurs qui ouvrirent le dialogue.

«Toi, Thierry, est-ce que tu veux parler?

– Oui, y'en a qui ont piqué mes affaires. C'est des cons, je vais leur casser la gueule!

– T'es en colère parce que tu as besoin de respect pour ton matériel et pour toi-même?

– Oui, j'ai besoin qu'on me respecte et qu'on soit honnête.

– Toi, Jeanine, est-ce que tu veux parler?

– Oui, j'en ai marre. On est les seuls avec deux ou trois autres à aider à décharger les camions et à monter le camp! Y'en a qui foutent rien et qu'arrêtent pas de glander!

– Tu es révoltée parce que tu aurais besoin d'entraide et d'une juste répartition des tâches?

– Oui, ce serait tellement plus agréable qu'on s'entraide et cela irait plus vite. Nous aurions tous plus de temps pour installer nos affaires après.

– Et toi, Jean-Luc, est-ce que tu veux dire quelque chose?

– Oui, j'en ai assez qu'on parle dans mon dos. Y'a Corine et Angela qui arrêtent pas de dire des trucs sur moi qui sont pas vrais.

– T'es fâché et déçu, Jean-Luc. Tu voudrais que s'ils ont des trucs à te dire, ils viennent t'en parler franchement?

– Oui, franchement et pas derrière le dos. Et qu'on n'invente pas des trucs qui sont pas vrais.

Ainsi, l'un et l'une après l'autre, nous les avons tous écoutés, reflétant leurs sentiments et leurs besoins sans les juger. Apparaissaient alors, formulées de leur bouche même, toutes les valeurs qui permettent le bien-être de la vie en société: respect, honnêteté, entraide, équité, franchise, vérité, etc. La plupart des jeunes avaient de lourds casiers judiciaires parce qu'ils avaient commis des délits graves. Certains nous avaient même été confiés par leurs responsables à la condition que nous signions une décharge tant ils étaient catégorisés comme des récidivistes incurables. Mais, isolés, dans le dépouillement du désert, loin des contraintes et des rébellions familières, ils nous faisaient partager la beauté de leurs intentions. Ils nous indiquaient que dans leur cœur, ils chérissaient ces valeurs-là, même s'ils donnaient l'impression de les fouler aux pieds dans une société où ils ne trouvaient pas leur place. Tout d'un coup, ces valeurs prenaient un sens évident: ils pouvaient constater par eux-mêmes que sans elles, c'est la zizanie et la misère.

Imaginez que nous ayons joué au gardien de prison, genre brise-lames, en leur disant: «Il faut se respecter, il faut s'aider, si vous ne le faites pas vous serez punis ou renvoyés par le premier chameau qui passe…» Nous aurions obtenu des ricanements, des haussements d'épaules moqueurs ou râleurs et un joli bras d'honneur pour couronner le tout! Pire, nous les aurions renforcés dans leur croyance qu'ils sont différents, qu'ils ne sont pas intégrés, qu'ils sont désintégrés, inexistants, et ils auraient très probablement surenchéri dans leurs comportements, simplement parce que la bagarre ou la zizanie, comme la méfiance et le mal-être, procure au moins la sensation d'exister. Mal être, c'est quand même être. Cette soirée et toute la suite du voyage leur procurèrent autant d'occasions de se rendre compte qu'on peut aussi se sentir exister dans le bien-être, dans le respect mutuel, dans la confiance.

Cette anecdote permet de relever que si nous avons été éduqués depuis le berceau dans les tensions, les disputes et l'inconfort affectif, si depuis l'enfance nous avons cru qu'agresser l'autre est la seule façon de nous faire une place à moins de renoncer tout à fait à la prendre, s'installe en nous une sorte de résistance au bien-être parce que celui-ci peut paraître moins intense que le mal-être et moins sécurisant puisque inconnu. Il y a alors des risques que nous recréions inconsciemment les circonstances qui nous sont familières pour retrouver du connu et de l'intensité.

J'ai ainsi connu un homme d'affaires extrêmement poli, gentil et élégant qui, enfant, avait profondément souffert de l'attitude d'un père extrêmement autoritaire. Ce père lui avait notamment infligé des épreuves d'endurance révoltantes pour soi-disant l'habituer à ne pas souffrir. Ce qui le peinait dans sa vie actuelle, c'était ses réactions vis-à-vis de l'autorité. Il avait pris conscience qu'il se mettait lui-même en difficulté avec l'autorité afin d'en découdre avec elle! Il contestait systématiquement toutes les contraintes légales ou administratives auxquelles il faisait face dans son travail, usant une énergie folle à contredire les fonctionnaires ou responsables de services qui lui demandaient simplement de se mettre en ordre sur le plan administratif. Il avait pris conscience de cela après s'être fait conduire au poste de police pour insultes à un policier de la route qui effectuait un simple contrôle.

En travaillant sur ses besoins, il prit conscience qu'il retrouvait, dans ces moments-là, une intensité et une assurance quant au fait d'exister et d'avoir sa place, qui lui faisaient défaut autrement. Nous avons alors exploré ensemble toute la colère et la révolte rentrées qui étaient liées à l'attitude du père. Puis, quand il a été prêt pour cela, nous avons exploré les besoins qu'avait pu avoir le père pour s'être comporté comme il l'avait fait, et ce, afin de tenter de comprendre le père. Enfin, nous avons mis à jour les besoins suivants: «Aujourd'hui, j'ai besoin de me sentir vivre intensément autrement que dans la rébellion et l'agression. J'ai besoin de me donner à moi-même toute la place et le respect que je n'ai pas reçu de mon père.»

Que nous soyons un bourgeois, un gamin des rues ou un homme d'affaires policé, nous avons tous besoin de sens et d'intensité. Et, surtout, nous constatons que si nous ne tentons pas de nous comprendre, de comprendre la mécanique de la violence et d'être ainsi plus conscients de nos mécanismes de fonctionnement, nous risquons bien de continuer à poser encore longtemps des barbelés de prison ou des rideaux de fer pour nous protéger.

Dépêche-toi, dépêche-toi ! On n'a pas le temps !

Le sous-titre « berger ou barbelés » m'est venu il y a deux ans, en traversant une région de France que j'avais connue voilà vingt-cinq ans. Elle était à l'époque encore si reculée et authentique qu'elle représentait pour beaucoup le rêve du retour à la nature. J'étais alors un adolescent fasciné par le métier des bergers qui vivaient là et dont j'aimais l'allure de poètes contemplatifs baignant dans l'univers. Ils promenaient librement leurs troupeaux à travers la garrigue austère, de ravines en coteaux et d'éboulis en labours et avec une ferme bonhomie. Quelques injonctions joyeuses, beaucoup d'encouragements manifestant la connaissance individuelle que le berger avait de chacun de ses moutons, et surtout, du silence et du temps. Le berger prenait soin d'ajuster son pas et son itinéraire en fonction du bien-être du troupeau. En revenant dans cette région vingt-cinq ans plus tard, je fus frappé de voir les clôtures et les enclos qui tenaient maintenant les troupeaux enfermés. Plus le temps d'aller courir les champs, quelques lignes de barbelés feront l'affaire ! Et le troupeau piétine sur place. Et le berger est devenu garde-barrière, faute de temps !

J'ai souvent pensé à l'école et à l'éducation, aux familles et aux maisons d'accueil pour les jeunes, aux internats et aux institutions pénitentiaires, à tous ces lieux qui sont censés accueillir et éduquer, et où tout le monde se plaint du « manque de temps ». Et je me suis pris à rêver à la qualité du rapport entre les êtres. Bien sûr, je ne souhaite à personne d'être un mouton, ni au sens propre ni au sens figuré ! Je me suis pris à rêver que toute personne en relation d'aide et d'éducation puisse se sentir libre, comme un berger, de prendre le temps et d'emprunter l'itinéraire le mieux adapté à chacun ; je me suis pris à rêver que toute personne en relation d'apprentissage puisse demander de l'aide et être entendue, signaler qu'elle a peur ou qu'elle ne va pas bien et être écoutée, constater qu'elle ne réussit pas quelque chose et être encouragée, manifester son désarroi et être comprise, sans être contrainte à piétiner dans un enclos.

Je travaille très régulièrement en milieu scolaire et j'entends systématiquement la même plainte : « Mais on n'a pas le temps!» Le directeur d'une grande école de Bruxelles me dit, après une conférence où j'avais évoqué l'image du berger: «Vous avez tout à fait raison, ni les parents ni les élèves ne savent plus ce que c'est que prendre le temps. Il y a deux choses que les élèves entendent continuellement et c'est: «Dépêche-toi, dépêche-toi!» et «Vite, vite!»

Mais est-ce vraiment que l'on n'a pas le temps ou est-ce que l'on ne veut pas voir certaines priorités? Souvent, c'est la course à l'organisation domestique, à l'intendance. Un couple réalisa ainsi qu'ils prétendaient «n'avoir pas le temps» de voir leurs enfants en dehors du repas du soir parce qu'ils étaient en train de rénover leur maison. Ils avaient choisi une nouvelle cuisine, un nouveau salon et réaménageaient le jardin. En plus, «il avait fallu» changer la voiture qui devenait vieille et ils venaient donc de s'acheter la nouvelle familiale turbo diesel! Les enfants se plaignaient de leur indisponibilité et commençaient à manifester leur déroute: colères, petits décrochages scolaires, échecs, bouderies... Les parents, qui avaient commencé à accuser les enfants d'indiscipline et de manque de respect, voulurent bien constater qu'ils avaient, durant un moment, inversé les priorités en mettant au premier plan la maison et le confort matériel, d'où une surcharge de travail et des soucis d'argent. Ayant fait cette prise de conscience, ils ont réaménagé leurs priorités, et donc leur temps, autrement.

En effet, à quoi sert une nouvelle cuisine si l'on y mange seul ou en se faisant la tête? À quoi sert un nouveau salon si l'on n'a jamais le temps de s'y asseoir? À quoi ça sert une nouvelle voiture si on se chamaille à chaque trajet et qu'on n'a de toute façon plus le temps de voyager, d'aller se balader en forêt ou de prendre des vacances?

Priorité aux chaises ou à l'écoute?

Il y a quelques années, François, qui avait participé à plusieurs formations en communication non violente, m'appelle pour me demander mon aide. Il vient d'être nommé directeur d'une maison des jeunes dans un quartier défavorisé de Bruxelles et on lui a fait un tableau désastreux de l'ambiance. Les jeunes du quartier sont apparemment révoltés et ont tout cassé dans la salle de séjour de la maison qui est censée leur servir de lieu de rencontre et d'ateliers créatifs. François a une longue carrière dans l'activité sociale et humanitaire mais il ne s'est encore jamais occupé de jeunes dits de la rue. Je le rencontre ainsi que les membres de son équipe qui, eux, connaissent bien le quartier. J'apprends un peu l'histoire de cette révolte et prends le temps d'en discuter avec certains jeunes. Il apparaît que la direction précédente aurait fait des promesses d'activités et de programmes qui n'auraient pas été tenues. Les jeunes avaient de grandes attentes qui ont été déçues, et un jour, à l'annonce d'une ultime annulation du programme, ils ont disjoncté et cassé toutes les chaises et tous les fauteuils de la salle !

François me dit que ses supérieurs administratifs insistent pour qu'il remette aussitôt la maison en bon état et rachète le mobilier manquant, et il me demande mon avis. Je lui réponds : « Pourquoi reconstruire la maison si la bombe n'est pas désamorcée ? C'est presque provocateur : les jeunes vont constater qu'il y a de l'argent pour remplacer les choses, mais pas pour s'occuper des gens ! C'est la meilleure façon d'appuyer à nouveau sur le détonateur : ils ont eu l'impression – à tort ou à raison – d'être tenus pour rien, considérés comme des choses que l'on peut promener d'un programme à un autre. Il est urgent de leur témoigner de la considération humaine, de les écouter et de tenter de comprendre leurs frustrations. »

À sa demande, j'accepte sa proposition d'écouter les jeunes et de prendre le temps de retrouver la paix. Il souhaite que je fasse une proposition chiffrée qu'il pourra présenter à sa direction. Sans trop pouvoir imaginer le nombre d'heures que ce travail demanderait, je propose quatre modules de quatre heures pour rencontrer en tout une quinzaine de jeunes, le budget total étant de l'ordre de vingt mille francs belges à l'époque.

François me rappelle une semaine plus tard pour me signaler que la proposition est refusée, la direction ayant déjà épuisé le budget pour cette année en venant de voter l'attribution de cent cinquante mille francs à la rénovation de la salle et au rachat de chaises. En outre, il me précise que la direction trouve que c'est une priorité : pour que les jeunes se sentent bien il faut que le décor soit accueillant ; mais elle compte renforcer les mesures de surveillance afin d'assurer le respect du matériel.

Bien sûr qu'il importe que le décor soit accueillant, mais à quoi sert un décor accueillant si on a la révolte et la haine au cœur ? C'est gentil, mais cela sert-il la vérité des rapports humains ? Bien sûr qu'il importe d'assurer le respect du matériel, mais renforcer la surveillance est-il vraiment le moyen le plus efficace et le plus satisfaisant pour tous ?

Cette histoire vécue nous montre combien nos institutions nous ressemblent en ce qu'elles n'ont pas encore mis l'humain au cœur de leurs préoccupations mais se laissent gentiment distraire par l'organisation qui entoure l'humain.

La violence est l'explosion d'une bombe de vie empêchée

C'est quand on est à bout de mots pour dire et à bout de patience pour écouter que l'on commence à élever des barbelés.

Nous emmenions un jour une vingtaine de jeunes en difficulté pour deux jours d'escalade et d'exercices d'audace sur des câbles et des ponts aériens dans le camp d'entraînement du régiment Para Commando. Ce camp est en pleine nature et n'est pas clôturé. Nous avions reçu de multiples mises en garde de la part des responsables des jeunes : « Ils sont dangereux, surveillez-les bien, ne les laissez pas s'échapper… » ou « Vous êtes fous, ils iront picoler et faire du raffut dans le premier café qu'ils trouveront, ramenez-les le soir même. »

Nous sommes partis confiants. Et avec raison. De fait, alors qu'ils vivent d'habitude entre les quatre murs d'une maison d'accueil ou dans la rue, quand ils passent ainsi une journée au grand air à se balancer au bout d'une corde de rappel avec cent mètres de vide sous leurs pieds ou à traverser des ponts de singes tendus sur des gorges par-dessus la pointe des sapins, quand ils ont eu chaud, faim et peur, et qu'ils ont discuté, râlé et ri avec des adultes disponibles, le soir autour du feu, quand les tentes sont montées et que le repas mijote, pas un ne voudrait être ailleurs. Qu'est-ce qui les retient? Le bien-être, dont les ingrédients sont: le sens de ce qu'ils font et la sensation d'exister.

Nous sommes tous dangereux si notre vitalité n'a pas l'occasion de s'exprimer, si notre mal-être n'a pas l'occasion d'être partagé et compris. La violence, c'est l'explosion d'une bombe de vie empêchée.

3. Sens et sensation

« La berge est la chance du fleuve »

Je ne sais plus qui a dit cette jolie phrase. C'est vrai que sans la berge, le fleuve devient marécage et ne va pas plus loin. Nous avons besoin de sens comme de pain. De sens dans le double sens de direction et de signification. Tout l'art est de comprendre et de faire comprendre que la berge est l'alliée du fleuve, l'amie, la fidèle; que le fleuve ne subit pas la berge mais s'y appuie et s'en renforce.

Nous avons besoin de sens comme de pain

Je travaille beaucoup les questions du sens et de la liberté avec les jeunes. J'observe qu'ils voudraient bien les deux mais ne savent pas trop comment faire, constatant par eux-mêmes que faire tout ce que l'on veut n'a pas forcément de sens, et qu'à l'inverse, choisir un sens peut être contraignant puisque cela amène à des renoncements. Pour illustrer le fait qu'être libre ne signifie pas pouvoir faire n'importe quoi, mais que c'est davantage pouvoir faire ce que l'on a choisi de faire, je leur propose cette métaphore.

« Imaginez que vous êtes une douzaine sur un terrain vague au soleil en plein après-midi. Que faites-vous?

– Ben on traîne, on dort ou on va faire un tour dans le quartier, enfin, on s'emmerde quoi!

– Imaginez que je vous propose quelques contraintes: dessiner un grand rectangle blanc à la chaux sur le sol; diviser ce grand rectangle en deux et former deux équipes; n'utiliser qu'un seul ballon pour les deux équipes, et cela dans un temps donné et en observant quelques modes de passage du ballon, que se passe-t-il?

– (Surpris.) Ah ! c'est malin, on joue au foot !

– Vous voyez que la règle ou la contrainte est le cadre du jeu. C'est elle qui vous donne l'occasion d'exercer de façon plus satisfaisante votre liberté de jouer. Tout comme le feu rouge et les règles du code de la route sont l'occasion d'exercer de façon plus satisfaisante et sécurisante notre liberté de circuler. Tant que nous ne sommes pas conscients du sens de la règle, nous pouvons très bien avoir envie d'aller jouer tout seul hors du cadre. Si nous sommes conscients du sens de la règle, il y a plus de chances pour que nous ayons du plaisir à partager la partie. »

Informer sur le sens est difficile si l'on ne s'est pas soi-même interrogé sur cette question. J'observe le désarroi de beaucoup de parents et d'enseignants à ce propos : l'interpellation des adolescents et même des jeunes enfants sur le sens de ce qu'ils font les laissent souvent pantois ! Personnellement, je me réjouis vraiment que tant de jeunes s'interrogent sur le sens et n'acceptent plus d'entendre « C'est comme cela parce que c'est comme cela, On va à l'école parce que c'est obligatoire, On travaille parce qu'il faut gagner sa vie… »

Par leur interrogation, les jeunes invitent les adultes à réfléchir sur leurs priorités, voire à les reformuler, ainsi qu'à préciser la définition de ce qui « fait sens » pour eux. Je vois là un signe d'une évolution vers plus de sens, de responsabilité et de vérité. Bien sûr, ça secoue un peu les vieux repères et les anciennes habitudes, et ce n'est certainement pas toujours facile d'être ainsi amené à se remettre en question !

Célébrer l'intensité de la vie

> Ce qui manque à l'homme, c'est l'intensité.
> Carl Jung

Voilà quelques années, dans une rue commerçante d'une ville québécoise, en plein mois de novembre glacé, je suis salué par un adolescent souriant, de seize ou dix-sept ans, qui semblait attendre, appuyé contre un coin de mur. Il m'aborde : « Salut, ça va ? Tu cherches quelqu'un ? » Je comprends aussitôt ce qu'il fait là, dans le froid, sous son allure de collégien qui rentre de l'école. Ce n'était pas de la drogue qu'il voulait vendre. Je réponds : « Non je ne cherche personne. Mais je t'offre volontiers un café si tu veux. » Il faisait vraiment glacial, et quelque chose me touchait dans cette rencontre inattendue. Il accepte. On entre dans le bar du coin et on papote un peu de tout et de rien.

« Tim, lui dis-je, ce sont les jeunes qui m'ont appris une grande part de ce que je sais, et de ce que je pratique dans mon métier. Est-ce que tu es d'accord pour que je te pose une question sur toi ?

– (Dans une bouffée de cigarette.) Pas de problème, vas-y.

– Qu'est ce qui t'a amené à faire ce que tu fais sur la rue ?

– La came.

– Et qu'est-ce qui t'a amené à la came ?

– La vie.

– Et quoi dans la vie ?

– (Il pousse un long soupir, tire sur sa cigarette puis l'écrase avec agacement.) J'en peux plus d'entendre mon père me dire qu'il faut aller à l'école parce que c'est comme ça. Il est même pas capable de me dire pourquoi il travaille lui ! Faut pas déconner, ça n'a pas de sens !

– T'as besoin que les choses et la vie aient un sens ?

– Ben évidemment ! Et puis la vie est fade, mon père est fade, mon village est fade. J'ai besoin de m'éclater alors j'me prends de ces trips… (Il rigole.)

– Tu voudrais que la vie soit plus intense, plus vivante ?

– (En s'énervant.) Ouais, je veux que ça bouge, que ça déménage. Alors je te parle pas de l'ambiance à la maison. Tout est rangé à sa place, mort. Bonjour les sensations !

– Tu as besoin d'avoir la sensation d'être en vie ?

– Oui, c'est ça, la sensation d'être pleinement vivant. Mais, je ne trouve pas ça dans ma vie. Alors je tire des lignes de coke, je fume des joints et je m'envoie en l'air avec des inconnus. J'ai pas encore trouvé d'autre aventure à vivre, même si je sais que cela viendra. »

En quelques mots, Tim résumait deux enjeux fondamentaux de notre existence : nous avons besoin de sentir le sens de notre vie, sa direction et sa signification humaine, philosophique, spirituelle, et nous avons aussi besoin de nous sentir bien incarnés dans une chair vivante et palpitante qui peut goûter pleinement le plaisir d'être au monde. Si nous ne prenons pas soin de ces besoins de façon constructive nous risquons de tenter de les combler de façon destructrice.

Trois jours après notre rencontre, quittant les lieux où j'animais une formation, je retombe sur Tim qui faisait la manche sur un grand boulevard. Je n'en reviens pas de le croiser de nouveau. Il est un peu hagard et a manifestement consommé ses dernières ressources. Il lui manque vingt dollars pour reprendre le bus pour son village.

« Vingt dollars, j'te dis, c'est juste ce qu'il me faut pour rentrer dans mon village. C'est à quatre cents kilomètres !

– Je veux bien t'aider mais qui me dit que tu vas pas les fumer ces vingt dollars ?

– Viens acheter le billet avec moi. Je dois partir, j'te dis ! »

Nous marchons vers la gare routière et Tim m'explique :

« J'ai eu peur de manquer mon autobus, mes parents m'attendent demain et mon copain ici ne veut plus me loger. Alors j'ai prié. Je prie toujours dans ces moments-là.

– Et t'es toujours exaucé ?

– Ben tu vois, t'es passé par là et tu me paies mon billet !

– Tu y crois... ?

– À quoi ? en Dieu ?

– Oui.

– Ben évidemment ! y m'répond toujours. »

Il était confiant. Confiant qu'il aurait un jour une femme, des enfants, un travail. Il parlait de ce qu'il vivait comme d'un simple passage, un moment. Je suis reconnaissant à Tim pour cette leçon de vie et de foi. Cette rencontre nourrit en moi le goût de creuser plus profond pour trouver la veine de la santé et de la vie, même à travers la boue de la peine et du quotidien.

Julien lui, est un garçon de dix-sept ans à ce point silencieux qu'on le croirait autiste. Il a des problèmes de drogue et nous l'invitons à se joindre à une descente de rivière que nous organisons dans une région montagneuse et désertique. Les premiers jours, il reste au fond du canoë, sans bouger de toute la descente, sans un mot, alors que les autres se relaient à l'avant pour se mettre à califourchon sur les boudins du canoë et sauter les vagues de la rivière. Julien vient d'un milieu très modeste. Le père, étranger, est reparti depuis longtemps dans son pays. Julien est triste et solitaire. Il s'apprivoise tout de même en voyant les autres s'amuser tellement. Un jour, il se risque à l'avant, à califourchon lui aussi, sur les boudins du canoë ; il guette le prochain rapide. Là, la vague est beaucoup plus grosse que prévue. Elle arrose généreusement tout le canoë tandis que les remous manquent de renverser le bateau. Julien exulte : « Vous avez pas vu cette vague, vous avez pas vu ça. J'ai tenu, hein les gars ? Vous avez vu ? Quelle claque alors, c'est génial ! » Il s'est arrêté, lui-même interloqué, et nous médusés de l'entendre articuler autant de mots sur un ton aussi vivant. Il ne s'est lui-même jamais entendu ni senti aussi bien. Dans l'instant, toute l'équipe l'ovationne en chœur, comme on accueille une naissance ! Avec la giclée d'eau, c'est une giclée de vie que Julien a prise et qui lui enseigne à entrer dans son corps, à quitter le Peter Pan triste, à danser, à bouger, à s'incarner. Julien a quitté sa torpeur et son mutisme petit à petit. Jour après jour, nous le voyions se mêler aux autres, prendre sa place dans le groupe et commencer à rire. Huit ans plus tard, j'ai revu Julien qui maintenant travaille et prend soin de son propre fils.

Voici un enjeu qui me plaît particulièrement : retrouver la présence, la joie et le goût de la vie même à travers ses difficultés les plus crues, sans les nier ni les refouler. Ni angélisme ni diabolisme, seulement faire l'expérience aussi consciente que possible de notre incarnation en tentant d'en éviter les pièges habituels : l'installation dans nos habitudes de fonctionnement, nos principes et nos vieilles blessures mal ou pas soignées et la fuite dans l'idéalisation ou la spiritualité désincarnée.

En terminant ce chapitre, je veux célébrer la vie dans tous ses états, dans tous ses mouvements et tous ses moments, la vie qui nous fait chercher ce que nous voulons vraiment au-delà des contraintes qui s'imposent à nous. La vie qui nous amène à oser faire confiance à nos enfants ; à prendre un bain plutôt qu'à cuisiner à contrecœur ; qui nous fait oser partir en roulotte avec armes et bagages plutôt qu'accepter l'ennui et la morosité ; qui fait résister la petite fille aux pantoufles parce qu'elle veut comprendre le sens de ce qu'on lui demande et voir sa liberté respectée ; qui invite les parents à redéfinir leurs priorités et à délaisser le jardin, la maison, la voiture pour être avec leurs enfants ; qui nous fait changer ce que nous n'aimons plus et aimer ce que nous ne changeons pas ; qui nous rend conscients et tout habités par nos valeurs comme le gendarme qui surveille la sortie de l'école du village ; qui nous fait nous asseoir et nous rasseoir avec les jeunes pour nous renseigner mutuellement sur nos valeurs, en vérifier la pertinence et l'efficacité, et partager ; qui nous fait découvrir et nous libérer d'une vieille révolte rentrée sous le beau costume ; qui nous fait arrêter notre course pour nous entendre ; qui pousse Tim à refuser d'étouffer même s'il patauge encore pour « re-susciter » la vie ; qui gifle joyeusement Julien pour le sortir de sa torpeur et le mettre au monde ; et qui, enfin, nous fera sans doute un jour suspendre le budget « rénovation, achat de chaises et décoration » pour nous asseoir par terre s'il le faut, et dans les gravats, afin de nous mettre à l'écoute du cœur.

Durant la guerre de 39-45, ma grand-mère, qui était une femme merveilleusement généreuse et très croyante, avait caché des Juifs dans les caves de sa maison. Nous qui, à l'âge de dix ou douze ans, y menions nos jeux dans tous les recoins, avions peine à croire que des êtres aient dû se cacher là pour protéger leur vie. Elle nous racontait ces histoires et nous palpitions toujours au moment où arrivait la descente et la fouille des Allemands. Elle avait, sans trembler, osé dire au chef de la patrouille de perquisition que la maison n'abritait que les membres de la famille et qu'il ne s'y trouvait personne d'autre. J'étais plein d'admiration pour sa dignité et son courage avec quand même un doute :

« Mais Bonne Maman, vous ne leur avez pas dit la vérité aux Allemands et vous dites pourtant qu'il faut toujours dire la vérité ?

– (S'arrêtant pour réfléchir en fermant les yeux.) Tu as raison. Je crois qu'il faut toujours essayer de dire la vérité. Mais là, vraiment, il y avait quelque chose de plus important que la vérité : c'était la vie. Il fallait respecter la vie. » Ainsi ma grand-mère m'enseignait l'au-delà, l'au-delà des mots, des principes et des habitudes.

Et l'usage de la force et de la punition ?

Si je vois mon enfant courir vers la route où passent des voitures, je vais le rattraper vivement et le remettre sur le trottoir sans trop le ménager. Ce n'est pas le moment de lui dire comment je me sens ni quels sont mes besoins : il y a urgence ! Lorsque l'enfant est en sécurité, plutôt que de lui voler dans les plumes en le grondant et en lui faisant des reproches, pis, en le punissant, je pourrai lui expliquer que j'ai eu très très peur (S), que je n'étais pas assuré qu'il fût conscient du danger et que c'est pour le protéger d'un accident (B) que je l'ai bousculé, et je lui demanderai *s'il est d'accord* pour être plus vigilant à l'avenir (D). C'est l'usage protecteur de la force !

Si je me fais attaquer dans la rue et que je n'ai pas d'autre moyen pour éviter un coup que d'en porter un, je le ferai. Non pour attaquer mais pour protéger ma vie. C'est la vie et la vie uniquement qui est la mesure de la légitime défense physique. Quelle est notre intention : soumettre, réduire, supprimer la vie, ou protéger, permettre et encourager la vie ?

Pour ce qui est de l'usage de la force « pour éduquer », que ce soit par la gifle, la fessée ou l'enfermement dans une chambre – moyens qui sont encore courants – je reste stupéfait d'entendre que des parents qui disent aimer leurs enfants sont capables de lever la main sur eux quand ils ne sont pas d'accord. Manifestent-ils leur désaccord de la même manière avec leurs amis ou leurs proches ? Je peux bien sûr comprendre, comme parent, que l'on puisse se trouver excédé et poussé à bout par le comportement des enfants et ne plus savoir quelle attitude adopter. Toutefois, je suis convaincu que frapper un enfant, même légèrement, c'est perpétuer la vieille conviction que la violence est un moyen légitime pour résoudre les conflits, c'est légitimer dans le cœur des jeunes adultes de demain l'usage de la force pour contraindre l'autre à se soumettre. C'est lui faire admettre que « si l'on n'arrive pas à s'entendre, on se tape dessus » ! C'est entretenir la vieille illusion que l'on peut obtenir du bien en faisant du mal.

Ce passage à l'acte est un aveu d'impuissance, impuissance à se faire comprendre, impuissance à comprendre l'autre. Voyez qu'il est urgent d'apprendre un nouveau langage pour nous comprendre et nous faire comprendre. Je ne dis pas qu'il n'est pas important que les actes soient sanctionnés, c'est-à-dire approuvés ou désapprouvés selon qu'ils servent ou desservent une valeur. Ce repère, très clair, me paraît indispensable non seulement pour l'éducation mais pour le bien-être de la vie en communauté.

Punition ou sanction ?

Faut-il pour autant punir ? N'y a-t-il pas de façons plus responsabilisantes de sanctionner le fait qu'un acte ait desservi une valeur ? Je crois que la punition témoigne souvent d'un manque d'imagination, de créativité et d'un manque de confiance dans l'efficacité de la concertation pour trouver une solution réparatrice et qui serve la vie.

Les tribunaux commencent à le comprendre et à sanctionner par des travaux dits d'intérêt général. Je ne dis pas que cela est facile, et je ne juge pas les parents épuisés et à bout de moyens. Je constate simplement que nous sommes tous responsables de la perpétuation d'un modèle d'éducation qui accrédite la violence.

Je constate quasiment tous les jours combien la crainte de la punition et la quête de la récompense, qui ne sont que les côtés pile et face d'un même jeu tragique, entretiennent de nombreuses personnes dans la dépendance vis-à-vis de l'autre, dans la culpabilité tétanisante et dans la méfiance systématique par rapport à l'initiative, la nouveauté, la différence et la responsabilité, autant de situations qui réactivent la peur de « se tromper » et d'être puni ou de ne pas recevoir la récompense que représente l'approbation. Le système de punition/récompense ne crée pas la sécurité intérieure et la confiance en soi. Il suscite, souvent inconsciemment, mais de façon durable, la quête plus ou moins désespérée d'un bon point ou l'appréhension angoissée d'un mauvais point. J'ai régulièrement pu observer cette mécanique, notamment au sein des entreprises, et j'ai souvent été affligé de voir les dégâts faits par une éducation qui, en dernier recours, transmet ses valeurs en recourant à la peur et à la culpabilité plutôt qu'à l'enthousiasme et à l'adhésion.

Clarifions notre intention : que voulons-nous des autres – l'obéissance automatique dénuée de conscience, fondée sur la peur ou la honte et le seul souci de « faire plaisir pour acheter la paix » ou l'adhésion responsable à des valeurs qui nous tiennent à cœur, le goût de faire les choses dans la conscience de l'intérêt commun, l'engagement moral ?

Lorsque j'avais vingt-cinq ans, le service militaire était encore obligatoire en Belgique. À l'époque, je n'imaginais pas que j'avais malgré tout le choix de faire autre chose et je n'avais surtout encore aucune conscience de la force et de l'efficacité de la non violence. Sortant de mes livres de droit, j'avais besoin de grand air et de me frotter à la réalité bien concrète et physique. Je m'engageai alors comme officier dans le régiment Para Commando. Après six mois d'un entraînement extrêmement exigeant physiquement et moralement, je me retrouve jeune officier blanc-bec en face de mon peloton de vingt-sept soldats, tous plus baraqués que moi et dont la plupart avaient plusieurs années de métier ! J'ai tout de suite perçu qu'il était vain d'aller contre eux, même si j'en avais l'autorité hiérarchique. Je ne voulais pas que ces hommes agissent par devoir ou par soumission, mais par conscience et responsabilisation. J'ai compris qu'ils avaient besoin que le sens des activités proposées soit clair et que leur motivation soit vérifiée. Donner des ordres sans préciser leur sens ni s'assurer de la motivation des hommes aurait anesthésié nos rapports. Je voulais des rapports vivants et aussi égalitaires que possible, tout en respectant clairement la fonctionnalité des rôles à laquelle eux tenaient également. Je n'ai pas le souvenir d'avoir dû élever la voix. Notre équipe fonctionnait joyeusement et dans la confiance mutuelle. Si l'expérience militaire m'a beaucoup appris sur moi et sur le fonctionnement humain, je ne fais certainement pas l'apologie de l'armée. Je rêve souvent que, ne serait-ce que dix pour cent des budgets mondiaux de défense nationale, soient affectés à l'organisation de groupes de parole et d'intervision dans tous les milieux qui le désirent, à la formation à la communication et à la méditation dès l'école primaire, à la résolution non violente des conflits, à l'apprentissage du respect de la différence, à la stimulation de la sécurité intérieure individuelle et à la confiance en soi… Imaginez que seulement dix pour cent de l'argent mondial consacré aux armes et à la guerre soient désormais réservés aux outils de la paix! Quand je vois les résultats étonnants que nous pouvons obtenir avec mes collègues de travail, avec des moyens dérisoires, je frissonne à l'idée du pouvoir détonnant qui est dans nos mains à tous de créer activement la paix.

De cette expérience militaire je garde notamment la conscience que si la vie nous amène à adopter un rôle d'autorité, ce ne peut être que d'une autorité de service, une fonction d'inspirateur du mouvement et de facilitateur de la cohésion, un peu comme celle du chef d'orchestre. Le chef d'orchestre va-t-il « punir » le violon qui dérape ou la flûte qui divague ? Non, il rappellera le sens de la musique et le respect de la partition et stimulera le goût de jouer ensemble, ou s'assurera que les musiciens n'ont pas envie de s'éclater un moment dans une impro de jazz avant de reprendre la partition ! Je garde la conscience que l'on peut vivre des rapports strictement hiérarchisés dans le respect et l'estime mutuels, sans perdre son identité ni sa dignité. Ce n'est, de nouveau, pas tant « ce que l'on fait » que « comment on le fait » qui importe.

Enfin, je ne dis pas non plus que la fermeté ne soit pas parfois nécessaire. Mais ne pouvons-nous pas apprendre à être ferme et fort sans être agressif, apprendre à dire, voire à crier « Non, ça suffit ! », sans juger mais en exprimant fermement ce que nous voulons et en reconnaissant à l'autre le droit de ne pas être d'accord ?

Quand nous sommes épuisés nous avons vite fait de considérer que c'est l'autre qui est épuisant. À la naissance de notre première fille, Camille, nos nuits, à Valérie et moi, étaient évidemment courtes et entrecoupées. Une nuit, les pleurs de Camille, qui n'avait pas encore trouvé son rythme pour ses tétées, devenaient vraiment difficiles à supporter. Nous nous sommes, ma femme et moi, levés en râlant : « Elle est vraiment épuisante, c'est insupportable. » Et tout de suite nous avons corrigé : « Non, c'est nous qui sommes épuisés et avons de la difficulté à supporter ses pleurs. Elle, elle est vivante et le manifeste. Nous n'attendons certainement pas d'elle qu'elle soit gentille pour nous laisser dormir… C'est à nous de satisfaire autrement notre besoin de repos. »

Albert Jacquart évoque bien l'invitation à nous responsabiliser quant à la façon de sanctionner : « La présence d'une prison dans une ville est la preuve que quelque chose ne va pas dans la société tout entière. » Dans le même sens, le recours à la punition – à bien distinguer de la sanction évoquée précédemment – est le signe que quelque chose ne va pas dans notre façon d'éduquer, de travailler ou de vivre ensemble.

CHAPITRE 7

Méthode

Ces dernières années, nous avons plus que jamais conscience des ressemblances profondes existant entre tous les organismes vivants... Toute vie est semblable et nous nous ressemblons bien plus que ce que nous ne l'avions imaginé.

George Wald
(biologiste, Prix Nobel)

1. Trois minutes, trois fois par jour

Nietzsche disait : « La puissance, c'est la méthode. » Apprendre une nouvelle langue, un nouveau sport ou n'importe quelle technique suppose de la méthode, de l'application, de la rigueur et de la discipline. Personnellement, j'ai commencé à me sentir plus ou moins à l'aise avec le processus de communication non violente après quinze jours de pratique intensive en atelier de formation. C'est-à-dire l'équivalent du temps qui me serait nécessaire pour commencer à m'exprimer dans une nouvelle langue, l'allemand ou le portugais, par exemple. J'apporte cette précision, non pour décourager, bien sûr, mais pour encourager à prendre conscience que, comme je l'évoquais en début d'ouvrage, je ne crois pas que la seule lecture d'un livre puisse nous transformer profondément et durablement. Seule la pratique et l'expérimentation le permettent.

Cela dit, tout le monde n'est pas disponible ou n'a pas le goût de participer à une formation. Indépendamment du fait qu'il est intéressant de tenter de comprendre en raison de quels besoins nous n'avons pas cette disponibilité ou ce goût, les ateliers ne sont pas forcément la seule façon d'apprendre. Souvent, lorsque les participants à une formation insistent vraiment pour avoir un conseil sur une méthode de pratique régulière – je ne donne jamais de conseils individuels, sinon à la demande claire et persistante de la personne, confiant que chacun de nous dispose intérieurement de son coffre à outils s'il est écouté au bon endroit et conscient que donner un conseil, c'est souvent tenter de faire l'économie d'une écoute véritable – je leur propose la méthode suivante : « Trois minutes, trois fois par jour ! Trois minutes d'écoute de vous-même sans jugement, sans reproche, sans conseil, sans tentative de solution. Trois minutes pleines de présence, à vous et non à vos projets ni à vos préoccupations. Trois minutes pour faire le point de votre état des lieux intérieur sans essayer de rien changer. Trois minutes pour vous relier à vous-même, vérifier que vous vous habitez bien, qu'à la question "Y a quelqu'un?" vous puissiez vraiment répondre de tout votre être "Oui, je suis là", et ce, trois fois par jour ! C'est de cette qualité de présence à vous-même que pourra naître la qualité de présence à l'autre. »

Cette formulation à la manière d'une prescription homéopathique n'est évidemment pas l'abracadabra magique de la bonne sorcière. C'est une invitation, en forme de boutade, à prendre conscience qu'il n'est pas utile de se mettre des objectifs de changement si énormes qu'ils risquent bien de rester lettre morte. Je peux à nouveau simplement témoigner que ce jardinage simple et régulier de ma présence à moi-même a été essentiel pour mon changement de vie professionnelle et de vie affective. En nous écoutant de la sorte, nous pouvons petit à petit sentir vers quoi nous tendons, vers quoi nous penchons, et, dégagés de l'idée de résoudre vite un problème, d'obtenir un résultat rapidement, porter notre attention et notre conscience à l'émergence de la vie en nous: «Où est la vie, que dit la vie en moi, quels sont les besoins satisfaits, quels sont ceux qui ne le sont pas?» C'est quand les besoins ont vraiment décanté et que leurs priorités se sont dégagées que les solutions commencent à se laisser entrevoir. Cet exercice permet de faire ses gammes: plus vous serez conscient de ce qu'indique votre propre colère, plus vous serez disponible pour écouter celle de l'autre, et plus vous serez familier de votre propre impuissance ou insécurité, plus vous serez bienveillant et compréhensif pour celle de l'autre. Accueillir et aimer notre propre vulnérabilité nous rend disponible pour accueillir et aimer celle de l'autre. Je ne vois pas à ce jour d'autre moyen pour renoncer à notre vieille et tragique habitude de vivre nos rapports humains comme des rapports de force.

2. Une hygiène de conscience

Enfin, je recommande la gratitude: porter en soi et exprimer de la gratitude pour tous les besoins qui sont comblés, ne serait-ce, si tout s'écroule complètement, que le besoin d'être en vie, de pouvoir respirer la prochaine bouffée d'air, d'avoir des yeux pour regarder ou des mains pour sentir. Je mesure combien cette proposition peut paraître naïve. J'assume. Elle est pour moi fondamentale.

Lorsque nous nous nourrissons de l'énergie portée par tout ce qui va bien, nous trouvons la force d'affronter tout ce qui va mal. C'est un principe d'écologie intérieure: si toute notre énergie est «bouffée» par l'énervement que nous éprouvons quand le train arrive en retard, et que nous en oublions tous les trains qui arrivent à l'heure, nous sommes en danger d'enfermement dans l'étroitesse de vue et, tôt ou tard, en danger d'asphyxie. Il est alors urgent de travailler notre vision globale, notre respiration globale. Dans la vie quotidienne, la vie de couple, la vie de famille et pourquoi pas à l'école ou au travail, la gratitude est la vitamine de la relation. Attention, il ne s'agit pas d'être gentil, mais d'être vrai!

Faut-il attendre de perdre nos proches pour exprimer tout notre amour? Faut-il attendre d'être hospitalisés pour célébrer la joie d'être en santé? Faut-il attendre d'être seuls pour apprécier la compagnie? Faut-il attendre que «ça aille mal» pour prendre conscience que «ça allait bien»? Si nous ne sommes pas vigilants, notre conscience peut se laisser remplir de toutes les mauvaises nouvelles au point de ne plus avoir de place pour accueillir les bonnes. Nous pouvons être attentifs à cette hygiène de conscience, prendre soin de l'«encrassement» de notre carburateur intérieur, nettoyer nos bougies, vérifier l'allumage, et surtout, nous assurer de la qualité de notre carburant: carburons-nous davantage aux bonnes ou aux mauvaises nouvelles?

3. La conscience conviviale

Un guide bédouin me dit un jour: «La tristesse est un virus qui ne survit pas chez nous. Si quelqu'un est triste, il recevra tout de suite une écoute et un réconfort et ainsi retrouvera vite le plaisir de prendre soin des autres.»

Je suis chaque fois frappé, au cours des ateliers itinérants que j'anime en région désertique, par la convivialité des rapports des hommes du désert. Il y a une cohésion, une intégration dans les équipes de chameliers ou de muletiers qui m'émerveille. C'est comme si chacun avait un radar pour capter les besoins de l'autre en se respectant soi. Il me semble qu'à force de vivre ensemble dans des circonstances à la fois exigeantes et dépouillées de tout superflu, ils ont développé une acuité de conscience et de cœur que j'appelle la conscience conviviale. Cette conscience conviviale rassemble notamment, comme étant complémentaires, la dignité et l'humilité, l'autonomie et l'appartenance, l'intégrité et l'intégration, la liberté et la responsabilité, la présence à soi et la présence à l'autre, la conscience de l'individu et la conscience de l'univers.

Nous pouvons développer ce radar, cette acuité de conscience et du cœur. C'est un des bénéfices des groupes de parole ou d'intervision dont je parlais plus haut: développer une conscience commune, la conscience conviviale.

Dans notre monde en mutation rapide, ce travail de cohésion et d'intégration de nos communautés, à tous les niveaux, me paraît être la priorité des priorités pour enrayer la mécanique de l'exclusion, de l'isolement et de la violence exprimée ou tue.

ÉPILOGUE

Jardiner la paix

Qu'est-ce que le Mal, sinon du Bien
torturé par sa propre soif?
KHALIL GIBRAN

La violence n'est pas notre nature

Je crois de plus en plus que, contrairement à ce que j'ai toujours appris à l'école, étudié dans mes cours de psychologie à l'université et entendu à travers le monde, la violence n'est pas l'expression de notre nature. Elle est l'expression de la frustration de notre nature. C'est mon hypothèse de travail. La violence sert à exprimer nos besoins lorsqu'ils ne sont pas reconnus ou satisfaits. Si nos besoins sont reconnus ou, *a fortiori,* comblés, à quoi nous sert la violence? Je crois de moins en moins à la méchanceté des personnes et de plus en plus au pouvoir de l'amertume et de la peur ainsi qu'à la puissance qui se nourrit de la frustration. Au fond, la méchanceté est l'expression de l'amertume des gens qui n'ont pas pris (ou eu l'occasion de prendre) soin de leur souffrance. Si nous pouvions dire nos amertumes ou nos peurs, même les plus secrètes, les plus taboues, partager ou travailler nos frustrations même les plus inavouées, ne pensez-vous pas que nous pourrions coexister avec force et fantaisie sans nous agresser? Tant de passages à l'acte résultent de ce que les frustrations ne sont pas conscientes et, *a fortiori*, ni dites ni partagées dans la bienveillance.

La violence, une vieille habitude

Nous avons pris cette triste et vieille habitude de croire que l'ultime recours pour résoudre un conflit est la violence, et nous nous sommes bien laissés programmer comme cela. Nous savons maintenant qu'il existe d'autres modes de résolution des conflits et nous pouvons donc commencer à nous déprogrammer de la violence, nous «désencoder» de ce vieux système et rêver qu'un jour il y aura à côté du Musée de la guerre, un Musée de la violence familiale, conjugale, tribale, politique, ethnique, religieuse, où nos arrière-arrière-arrière-petits-enfants apprendront qu'à l'heure des E-mail et d'Internet, la majorité des êtres humains ne savait pas encore ni s'exprimer ni s'écouter ni, *a fortiori*, se comprendre vraiment.

Rien ne me fâche plus que les vieilles croyances telles que «L'homme est un loup pour l'homme», «On s'est toujours tapé dessus» ou «L'homme ne change pas.» Cette résignation, voire ce cynisme, fait le lit de la violence future, prépare le prochain pédophile, arme le prochain combat. J'ai besoin que nous prenions chacun conscience de notre pouvoir individuel de contribuer au changement, de nous déprogrammer de la violence et de travailler à une conscience commune nouvelle.

J'ai un rêve que je nourris tous les jours, convaincu que ce sont les rêves qui nous font traverser les mers ou les déserts pour découvrir de nouveaux continents. Si le jean et le t-shirt, le Coca-Cola et les rasoirs double-lame se sont retrouvés en quelques années connus et utilisés partout au monde au point de constituer une sorte de culture commune mondiale, c'est qu'ils correspondaient à un besoin: confort, bien-être, simplicité, identité et appartenance à la communauté du monde pour ce qui est des vêtements et du Coca, hygiène, commodité et efficacité pour les rasoirs. Si j'ai rencontré beaucoup de gens, sur les différents continents du monde, qui ont adopté des éléments de cette culture commune, j'ai souvent vu ces mêmes personnes s'attacher également avec vigueur à leurs traditions locales ou familiales. Pourquoi donc ne pas contribuer à un mode de communication qui connaisse la même globalité sans compromettre les identités?

Par son caractère «tout terrain» que j'évoquais dans l'introduction, parce qu'elle convient à la relation intérieure avec soi-même, aux relations interpersonnelles de couple, de famille, aux relations professionnelles et sociales, et parce qu'elle respecte toutes les sensibilités religieuses, spirituelles, philosophiques, politiques, parce qu'enfin elle prône des valeurs qui me semblent être le patrimoine commun de notre humanité, la Communication consciente et non violente s'inscrit, avec beaucoup d'autres approches similaires, dans la recherche d'un mode de relation pour le village global. Je souhaite, comme Jacques Salomé, que la communication soit mise au programme de l'enseignement à travers le monde, comme un cours aussi fondamental que les langues ou l'informatique. Imaginez le monde si tous ceux qui se forment aujourd'hui à la maîtrise d'une langue étrangère ou de l'informatique apprenaient également le langage du cœur?

J'espère ainsi rencontrer un jour des ministres visionnaires, ministre de l'Éducation nationale, ministre de la Santé publique, ministre de la Sécurité intérieure, ministre de la Justice, et pourquoi pas ministre de la Défense nationale, qui seront enfin prêts à investir dans le changement durable de nos modes de relation parce qu'ils auront pris conscience que l'on ne change rien durablement dans le monde si le mouvement ne part pas de l'intérieur de l'être, et qu'ils accepteront de s'y impliquer eux-mêmes en travaillant à développer leur propre conscience de soi. Imaginez que de plus en plus d'êtres humains prennent conscience que, pour paraphraser une nouvelle fois Hubert Reeves, la violence et la non-communication ne sont pas un grand problème mais sept milliards de petits problèmes. Nous serions de plus en plus nombreux à nous sentir invités à nous responsabiliser dans notre attitude quotidienne et à prendre soin de notre hygiène de conscience : « Ce que je dis, ce que je fais, les pensées que j'entretiens, mes intentions, les projets qui m'habitent contribuent-ils à l'unité ou à la division, à la conciliation des différences ou à l'opposition des contraires, à la paix ou à la guerre ? »

C'est cette conscience-là qui nous permet d'espérer habiter avec aisance, sécurité et joie ce nouveau continent encore si mal connu : la relation. N'est-ce pas un bel enjeu pour ce troisième millénaire ?

Jardiner la paix

Je pense que chacun de nous reçoit, avec sa dignité d'homme, sa part dans cette responsabilité. Je souhaite – c'est le rêve qui m'habite – que de plus en plus d'hommes et de femmes en prennent conscience et reconnaissent joyeusement cette responsabilité et l'assument dans leur vie quotidienne, heureux de contribuer ainsi, là où ils sont, avec les moyens qu'ils ont, au bien-être de l'humanité. Je crois en effet qu'il n'y aura pas de paix dans le monde tant que chacun d'entre nous ne prendra pas soin de sa paix intérieure, comme un jardinier prend soin de ses fleurs – chaque jour. Commençons par cultiver la paix à l'intérieur de nous-même. Elle se propagera ensuite par rayonnement : la paix, c'est contagieux !

LISTE DE BESOINS

SURVIE

Abri
Air
Eau
Mouvements, exercices
Nourriture
Repos, permanence
Sécurité, protection

AUTONOMIE

Affirmation de soi
Appropriation de son pouvoir
Choix, décider par soi-même
Indépendance
Liberté
Solitude, calme, tranquillité, temps/espace pour soi

NOURRITURE (au sens large)

Affection
Chaleur
Confort
Douceur
Relaxation, détente, plaisir, loisirs
Sensibilité
Soins, attentions, présence
Tendresse
Toucher

INTÉGRITÉ

Authenticité, honnêteté
But, direction, savoir où aller
Connaissance de soi
Déterminer ses valeurs, rêves, visions
Équilibre
Estime de soi
Respect de soi
Rythme, temps d'intégration
Sens de sa propre valeur, de sa place

EXPRESSION DE SOI

Accomplissement, réalisation
Action
Apprendre
Créativité
Croissance, évolution, actualisation, développement, guérison
Générer, être la cause, participer
Maîtrise

D'ORDRE MENTAL

Clarté, compréhension (par la réflexion, l'analyse, le discernement, l'expérience)
Cohérence, adéquation
Concision
Conscience
Exploration, découverte
Informations, connaissances
Précision
Simplicité
Stimulation

LISTE DE BESOINS

D'ORDRE SOCIAL

Acceptation
Amitié
Amour, affection
Appartenance
Appréciation
Communication
Compagnie
Concertation
Confiance
Connexion
Contact
Donner, servir, contribuer
Écoute, compréhension, empathie
Équité, justice
Expression
Honnêteté, transparence
Interdépendance
Intimité
Partage, échange, coopération
Présence
Proximité
Recevoir
Reconnaissance (résonance, écho, feed-back)
Respect, considération
Sécurité (fiabilité, compter sur, confidentialité, discrétion, stabilité, fidélité, permanence, continuité, structures, repères, etc.)
Soutien, assistance, aide, réconfort
Tolérance, accueil de la différence, ouverture

LISTE DE BESOINS

D'ORDRE SPIRITUEL

Amour
Beauté, sens esthétique
Confiance, lâcher-prise
Espoir
Être
Finalité
Harmonie
Inspiration
Joie
Ordre
Paix
Sacré
Sérénité
Silence
Transcendance

CÉLÉBRATION DE LA VIE (accueil de la vie dans ses étapes et ses différents aspects)

Communion
Deuil, perte
Fête
Goût d'expérimenter l'intensité de la vie en soi
Humour
Jeu
Naissance
Rendre grâce
Ritualisation

LISTE DE SENTIMENTS

Sentiments que nous éprouvons lorsque nos besoins sont satisfaits

À l'aise
Absorbé
Affection (plein d')
Ahuri
Alerte
Allégé
Allègre
Amical
Amour (en)
Amour (plein d')
Amoureux
Amusé
Animé
Appréciation (plein d')
Ardeur (plein d')
Assouvi
Attentif
Au septième ciel
Aux anges
Aventureux
Béat
Bonne humeur (de)
Bouleversé
Calme
Captivé
Centré
Charmé
Chaud
Comblé
Compatissant
Concentré
Concerné
Confiant
Confortable
Content de soi
Courage (plein de)
Curieux
Délassé
Détaché
Détendu
Ébahi
Ébloui
Effervescence (en)
Égayé
Électrifié
Emballé
Ému
Enchanté
Encouragé
Énergie (plein d')
Enflammé
Engoué
Enjoué
Enthousiasmé
Entrain (plein d')
Épanoui
Étonné
Étourdi
Éveillé
Exalté
Excité
Expansif
Expansion (en)
Expectative (dans l')
Extase (en)
Exubérant
Fasciné
Fier
Fou de joie
Gai
Galvanisé
Gonflé à bloc
Gratitude (plein de)
Grisé
Haletant
Harmonie (en)
Heureux
Hilare
Humeur enjouée (d')
Humeur espiègle (d')
Impatient
Impliqué
Insouciant
Inspiré
Intéressé
Intrigué
Joie (déborde de)
Joyeux
Jubile (qui)
Libre
Liesse (en)
Nourri
Optimiste
Paisible
Paix (en)
Pétillant
Plaisir (qui a du)
Porté à aider
Proche
Radieux
Radouci
Rafraîchi
Ragaillardi
Rasséréné
Rassuré
Ravi
Ravigoté
Rayonnant

Réconforté
Reconnaissant
Réjoui
Rempli d'espoir
Revigoré
Satisfait
Sécurisé
Sensibilisé
Sensible
Serein
Sidéré
Soulagé
Stimulé
Sur le qui-vive
Surexcité
Tendresse (plein de)
Touché
Tranquille
Transporté de joie
Vie (plein de)
Vivant
Vivifié

LISTE DE SENTIMENTS

Sentiments que nous éprouvons lorsque nos besoins ne sont pas satisfaits

Abattu
Accablé
Affamé
Affligé
Affolé
Agacé
Agité
Aigri
Alarmé
Âme en peine (l')
Amer
Angoissé
Animosité (plein d')
Anxieux
Apathique
Apeuré
Appréhension (plein d')
Assoiffé
Aversion (avoir de l')
Blessé
Bloqué
Cafardeux
Chagriné
Choqué
Cœur brisé (avoir le)
Concerné
Confus
Consterné
Contrarié
Courroucé
Craintif
Crispé
Curieux
Déchiré
Déconcerté
Décontenancé
Découragé
Déçu
Dégoûté
Démonté
Démoralisé
Démuni
Dépassé
Dépité
Déprimé
Dérangé
Désappointé
Désarçonné
Désarmé
Désespéré
Désolé
Détaché
Douloureux
Ébahi
Ébranlé
Écœuré
Effrayé
Élan (sans)
Embarrassé
Embêté
Embrouillé
Endormi
Énervé
Ennuyé
Enragé
Envieux
Épouvanté
Éprouvé
Épuisé
Éreinté
Étonné
Exaspéré
Excédé
Excité
Fâché
Fatigué
Furieux (fou)
Fourbu
Fragile
Frousse (avoir la)
Frustré
Gardes (sur ses)
Grognon
Haineux
Haletant
Hésitant
Honteux
Horrifié
Horripilé
Hors de soi
Humeur noire (d')
Impatient
Impuissant
« Inconfortable »
Incrédule
Indécis
Indifférent
Indolent
Inerte
Inquiet
Insatisfait
Insécurisé
Insensible
Instable
Intéressé
Intrigué
Irrité
Jaloux
Las
Léthargique

Lourd
Mal
Mal à l'aise
Malheureux
Marre (en avoir)
Maussade
Mécontent
Méfiant
Mélancolique
Moral (ne pas avoir le)
Morose
Mortifié
Moulu
Navré
Nerfs (sur les)
Nerveux
Paniqué
Paresseux
Passionné
Perplexe
Pessimiste
Peur (avoir)
Ramolli
Rancœur (plein de)
Renfermé
Réserve (sur la)
Ressentiment (avoir du)
Réticent
Rompu
Saturé
Sceptique
Secoué
Seul
Sidéré
Sombre
Soucieux
Souffrant
Soupçonneux
Submergé
Surpris
Taciturne
Tendu
Terrifié
Tiède
Tiraillé
Tourmenté
Tremblant
Triste
Troublé
Trouille (avoir la)
Vexé
Vulnérable

LISTE DES SENTIMENTS COMPRENANT DES INTERPRÉTATIONS ET DES JUGEMENTS

Les mots suivants sont souvent employés comme sentiments alors qu'ils sont en réalité des jugements ou des interprétations de ce que l'autre nous fait

Abandonné
Abusé
Acculé
Accusé
Arraché
Attaqué
Bête
Blâmé
Bluffé
Coupable
Déconsidéré
Délaissé
Détesté
Dévalorisé
Diminué
Dominé
Dupé
Écarté
Écrasé
Escroqué
Étouffé
Floué
Foulé aux pieds
Harcelé
Humilié
Ignoré
Inadéquat
Incompétent
Incompris
Indigne
Insulté
Intimidé
Invisible
Isolé
Jeté
Jugé
Laissé pour compte
Largué
Manipulé
Materné
Minable
Menacé
Méprisé
Minorisé
Mis en cage
Mis sous pression
Négligé
Nié
Nul
Pas accepté
Pas aimé
Pas cru
Pas entendu
Pas important
Pas voulu
Piégé
Piétiné
Protégé
Rabaissé
Refait
Rejeté
Ridiculisé
Sali
Sans valeur
Stupide
Surmené
Trahi
Trompé
Utilisé
Vaincu
Violé
Volé

NOTES

1. Marshall Rosenberg est docteur en psychologie clinique, homme de paix reconnu partout au monde, fondateur du Centre pour la Communication non violente. Je recommande chaleureusement la lecture de son livre *Nonviolent Communication. A Language of Compassion,* traduit en français sous le titre: *Les mots sont des fenêtres ou des murs* (Éditions Jouvence et Syros).
2. Guy Corneau, *L'amour en guerre,* Montréal, Les Éditions de l'Homme, 1996 (*N'y a-t-il pas d'amour heureux?,* Paris, Robert Laffont, 1997).
3. Guy Corneau, *op. cit.*
4. Guy Corneau, auteur et psychanalyste jungien, auteur de *Père manquant, fils manqué, L'amour en guerre* (*N'y a-t-il pas d'amour heureux?*) et *La guérison du cœur.*
5. Extrait du Tao de Rajneesh.
6. Paolo Coelho, *L'alchimiste,* Paris, Anne Carrière, 1994.
7. Alice Miller, *C'est pour ton bien,* Vendôme, Le fil rouge, PUF.
8. Rainer Maria Rilke, *Le Livre d'heures,* Bruxelles, Le cri, 1989.
9. Michèle Delaunay, *L'ambiguïté est le dernier plaisir,* Arles, Actes Sud, 1987.
10. Je recommande à ce propos la lecture du chapitre qui porte ce titre dans le livre de Guy Corneau, *N'y a-t-il pas d'amour heureux?,* Robert Laffont, p. 142.
11. Cet échange est formulé pour la compréhension du lecteur en Communication non violente de laboratoire. Dans la vie quotidienne, avec un peu de pratique, nous pouvons arriver à formuler clairement les différents sentiments et besoins dans un langage courant.
12. Jacques Salomé, *Si je m'écoutais, je m'entendrais,* Montréal, Les Éditions de l'Homme, 1990.
13. Christian Bobin, *Le Très-Bas,* Paris, Folio.
14. Antoine de Saint-Exupéry, *Le Petit Prince,* Paris, Gallimard, 2000.
15. Marshall Rosenberg, *Nonviolent Communication. A Language of Compassion,* Delmar, Tuddle Dancer Press, traduit en français sous le titre *Les mots sont des fenêtres ou des murs,* Éditions Jouvence et Syros, 1999.
16. Gérard de Nerval.

17. L'expression est de Guy Corneau : toute création naît d'un mouvement et donc d'une friction : l'archet sur les cordes, les doigts sur la glaise, la plume sur le papier, le corps dans l'espace.
18. Vincent Houba, architecte, anime une conférence intitulée : « En quête de Toit, en quête de Soi. »
19. Christian Bobin, *La souveraineté du vide*, Paris, Folio ; *Le Très-Bas*, Paris, Folio.
20. *Les mots sont des fenêtres, op. cit.*, p. 203.

OUVRAGES CITÉS

BOBIN, Christian. *La souveraineté du vide,* Paris, Folio.

BOBIN, Christian. *Le Très-Bas,* Paris, Folio.

COELHO, Paolo. *L'alchimiste,* Paris, Anne Carrière, 1994.

CORNEAU, Guy. *L'amour en guerre,* Montréal, Les Éditions de l'Homme, 1996, publié à Paris sous le titre *N'y a-t-il pas d'amour heureux?* Robert Laffont, 1997.

DELAUNAY, Michèle. *L'ambiguïté est le dernier plaisir,* Arles, Actes Sud, 1987.

MILLER, Alice. *C'est pour ton bien,* Vendôme, Le Fil rouge, Presses Universitaires de France.

RAJNEESH, *Le Tao Rajneesh,* Éditions du Gange la Ferté Alais.

RILKE, Rainer Maria. *Le Livre d'heures,* Bruxelles, Le Cri, 1989.

ROSENBERG, Marshall. *Nonviolent Communication. A Language of Compassion,* Delmar, Tuddle Dancer Press, traduit en français sous le titre *Les mots sont des fenêtres ou des murs,* Jouvence et Syros, 1999.

SAINT-EXUPÉRY, Antoine de. *Le Petit Prince,* Paris, Gallimard, 2000.

SALOMÉ, Jacques et Sylvie GALLAND. *Si je m'écoutais je m'entendrais,* Montréal, Les Éditions de l'Homme, 1990.

Le Centre pour la Communication non violente

Le Centre pour la Communication non violente (CCNV) est une organisation à but non lucratif fondée aux États-Unis en 1966 par Marshall Rosenberg. Son objectif est de faire connaître dans le monde, et notamment dans les pays déchirés par la guerre, des moyens d'entente pacifique dont le besoin s'avère urgent. Il coopère maintenant dans une vingtaine de pays avec des équipes nationales ou régionales de formateurs en CNV.

Pour obtenir plus de renseignements, pour soutenir l'action du CCNV en faveur de la paix dans le monde, pour être informés des activités organisées dans les régions francophones ou ailleurs, pour obtenir la liste du matériel disponible en français ou en anglais, ou encore pour demander des cours d'introduction à la CNV, qui peuvent être organisés sur demande, vous pouvez vous adresser au centre de votre région.

En Belgique

Concertation pour la Communication Non Violente
c/o Godfrey Spencer
Avenue Breughel 8/41, BE – 1970 Wezembeek-Oppem
Téléphone : (32) 2 782 10 13 – fax : (32) 02 731 07 72
Courriels : godfrey.spencer@skynet.be ou
cnvbelgique@skynet.be

En France

Association Communication Non Violente
13 bis, boulevard Saint-Martin, 75003 Paris
Téléphone : (33) (0)1 48 04 98 07 – fax : (33) (0)1 42 72 01 31
Courriel : acnvfrance@wanadoo.fr

En Italie

Comunicazione Nonviolenta
Centro Esserci – Via Silvano Caleri, 14
42100 Reggio Emilia – Téléphone-fax : (39) 05 22 94 30 53
Courriel : info@centroesserci.it
Site : http ://www.centroesserci.it

En Suisse

Association romande des formateurs en
Communication Non Violente
6, chemin de la Goutte d'Or – CH – 2014 Bâle
Téléphone-fax : (41) 32 842 30 20
Courriel : cnvsuisse@hotmail.com

Québec : (418) 688-0969
À Montréal : (514) 878-0990
Courriel : reseaugirafesquebec@hotmail.com

Si les activités de l'association Cœur.com vous intéressent, vous pouvez consulter le site : www.productionscoeur.com
Ou communiquer avec l'association Cœur.com :

Belgique : 90, avenue du Monde, B-1400 Nivelles
Téléphone-fax: (32) 067 84 43 94

Québec: 1100, avenue Ducharme - Bureau 11
Outremont (Québec) Canada H2V 1E3
Téléphone : (514) 990-0886
Télécopieur : (514) 271-3957

J'apprécie personnellement la revue *Non Violence Actualité*, éditée en France, qui invite à prendre conscience de ce qui se fait pour trouver une autre manière de vivre ensemble. Voici ses coordonnées :

Courriel : nonviolence.actualite@wanadoo.fr
Site : www.nonviolence-actualite.org
Adresse: BP 241, 45202 Montargis Cedex, France

Je recommande également les ateliers, les stages et les formations proposés pour tous les âges par l'Université de Paix dont le siège est en Belgique. Vous obtiendrez plus d'information aux adresse suivantes :

Courriel : universite.de.paix@skynet.be
Site : www.universitedepaix.org
Boulevard du Nord 4, 5000 Namur, Belgique

Vous pouvez également consulter les sites
en anglais: www.cnv.org
en français: www.nvc-europe.org

TABLE DES MATIÈRES

Achevé d'imprimer par N.I.I.A.G.
en juillet 2006
pour le compte de France Loisirs, Paris

Dépôt légal : Juillet 2006
Imprimé en Italie